创新型人才跨境电子商务专业系列教材

跨境
电子商务案例分析

周兴建　泮家丽◎主编
黎继子　叶茂升　蔡丽华◎副主编

電子工業出版社
Publishing House of Electronics Industry
北京 · BEIJING

内容简介

“一带一路”倡议的提出和中欧班列的频繁运行、中国物流集团的正式组建，以及大数据、云计算技术的不断发展，无不给跨境电子商务的创新发展提供了强大的驱动力。本书结合当前跨境电子商务发展的热点和前沿，以敦煌网、速卖通、亚马逊、eBay、考拉海购、Shopee、PingPong等为代表，根据其跨境电子商务实践经历，分析其B2B、B2C、O2O等运营模式，以及营销、支付、物流、监管等运营实务，精选出跨境电子商务案例进行深入分析，力图还原真实的跨境电子商务运营场景，用贴近实际应用的案例来验证相应理论，促进学习者将跨境电子商务理论与实践融会贯通。

本书既可以作为高等院校跨境电子商务、市场营销、工商管理等专业的教材，也可以作为MBA、专业型和学术型研究生，以及跨境电子商务从业人员、创业者进行案例研究的参考资料。

图书在版编目（CIP）数据

跨境电子商务案例分析 / 周兴建，泮家丽主编. —北京：电子工业出版社，2022.12

ISBN 978-7-121-44621-4

Ⅰ. ①跨… Ⅱ. ①周… ②泮… Ⅲ. ①电子商务－案例－高等学校－教材 Ⅳ. ①F713.36

中国版本图书馆CIP数据核字（2022）第229048号

责任编辑：刘淑敏　　特约编辑：田学清
印　　刷：北京天宇星印刷厂
装　　订：北京天宇星印刷厂
出版发行：电子工业出版社
　　　　　北京市海淀区万寿路173信箱　　邮编：100036
开　　本：787×1092　1/16　印张：14.75　字数：377.6千字
版　　次：2022年12月第1版
印　　次：2023年9月第2次印刷
定　　价：58.00元

凡所购买电子工业出版社图书有缺损问题，请向购买书店调换。若书店售缺，请与本社发行部联系，联系及邮购电话：（010）88254888，88258888。

质量投诉请发邮件至zlts@phei.com.cn，盗版侵权举报请发邮件至dbqq@phei.com.cn。

本书咨询联系方式：（010）88254199，sjb@phei.com.cn。

前　言

电子商务市场具有全球化的趋势，跨境电子商务的迅猛发展有力地体现了这一点。随着消费需求的升级和国际物流水平的提升，越来越多的消费者通过跨境电子商务平台购买国外产品。在我国，“一带一路”倡议的提出和中欧班列的频繁运行，为跨境电子商务的发展带来了新的机遇。

本书对当前跨境电子商务创新模式进行了深入的分析，以典型的跨境电子商务平台（如敦煌网、速卖通、亚马逊、eBay、Shopee、考拉海购、PingPong 等）为代表，分析其出口、进口和 B2B、B2C、O2O 等运营模式，以及营销、支付、物流、监管等运营实务，力图从中挖掘和发现具有规律性、普遍性的成分，以加强学习者对跨境电子商务理论与应用的更深层次理解。

在编写过程中，我们积极汲取国内同类教材提供的“养料”，同时注意形成自己的特色。本书主要有如下特色。

（1）紧密结合跨境电子商务发展前沿：强调当前跨境电子商务的热点模式，通过还原真实的跨境电子商务运营场景，贴近实际应用的跨境电子商务运营模式，来激发学习者的学习兴趣与热情。

（2）更好地培养创新思维和开拓精神：按照跨境电子商务的运营特点，从多种运营模式及多环节运营流程，对典型的跨境电子商务创新模式进行深入分析，更好地培养创新思维和开拓精神。

（3）更利于互动教学的编写风格：对典型跨境电子商务案例进行详细剖析，强化案例的发展过程而非结果，让学习者在思考中掌握，在掌握中深入，在深入中进一步提高。

本书在体系结构上分为 3 篇 12 章，由周兴建、泮家丽担任主编并负责编写框架，黎继子、叶茂升、蔡丽华担任副主编。本书具体编写分工如下：周兴建编写第 1 章～第 6 章的主体内容，泮家丽编写第 7 章～第 12 章的主体内容，黎继子负责编写各章引导案例，叶茂升负责编写各章实训案例，蔡丽华负责编写各章复习思考题，周兴建和蔡丽华负责全书统稿。隋东旭做了细致的审校工作。

本书提供了丰富的课程配套资源，主要包括课程教学大纲，教学日历、电子教案、电子课件、模拟试卷及答案等。读者可以登录华信教育资源网（http://www.hxedu.com.cn）获取。

在编写本书的过程中，编者参考了大量文献及论文，引用了互联网上的一些案例，在此对一众作者表示衷心的感谢，同时感谢电子工业出版社姜淑晶老师的大力支持和帮助。跨境电子商务的发展日新月异，各种创新模式处于不断探索和尝试之中，再加之编者水平有限，书中难免存在疏漏和错误之处，恳请广大读者和专家同行包容谅解和批评指正。

目录

第1篇

跨境电子商务基础概述

第1章 绪论

【学习目标】

- 掌握跨境电子商务的概念；
- 理解跨境电子商务的特点；
- 熟悉跨境电子商务的分类；
- 了解跨境电子商务的发展趋势。

【引导案例】OEM企业沐家的跨境电子商务之路

浙江沐家家居科技股份有限公司（以下简称“沐家”）经过十多年的积淀，使其家居产品在欧洲多国拥有了稳定的货源供应，生意走上正轨。这一过程对创始人郭君而言谈不上复杂：出国考察，参加展览会和贸易洽谈会，与客户谈判，拿到生产订单，再交给下面百人规模的工厂生产。这家成熟的OEM（Original Equipment Manufacturer，原始设备制造商）企业不断循环这一过程，以B2B模式稳步发展。但目光敏锐的郭君并不安于现状，决定开拓另一条新渠道——B2C，他把目光瞄准了跨境电子商务B2C模式。

郭君带领着团队又一次从零做起，收集国外市场的需求走向、政策等信息，在一家国内平台开起了外贸网店。但受限于物流条件，商品总要几十天后才能到达国外客户手里，同时与国外客户的沟通不畅又影响了客户体验。

在朋友的介绍下，郭君开始接触亚马逊（Amazon）平台，他详细了解了亚马逊“全球开店”项目并核算了成本，他发现在亚马逊平台上“全球开店”的成本竟和在国内开店差不多。于是，他带领着团队开始在新店上发力，在认真学习亚马逊提供的辅导材料和视频后，郭君逐渐发现亚马逊的很多要求和其他平台不太一样，如商品图片要真实、准确，客服的应答时间要在24小时之内，物流也是越快越好。

不过，沐家在亚马逊开设的店铺上线的头一个月却一笔订单都没有，这让之前乐观的郭君有些发蒙。开店第二个月的一天，他接到了亚马逊客户经理的电话，客户经理建议他对一些商品的尺寸和花色进行调整，如把商品尺寸改为美国消费者熟悉的英寸，还要“突出单品，打造爆款”。另外，客户经理还建议将商品发到亚马逊的美国仓库，选择 FBA（Fulfillment by Amazon）——亚马逊物流服务体系，包括分仓租赁、代包装、代发货、代收款等。沐家接受了这些建议，选择了 FBA 模式，当商品到达美国后，仓储和配送就进入了亚马逊的物流体系，退换货也随之进入美国的客服系统，很快沐家就拿到了第一笔订单。FBA 既解决了物流的时间问题，也让客服与客户的沟通不再是瓶颈，沐家负责亚马逊店铺的员工可以把更多的时间放在商品优化和关键词的选择上。亚马逊客户经理还帮沐家在亚马逊站内注册品牌，为沐家带来了消费能力更强的客户群体。在销量提升后，郭君每天都能收到亚马逊的反馈邮件，包括销量数据、热卖商品及后台使用培训等信息。此前，商品调整主要凭借郭君多年从事出口贸易的经验。对此次开店遇到的运营问题，郭君会主动联系亚马逊客户服务团队，而该团队也会结合自身经验或从系统的角度给出一些建议，这些看起来简单的建议，实际是在长期实践中摸索出来的。

辩证与思考：国内企业开展跨境电子商务主要面临哪些问题？

分析与提示：跨境电子商务的分类与特点。

1.1　跨境电子商务概述

随着中华人民共和国海关总署公告 2014 年第 56 号（关于跨境贸易电子商务进出境货物、物品有关监管事宜的公告）和第 57 号（关于增列海关监管方式代码的公告）的推出，政府层面首次认可了跨境电子商务模式，我国正式进入跨境电子商务时代。近年来，以跨境电子商务为代表的新型贸易的发展脚步正在逐渐加快，并有望成为中国贸易乃至整个经济的全新增长引擎。

1.1.1　跨境电子商务的定义

跨境电子商务（Cross-Border E-Commerce）是指交易当事人或参与人利用现代信息技术和计算机网络在全球范围内所进行的各类商业活动，包括货物贸易、服务贸易和知识产权贸易。不同关境的贸易主体常常通过互联网平台达成交易合同，进行网上支付结算，并通过跨境物流送达商品。跨境电子商务的概念有广义和狭义之分。

从广义来看，跨境电子商务又可以称为线上跨境贸易，是指不同国家或地区的参与对象将传统国际贸易中的线下展示、商务洽谈和买卖活动转移到线上，并通过全球物流方式交割货物、完成买卖的国际贸易活动。

从狭义来看，跨境电子商务是指不同国家或地区的买卖双方，使用电子商务平台进行洽谈、支付，然后通过跨境物流运输货物，进而完成交易的新型国际商业活动。跨境电子商务是随着高新技术发展所产生的国际贸易新业态。

根据电子商务与国际贸易的关系，以及电子商务背景下商品交易的变化，跨境电子商务侧重三个基本点：一是从国际贸易的交易流程入手，如何利用电子商务手段提高贸易效率；二是国内企业进入海外市场，如何利用跨境电子商务中的手段开拓海外市场；三是跨境电子商务的法律规范与监管，如何规避和降低跨境电子商务中的各种风险。

1.1.2 跨境电子商务的特点

跨境电子商务将传统进出口贸易中的展示、洽谈和成交等环节电子化，给国际贸易带来了极大的便利。概括来说，跨境电子商务具有以下特点。

1. 全球性

得益于网络环境不受地理范围限制、互通世界的特点，跨境电子商务活动突破了地理因素的影响。跨境电子商务参与者不需要考虑国界问题，随时都能够将商品或服务上传到电子商务平台上进行买卖。互联网的互联互通特性给全球的使用者带来十分方便、快捷的信息服务。

2. 无形性

传统贸易主要是实物或服务的交易，互联网使得货物成为数字化标的。比如，音像制品、电子书籍可以直接以计算机语言的形式传播，具有无形性特征。传统贸易需要线下交割，而跨境电子商务可以将货物以数字化标的的形式在网上买卖。以电影为例，传统的电影需要去电影院观看，而随着互联网的发展，人们只要购买观影权便可以在网上观看。

3. 匿名性

只要身边有接入网络的设备，跨境电子商务参与者就可以随时进行买卖。跨境电子商务参与者可以使用匿名信息保护自己的隐私，这并不影响网络交易。

4. 即时性

在传统跨境商务活动中，交易双方的洽谈大多借助邮件、信函、传真等，在信息的传递上，时间间隔较长，信息无法即时传递，给国际贸易带来了较高的时间成本。而在互联网时代，信息传递速度很快，交易双方信息互通便捷，交流流程可以在网上完成，信息技术的快速发展使得交易双方通过高清视频洽谈成为可能，给交易者带来了很大的便利。

5. 无纸化

在传统国际贸易中，从准备阶段、协商阶段、订立合同阶段到履行合同阶段，都需要一系列的书面文件，并将其作为双方交易的依据。在跨境电子商务中，贸易往来采用电子方式，交易双方通过互联网发送信息，互联网传输代替了书面文件，使得交易双方提高了工作效率。

6. 快速演进

互联网从产生起，一直处于高速发展之中，网络设施和相应软件协议的未来发展具有很大的不确定性，它们依附于互联网的商务活动也在不断演进。未来，跨境电子商务将继续随着互联网经济、数字经济的快速发展，以无法预知的方式不断演进。

1.1.3 跨境电子商务的分类

1. 按交易主体分类

跨境电子商务根据交易主体类型的不同，可分为个人型和企业型跨境电子商务。其中，个人是指在跨境电子商务平台上购物的人群，企业是指在跨境电子商务平台上的一些购买团队。

2. 按交易商品品类分类

根据跨境贸易商品品类的不同，跨境电子商务可分为垂直型跨境电子商务和综合型跨境电子商务两类。其中，垂直型跨境电子商务主要针对特定的某类商品或商品需求开展服务；综合型跨境电子商务与垂直型跨境电子商务相反，其提供的商品种类繁多、复杂，涉及多个领域和行业。

3. 按商品流动性分类

按照商品流动性，跨境电子商务可分为进口跨境电子商务和出口跨境电子商务两类。其中，进口跨境电子商务将国外的商品通过各种渠道在我国的电子市场上销售；出口跨境电子商务将我国的商品通过各种渠道在国外的电子市场上销售。

1.2 跨境电子商务的发展现状

随着互联网技术在全球的加速普及和数字技术的高速发展，数字贸易已成为国际贸易的新模式，成为世界经济发展的新引擎。作为数字贸易的重要组成部分，跨境电子商务助推全球数字贸易时代的到来，同时贸易数字化程度的加深将进一步推动跨境电子商务在世界各国发展壮大。

1.2.1 主要国家和地区跨境电子商务的发展特点

1. 美国电子商务市场较成熟，集聚了跨境电子商务龙头企业

美国是电子商务技术的起源地，也是最早支持电子商务发展的国家。美国不仅是电子商务的先行者，更是电子商务规则的制定者，其在克林顿政府时期颁布的《全球电子商务框架》（1997）对世界各国电子商务的发展影响深远。

美国拥有庞大的电子商务消费群体，大多数人具有线上消费习惯。根据咨询公司 McKinsey and Company 对美国在线购物消费者行为的调查报告，作为“网络原住民”的千禧一代是在线购物的领先者。千禧一代在五类产品上花费较多，从高到低排序分别是家庭娱乐产品（如

Netflix）、图书杂志、电子消费品、非食品类儿童用品（如婴儿推车和玩具）和日用品。X 一代（35～45 岁的人群）也喜欢在线购物，但程度不及千禧一代，他们的花费不到千禧一代的 55%。X 一代购买较多的产品是家庭娱乐产品、图书杂志、健身用品和保健品、非食品类儿童用品等。Z 一代（10～25 岁的人群）在奢侈品消费中所占的比例较小，他们购买的产品主要集中在服装、鞋类、家庭娱乐产品和外卖上。

美国的跨境电子商务平台具有很强的竞争力。亚马逊是美国最大的电子商务平台，也是全球商品品种最多的网上零售商。eBay 是兼有 B2C 和 C2C 业务的在线购物及拍卖平台，在 eBay 上有一半以上卖家在做跨境电子商务。Wish 是美国跨境零售电子商务平台之一，主要面向发达国家的中低收入群体，通过愿望清单的模式为客户提供商品分享和购买服务。同时，沃尔玛等传统线下零售巨头也先后进入跨境电子商务行业，参与全球竞争。美国商家也利用外国跨境电子商务平台（如我国的考拉海购等）积极销售国内商品，特别是有意识地将“黑五”①等消费文化与本国优势商品相结合，使得出口业绩喜人。

2. 欧洲跨境电子商务市场起步较早，发展较成熟

欧洲是当今世界上电子商务发展最繁荣的地区之一，其高度重视跨境电子商务的发展，欧洲数字议程（Digital Agenda for Europe，DAE）是欧盟委员会制订的计划，旨在帮助欧洲个人和企业从数字技术中获得更多收益，该计划设定了一项政策目标，使大约三分之一的中小型企业能够在线进行跨境采购。

欧洲内部的电子商务市场可以分为北部成熟的市场、南部迅速增长的市场和东部新兴市场。英国、法国、德国是十分具有活力的电子商务经济体，跨境电子商务是这三个经济体中增长极快的电子商务领域。欧洲跨境电子商务的基础设施和环境也在日臻完善，如在支付方面，根据 WorldPay 的一项研究，欧洲跨境电子商务交易主要是通过银行卡完成的，但是通过银行卡支付的网购比重近年来逐步下降，而电子支付的比重不断提升。

3. 日本电子商务发展前景广阔

虽然日本电子商务起步较晚，但发展迅速。日本的互联网基础设施完善，消费者网购次数不断增加，吸引各国跨境电子商务企业陆续进入日本市场。在电子商务市场环境的各项指标中，日本的物流绩效指数（Logistics Performance Index）、营商便利指数（Ease of Doing Business Index）、电子政务指数（E-government Index）在世界范围内都比较靠前，这吸引了一些跨境电子商务龙头企业涌入日本，日本的跨境电子商务平台主要包括亚马逊、Rakuten、Kakaku、Apple、DMM 等。

日本 B2B 跨境电子商务的市场规模远远大于 B2C，但后者增速更快。不过，日本跨境电子商务市场发展速度虽然较快，但跨境电子商务占国民经济的比重并不高，主要原因在于日本线下实体销售高度发达、竞争激烈、利润空间小，导致网购的价格优势不明显，缺乏对消费者的吸引力；同时，物流成本问题、市场集中度不足问题及日本消费者特殊的消费偏好等都是导致这一现象的原因。

① 黑五又称黑色星期五，是每年 11 月的第四个星期五，也是美国圣诞大采购日。

在消费品类上，日本消费者青睐的消费品主要有食品饮料、书籍、服装、虚拟电子产品和化妆品等。在消费品类的偏好上，日本同欧美国家有着相当大的差异。

4. 俄罗斯电子商务发展逐步加快

俄罗斯是世界上最重要的新兴经济体之一，其电子商务市场起步晚、发展快，特别是进口跨境电子商务发展势头非常迅猛，体现了电子商务市场的“后发优势”。

俄罗斯跨境电子商务市场规模占其全部电子商务贸易的比重近年来不断增长，这一变化主要源于人们对产品质量的要求不断提高。俄罗斯消费者早些时候较多关注价格低廉的产品，近年来逐渐倾向于购买国际知名的高档奢侈品。俄罗斯消费者较欢迎的国际产品类别主要包括服装和鞋类、家用电器和电子产品、香水和化妆品，以及宠物、办公设备、建筑材料、装饰品、食品、图书杂志等。在俄罗斯的跨境电子商务卖家群体中，我国企业占据了绝大部分的份额，其次是欧盟和美国。

近年来，俄罗斯在信息化基础设施建设方面逐渐发力，但是在电子商务市场环境的各项指标中，俄罗斯的物流绩效指数、营商便利指数、电子政务指数同发达国家相比仍存在较大的差距，其中物流业是制约俄罗斯跨境电子商务发展的重要因素之一。

5. 东南亚国家跨境电子商务发展潜力较大

东南亚国家是“一带一路”沿线与我国开展经贸合作的主要区域之一。近年来，随着该地区互联网渗透率和电子商务市场渗透率的快速提高，东南亚国家跨境电子商务发展潜力逐步显现，培育了 Lazada、Shopee 等知名社交型跨境电子商务平台。东南亚国家人口相对年轻，容易培养并接受新的消费习惯，对通过跨境电子商务带来的进口商品具有较强兴趣。与此同时，东南亚国家也希望通过跨境电子商务扩大其本地出口。

【拓展阅读】社交电子商务的快速兴起

近年来，社交电子商务快速兴起，Lazada、Shopee 等就是较为知名的社交型跨境电子商务平台。社交电子商务是基于人际关系网络，利用互联网社交工具，从事商品或服务销售的经营行为，是新型电子商务的重要表现形式之一。

所谓社交电子商务，就是借助社交网站、SNS（Social Networking Services，社会性网络服务，专指旨在帮助人们建立社会性网络的互联网应用服务）、微信、微博、论坛等传播途径，通过社交互动、用户生成内容等手段来辅助商品的购买和销售行为，并将关注、分享、沟通、讨论、互动等社交化元素应用于电子商务交易过程的现象。具体而言，从消费者的角度来看，社交电子商务既体现为消费者购买前的店铺选择、商品比较等，又体现为在购物过程中通过 IM（Instant Messaging，即时通信，互联网的通信方式之一）、论坛等与卖家的交流与互动，还体现为购买商品后消费评价及购物分享等。从电子商务企业的角度来看，通过社交化工具的应用及与社交媒体、网络的合作，可以完成企业营销、推广和商品的最终销售。

总体而言，东南亚国家对我国产品的接受度普遍较高。但是，东南亚国家跨境电子商务的发展也受两个方面因素的制约：一是该地区消费水平总体偏低，Idvert 广告数据显示，东南亚消费者购买的大多数商品为 10～40 美元，且绝大部分是没有品牌的商品；二是东南亚国家的物流基础设施较差，“最后一公里”配送难度大。

1.2.2 我国跨境电子商务的发展概况

1. 我国跨境电子商务的发展历程

我国跨境电子商务的发展大致经历了三个阶段，如图 1-1 所示。

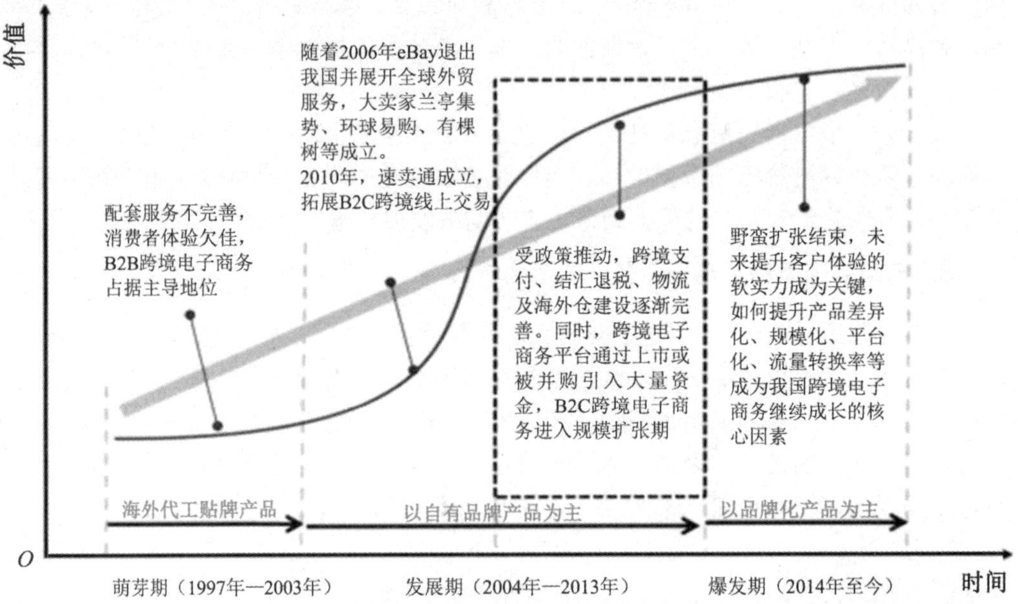

图 1-1 我国跨境电子商务的发展

第一阶段：萌芽期（1997 年—2003 年）。我国的跨境电子商务起步于 20 世纪 90 年代末，最早出现的是帮助中小型企业出口的 B2B 跨境电子商务平台，此时的跨境电子商务平台的主要功能仅限于展示外贸商品信息、撮合交易，不涉及交易流程。这一阶段的代表性企业有阿里巴巴（国际站）、中国制造网、中国化工网等。

第二阶段：发展期（2004 年—2013 年）。随着 eBay 退出我国，兰亭集势、环球易购、有棵树等成立。这一阶段的跨境电子商务平台融合了展示商品、洽谈、支付、物流等环节，通过服务、资源有效整合上下游供应链环节，这一阶段 B2B 为跨境电子商务的主流模式，企业从提供线上信息服务，逐渐变为提供在线交易。受政策推动，跨境支付、结汇退税、物流及海外仓建设逐渐完善，我国跨境电子商务零售业务（B2C/C2C）茁壮成长，跨境电子商务的崛起促使大量的小微企业参与进出口交易。

第三阶段：爆发期（2014 年至今）。业内将 2014 年称为跨境电子商务元年，阿里巴巴和亚马逊等电子商务企业入场，一批创业跨境电子商务平台获得了巨额融资。在政策层面，2014 年 7 月，海关总署发布的监管公告明确了对跨境电子商务的监管框架，促进了我国跨境电子商务零售进口的急剧扩张。2018 年 8 月 31 日，第十三届全国人大常委会第五次会议通过了电子商务领域综合性立法《中华人民共和国电子商务法》，推动跨境电子商务进入权责明晰、有法可依的发展阶段。国内政策日臻完善，跨境电子商务规范发展，如何提升产品差异化、规模化、平台化、流量转换率等成为我国跨境电子商务继续成长的核心因素。

【知识链接】跨境电子商务模式创新的思考

1. 把握市场机会

随着社会经济的发展和技术水平的提升，跨境电子商务企业获得了更多接触消费者的机会，产生了区别于传统业务模式的新的市场机会和商业领域。由于这些市场机会和商业领域是前所未有的，没有可以遵循的模板，企业需要以敏锐的嗅觉捕捉具有开拓性的业务要素或市场领域，迅速构建与之相适应的商业模式来占领新兴市场，获得领先于竞争对手的优势地位。把握新的市场机会，迅速调整现有商业模式，是跨境电子商务企业实现创新的根本。

2. 产业价值链整合

如今的商业竞争已经进入通过价值链打造竞争优势的阶段，即商业模式之间的竞争。这考验的不是企业单一业务方面的素质，而是商业运作全过程资源配置、管理协调的综合能力。尤其在跨境电子商务领域，企业要想占据有利的市场地位，需要对商业模式进行持续的动态调整，以适应不断出现的市场挑战。商业模式的再开发、再改造，意味着对产业链的重新组合——从产业链的角度将各种资源或商业要素整合，可以围绕产品、服务、技术能力、管理技能等方面重新定位、梳理关系、创新逻辑，以实现更好的整体效应的发挥。产业价值链整合是商业模式创新的关键。

3. 内部价值链调整

产业价值链整合固然能提升企业的竞争力，但并不是所有的企业都有能力完成产业价值链的创新设计。企业将目光聚焦于现有商业模式中可变的活跃因素，通过局部改进企业策略或特别突出某方面的核心能力，来为细分市场或个性化消费群体提供更有针对性、更具有客户价值的商品或服务。相对于产业价值链整合，内部价值链调整具有局部性、灵活性、动态性、引导性的特点，企业根据不断变化的市场环境和需求导向进行商品与服务的优化调整，其本质是企业内部价值链的调整。跨境电子商务企业可以借鉴传统制造企业的创新思路，如戴尔的直销模式就是针对营销渠道进行的重组和再造，海尔着力打造完善的服务体系，格力专注于空调市场的深耕细作等。对缺乏整合产业价值链能力的企业来说，内部价值链调整促进了差异化竞争优势的产生，是商业模式创新的有效手段。

4. 拓展业务领域

在当前电子商务环境下，单一领域的创新容易被效仿，从而难以维持持久的竞争优势，而多元化经营提供了在多个领域积累竞争优势的空间，在对创新点进行合理设计和运营后会产生复合型竞争优势，这种优势难以被效仿，可以帮助企业迅速占领客户细分市场，从“长尾效应”中增加收益来源。这种创新方式的核心在于整合多种优势资源的能力，使之在一体化商业逻辑下以实现统一目标的方式合理运作。例如，迪士尼摆脱了游乐园单一的门票盈利模式，综合了服装、图书等行业的商业模式，依托自身丰富的资源和品牌力量，构建了包括礼品、玩具、图书等商品在内的整套经营模式，提升了品牌的影响力和盈利能力。这种创新方式需要目标企业具有一定的资源，更适合行业内的领导者，因此是商业模式创新的高级形式。

2. 我国跨境电子商务发展的国际环境

由于受到政治因素、生态环境等的影响，全球经济发展受阻，特别是新型冠状病毒肺炎疫情（以下简称“新冠肺炎疫情”）让全世界面临一场公共安全危机，对国际经济的发展造成了极大的影响，跨境电子商务面临越来越复杂的国际形势。

国际贸易摩擦提升了跨境贸易环境的不确定性，成为影响跨境电子商务稳定发展的潜在威胁。但同时，数字经济浪潮也为跨境电子商务的发展带来了新的机遇，传统国际贸易空间遭到进一步压缩，越来越多的外贸企业应用数字化技术进行运营管理，将国际贸易方式从线下转移到线上，为跨境电子商务的发展带来了新的机遇。

3. 我国跨境电子商务发展的政策环境

跨境电子商务的高速发展离不开政策的支持，国家多个重要部门相继颁布相应政策支持跨境电子商务规范发展，这些政策涵盖多个方面，规划了跨境电子商务的总体制度要求和基础设施建设，明确了税收方式，简化了通关环节，设立了支付监管流程，为跨境电子商务的发展提供了良好的制度保障。

我国近年来出台的跨境电子商务政策分为规范性政策与提效性政策两种。我国政府发布了多项政策、采取了多项措施加速跨境电子商务的发展，包括对电子商务出口经营主体进行分类、设立跨境电子商务监管平台、支持第三方支付平台发展、鼓励金融行业为跨境电子商务提供支持、实施税收优惠政策等，以解决海关通关、检验检疫、税务和收付汇等方面的问题。

4. 我国跨境电子商务的交易规模

随着国家利好政策及自由贸易区的发展，跨境电子商务的交易规模及其占进出口贸易额的比重不断提升。出口跨境电子商务一直占据我国跨境电子商务行业的主导地位，各大品牌开始向海外发展，巨大的海外市场及出口企业产业升级等因素推动了出口跨境电子商务行业的持续扩张，越来越多的外贸企业将贸易方式转到线上。随着“一带一路”倡议的深入、高新技术的应用及全球物流网络的逐步建设，出口跨境电子商务发展空间巨大。在进口跨境电子商务方面，随着国内“内循环”、国际国内“双循环”的持续推进，巨大的消费市场对我国经济的拉动作用将会越来越显著。海外产品一般通过传统贸易和跨境电子商务进入我国，相对来说，通过进口跨境电子商务进行贸易，能够降低交易成本，提高服务效率，越来越多的境外企业选择通过跨境电子商务进行产品销售。

从跨境电子商务交易企业来看，B2B 跨境电子商务的比重很高，在行业中处于主导地位。由于 B2B 跨境电子商务模式能够精简售卖流程，客户能够将需求及时反馈给卖家，因此得到了很多跨境电子商务平台的青睐。随着很多消费者开始尝试个性化产品、跨境物流的建设及高新技术的应用，B2C 跨境电子商务模式也得到了快速发展，生产厂商直接对接消费者，提高了信息透明度，更加便捷、高效。

1.2.3 “一带一路”倡议下的跨境电子商务

1. “一带一路”倡议的含义

“一带一路”（The Belt and Road，B&R）是“丝绸之路经济带”和“21 世纪海上丝绸之路”的简称。“一带一路”倡议涉及合作伙伴广泛，合作项目多样，对我国外向型经济的发展具有深远的战略意义。

“一带一路”倡议旨在借用古代丝绸之路的历史符号，积极发展与中亚、东欧、东南亚周边国家在基础设施、投资贸易和资源能源等多个领域和范围的深度合作，促进沿线国家和地区经济发展与产业结构调整，有利于经济共同体的建设。“一带一路”沿线大多是新兴经济体和发展中国家，其人口数量约占全球总人口数量的 63%，处于经济发展的上升期，具有巨大的市场潜力。

2. “一带一路”倡议下跨境电子商务的发展情况

随着“一带一路”倡议的实施，我国与沿线国家的基础设施互通互联网络正在快速建设之中，物流体系更加通畅。我国政府在清关、报关、报检方面出台了一系列优惠措施，简化了通关手续，缩短了通关时间。

例如，我国对一些来自“一带一路”沿线国家的特定货品给予先入境后报关、关税优惠等；先后设立了广州、郑州、宁波等多个跨境电子商务试点城市，这些城市又建立了各具特色的跨境电子商务产业园，在跨境电子商务的发展方面进行了探索和创新；保税区制度有效地化解了跨境电子商务供货品种数量与目标客户群需求之间的矛盾等；从海上丝绸之路到陆上丝绸之路的各节点城市，包括沪闽津粤四大自由贸易区及西安、重庆等城市在内，都在纷纷组建各种形式的跨境电子商务平台，一条“网上丝绸之路”全面铺开。

“网上丝绸之路”跨境电子商务平台由国家批准，地方政府和海关、检验检疫等部门共同搭建，对跨境电子商务企业来说，这是一个非常好的平台。因为其在企业、商品选择等方面都有严格的规定和门槛，商品质量、物流速度、商品价格等都将得到保障，进境“海淘”和电子商务出口都是安全可靠的，必将推动我国与“一带一路”沿线国家的跨境电子商务迅速发展。加之我国产品的质量口碑逐渐提升，消费者对“中国制造”的依赖性增强，跨境电子商务已经成为我国“一带一路”建设中的重要推动力。

同时，在“一带一路”倡议下，跨境电子商务的发展产生了对跨境物流的需求。我国跨境物流模式不断优化，很多跨境电子商务企业主要以“国际物流专线”为起始点，采用跨境备货方式，重视“海外仓”的布局，以跨境电子商务平台和海外仓联网的方式提供跨境贸易服务。“一带一路”倡议促进跨境电子商务企业运用海外仓的方式高效挖掘海外市场，降低跨境物流成本，提高国际物流时效。

1.2.4 中欧班列促进下的跨境电子商务

对跨境电子商务而言，物流一直是重要的环节。中欧班列的出现，无疑为我国跨境电子商务的发展提供了一条极佳的物流通道。

中欧班列特指按照固定车次、线路、班期和全程时刻表开行，运行于中国与欧洲，以及“一带一路”沿线国家间的集装箱等铁路国际联运列车。中欧班列铺划了西、中、东三条通道。中欧班列给跨境电子商务的发展带来了以下优势。

1. “支线—干线—支线”班列组织方式，就近吸引地区货源

中欧班列之所以采用“支线—干线—支线”班列组织方式，是因为其想充分利用铁路干线的物流资源、满足班列开行需求。中欧班列的主干线分为三条通道：西通道、中通道、东通道。其中，西通道干线的主要货源吸引区是西南、西北、华南、华中等地区，经该通道的班列包括“渝新欧”“蓉欧”“郑欧”“汉新欧”“义新欧”“粤新欧”等；中通道干线的主要货源吸引区是华北、华中、华南等地区，经该通道的班列包括“郑欧”“湘欧”“蒙连欧”“天津—明斯克”等；东通道干线的主要货源吸引区是华中、华东、东北等地区，经该通道的班列包括“营满欧”“苏满欧”“鄂满欧”“津满欧”“湘满欧”等。编组完成的班列始发站至干线之间的运输线路为支线。中欧班列运营公司将根据班列开行计划和国际货运编排方案等，在每月月初安排好班列开行班期，按时组织班列开行，并及时反馈班列后续跟踪情况。

2. 统一经营平台，采用灵活的价格调整机制

中欧班列采用“六统一”标准，即统一品牌标志、统一全程价格、统一经营团队、统一服务标准、统一经营平台、统一运输组织，并且由中铁总公司（中国国家铁路集团有限公司）进行统一管理。其中，统一经营平台是指由集装箱公司建立全国统一的经营揽货平台，根据市场需求，采用灵活的价格调整机制，吸引东部地区和中西部地区的适箱货源上线运输。同时，中欧班列境内运价按照货运量、全程代理、西通道的标准实施“三从优”，为有跨境电子商务业务的客户提供更多选择。

3. “五定班列”组织方式，安全、稳定、快捷、准时

“五定班列”是指在主要城市、港口、口岸间铁路干线上组织开行的“定点（固定装车地点）、定线（固定运行线）、定车次（固定列车车次）、定时（固定到发时间）、定价（固定运输价格）”的快速货物列车。相对于普通班列，“五定班列”的运行速度较快，这将缩短追求时效性的产品的送达时间，给中欧班列创造更多效益。与其他铁路运输的繁杂手续不同，“五定班列”开通后，一个窗口一次办理承运手续，提高了班列的运行效率。从客户的角度来说，班列发车和到站时间固定，安全高效，信息获取更加便捷，“五定班列”设有全程信息跟踪系统，方便托运公司有计划地组织工作，这也是物流运输的一大进步。

4. 突破单一渠道运输方式，打通跨境电子商务物流新通道

中欧班列国际物流通道主要有三种：国际货运陆运渠道、国际货轮海运渠道、基于国际公路运输的陆运渠道和航空运输渠道。作为以亚欧大陆桥为中心的国际货运列车，中欧班列解决了行业向内陆转移后与跨境电子商务市场沟通脱节的问题，充分发挥了国际铁路运输方式安全性高、不受环境因素影响，以及 GPS（Global Positioning System）定位查询、价格结构简单、实时信息传输等优势，将我国内陆地区具有较高附加值的产品以国际铁路运输的形式送往欧洲各国，促进我国跨境电子商务的发展。

近年来，中欧班列迎来三大发展时机：一是传统的海运方式通关效率较低，而铁路运输的通关和查验相对顺畅；二是海运运价持续上涨，"一箱难求"和"一柜难求"等现象促使更多企业选择运价相对低、运输时间可控、运力稳定的中欧班列；三是跨境电子商务等新业态快速发展，这些渠道涉及的产品具有包裹小、散件多等特点，与中欧班列的运输方式非常匹配，同时中欧班列对机械设备等部分产品的运输性价比也较高。随着跨境电子商务的快速发展，小包裹数量增加，海运在成本、通关等方面都受到制约，"中欧班列+海外仓"的模式则可以保障货物及时送达，此模式与跨境电子商务的发展非常匹配。

1.3 跨境电子商务的发展趋势

传统进出口贸易业务有上百年的发展历史，发展模式较为成熟。相比而言，跨境电子商务总体上处于探索和发展阶段，有诸多问题亟待解决。这不仅是我国所面临的现状，从全球范围来看也是如此。未来一段时间内我国跨境电子商务或许会朝着以下方向发展。

1. 政府政策将以规范线上外贸、协调线上线下外贸为主

跨境电子商务作为一种新型外贸模式，它的出现是对传统外贸业务的一次挑战。一方面，我国政府高度关注跨境电子商务，出台新的政策鼓励这种新型外贸模式的发展；另一方面，为了维护市场的公平性，还需要照顾到传统贸易，使二者公平竞争，维护市场正常秩序。我国政府针对跨境电子商务发展中存在的问题，可以从以下几个方面应对。

第一，建立跨境电子商务侵权、假冒商品追溯制。加强立法，从而应对电子商务交易中的商品侵权问题，以及加大打击假冒商品的惩罚力度，政府有关部门有责任与义务加强行政监管，创建良好的交易环境。具体来说，政府可以通过事前风险防范、预警监测及监督抽查等方式，严格追究电子商务交易中的违法行为。未来，政企合作可能是电子商务，尤其是跨境电子商务的一种模式，政企合作打击跨境电子商务中的违法操作，从而真正实现数据互通，实现网络交易平台自律，同时平台应承担起低层次、有限的合法性审查工作。从实际案例来看，电子商务平台往往也会成为被侵权者起诉的对象，消费者认为一旦电子商务交易中个人利益受到损害，平台应与卖方共同承担责任。尽管电子商务平台有责任对平台上的商品进行审查，但是面对海量商品，其难以确保对所有商品都进行审查，因此往往通过审查卖家身份及事后补救等方式最大限度减少消费者的损失。实际上，亚马逊、eBay 等知名电子商务平台对侵权商品及假货等的监管十分严格。例如，eBay 专门制订了 VeRO 计划[①]：知识产权所有者拥有在网站上寻找并举报假冒商品的权利，售假的卖家一旦被发现将受到严厉的处罚，这也

① VeRO（Verified Rights Owner）计划，该计划将向知识产权所有者提供渠道来举报他们认为侵犯了自身权利的商品。

彰显了 eBay 对假冒商品零容忍的态度。涉及售假的卖家将被永久注销，并确保 70%～80%的假冒商品会在 12 小时内删除。

第二，建立在线纠纷解决机制。消费者在自身权益遭受侵害后，往往因存在着高额的诉讼费而忍气吞声。电子商务平台在处理纠纷时往往以调节为主，缺少法律文件的支撑，导致处理结果难以让消费者信服。国际组织或者当地政府应承担起建立纠纷解决机制的职责。当前，国际消费者联盟组织、经济合作与发展组织及国际商会等在非诉讼纠纷解决上做了许多工作，在线纠纷解决机制中的公正性、便捷性等对于增强消费者信心意义重大。2016 年，欧洲委员会发布了一个用于电子商务交易中消费者维权的平台，并且消费者不需要支付高额的法律费用，这种模式后来得到了各国的效仿。

第三，税制公平。低廉的价格是决定电子商务发展的重要因素。通过分析跨境电子商务交易的特点不难发现，网购商品税收征管漏洞及供应链缩短是造成跨境电子商务商品价格低的主要原因。税收征管漏洞将造成商品进口国大量税收的流失，同时不利于市场的公平竞争。跨境电子商务采取小包邮寄，规避了部分国家税务机关的监管。为了维护国内市场的公平竞争，未来各国势必加紧制定适合跨境电子商务发展的政策。例如，2021 年 1 月 1 日，英国施行增值税新规，对于从英国境外进口的货物，若货物的价值不超过 135 英镑（与关税责任门槛一致），英国将把增值税征收点从进口点移至销售点；2021 年 7 月 1 日实施的欧盟电子商务增值税改革法案取消了小额包裹起征点，统一远距离销售应税注册门槛，扩大“一站式”合规机制适用范围，明确电子商务平台增值税纳税义务。为了确保跨境网络零售的健康发展，如何制定低值货物的免税门槛成为一个重要问题。

2. 跨境电子商务企业将积极布局海外仓

积极布局海外仓不仅是新政策下的要求，同时也是提升我国跨境电子商务企业自身竞争力的一个重要途径。具体来说，布局海外仓指的是电子商务企业在境外目标市场通过租赁的方式获得存放商品的空间，先把部分商品放到该仓库中，待平台接到订单以后，再由境外的仓库直接配送。进口电子商务企业则可以通过在海外仓集货，再以直邮的方式派送给国内消费者。这种模式的优点在于既帮助电子商务企业降低了成本，又大大提高了零售散单的配送能力。除此之外，布局海外仓的意义还在于能进行商品展示，有效地解决境外消费者退换商品周期长、成本高等问题。这样一方面提高了售后服务质量，另一方面极大地增强了境外消费者的信心。因此，可以预计，当跨境电子商务发展到一定程度以后，布局海外仓必将是其着重考虑的问题。应注意的是，企业应根据自身经营情况，做到因地制宜，避免出现资金困难的局面。电子商务转型并非只是传统外贸企业的痛点，新兴行业中的企业布局海外仓的优势会更加明显。发达国家的人工费用和土地租赁费用较高，并且有着较为完善的物流配送体系，部分实力有限的电子商务企业可以选择与第三方物流企业合作，向第三方物流企业直接租赁仓库。相比之下，在发展中国家布局海外仓的人工费用和土地租赁费用都较低。在这种情况下，电子商务企业可以选择自建海外仓。具体来说，无论选择哪种方式，海外仓都应以打造品牌形象和提升客户体验为核心。

3. 跨境电子商务企业将重点创建自有品牌

在传统经营体系的影响之下，我国的外贸企业采用电子商务方式的最初目标仅仅是发展多种营销渠道。企业往往注册多个电子商务平台，同时持续进行平台的更换，以此来扩大自己的客户群，获得更为丰厚的收益。但是，跨境电子商务有着“双刃剑”的特征：一方面，其可以为企业增加新的销售渠道；另一方面，其会给企业带来更多的竞争者。企业在发展初期因缺乏对跨境电子商务的系统认知，再加上企业的规模相对较小，主要依靠降低价格的方法来占据市场空间，并且未能形成基本的创建自主品牌的思想。如果企业采用“互联网+外贸”的运营模式，依旧以贴牌生产为中心，那么当网络渠道的红利消失后，其就会陷入生存困境。因此，发展自主品牌是后续跨境电子商务企业的核心目标。企业有必要积极注册海外商标，使用网络平台加强商品推介，提升品牌曝光率和自身知名度，同时依靠大数据精准研究消费者的购物习惯，分析消费者的具体需求，精准定位品牌及目标，优化线下服务机制，提升整体经济效益。

【本章小结】

跨境电子商务（Cross-Border E-Commerce）是指交易当事人或参与人利用现代信息技术和计算机网络在全球范围内所进行的各类商业活动，包括货物贸易、服务贸易和知识产权贸易。不同关境的贸易主体常常通过互联网平台达成交易合同，进行网上支付结算，并通过跨境物流送达商品。跨境电子商务具有全球性、无形性、匿名性、即时性、无纸化、快速演进等特点。其中，美国电子商务市场较成熟，集聚了跨境电子商务龙头企业；欧洲跨境电子商务市场起步较早，发展较成熟；日本电子商务发展前景广阔；俄罗斯电子商务发展逐步加快；东南亚国家跨境电子商务发展潜力较大。我国跨境电子商务发展迅速，尤其在“一带一路”倡议和中欧班列的促进下具有较好的发展趋势。

【本章实训】

实训案例：RCEP 催生跨境电子商务万亿商机

《区域全面经济伙伴关系协定》（Regional Comprehensive Economic Partnership，RCEP）催生全球最大的自由贸易区。各种利好解读见诸报端。安联集团（Allianz）旗下贸易信用保险公司裕利安宜（Euler Hermes）发表报告称，通过建立通用的原产地规则（Rules of Origin）框架，将可减少非关税壁垒，降低出口成本，成员国之间的商品出口每年可增加约 900 亿美元。这对跨境电子商务行业来说，主要有以下影响。

第一，区域内大规模降税，导致一般贸易和跨境电子商务的成本差距缩小，跨境电子商务将得到更大的发展空间，特别是有利于海外仓业务发展。

第二，取消各种非关税壁垒，使通关和贸易便利化，加快通关和物流配送，就会提升直邮电子商务投送时效和客户体验，直邮电子商务规模也将会创下新高。在此过程中，跨境电子商务结构将得到进一步调整、优化。

第三，将会产生统一大市场效应，进一步加强各国在监管、税收、数据流动、隐私等方面的政策协调与监管合作，统一规范管理，降低交易的不确定性和提升透明度，这些都为东南亚国家电子商务的迅猛发展奠定了坚实的基础。

第四，日本电子商务市场极有可能成为一匹黑马。在 RCEP 谈判中，一大看点是中日首次达成自由贸易协定。中日产业和外贸本来就存在很强的互补性，因此将会产生十分受商家关注的重要商机。特别是，之前日本互联网和智能手机普及率非常高，但电子商务渗透率和电子商务发展速度相对滞后，这与其第三大经济体的身份并不相称。2020 年，日本电子商务市场发生质变，首次出现双位数增长，电子商务渗透率创历史新高，本土电子商务平台增长迅猛。日本电子商务迎来历史最好的发展时期，犹如股市之“芙蓉出水”之势，一根大阳线正在徐徐拉起。

第五，在 RCEP 的推动下，中国与以越南为代表的东盟国家的进口成本同时下降，意味着在强化各自产业环节（中国的面料、印染，越南的成衣）对区域外相关产业而言具有的竞争优势；同时巩固中国与东南亚国家在纺织服装产业链上的协同。

从经济角度来看，RCEP 的整体影响虽然是全面、深远的，但这只是刚刚开始，可能需要经历较长一段时间后才能显现，中国、日本及韩国等均能从中受惠。

实训内容：分析 RCEP 对我国跨境电子商务的发展有何作用。

实训要求：补充查阅资料，从跨境电子商务的发展特点方面进行分析，形成一份案例分析报告。

【复习思考】

1. 简述跨境电子商务的特点。
2. 简述跨境电子商务的类型。
3. 简述主要国家和地区的跨境电子商务发展特点。
4. 分析我国跨境电子商务的未来发展趋势。

第2章

跨境电子商务运营管理

【学习目标】

- 掌握跨境电子商务运营模式；
- 理解跨境电子商务供应链；
- 熟悉跨境电子商务营销；
- 熟悉跨境电子商务支付；
- 熟悉跨境电子商务物流；
- 了解跨境电子商务客户服务；
- 了解跨境电子商务法律监管。

【引导案例】一表读懂跨境电子商务主要运营模式

跨境电子商务运营模式有多种，具体如表2-1所示。

表2-1 跨境电子商务主要运营模式

运营模式	代表平台	简介	优势	劣势
平台模式	天猫国际	将第三方商家引入平台，提供商品服务	轻资产模式	收入仅靠佣金；第三方商家品质难以保障
自营+平台模式	京东	一部分采取自营，另一部分允许商家入驻	供应链管理能力强，对爆款标品采取自营，非标品可引入商家；SKU[①]丰富；正品真货，客户能够与品牌建立稳固的关系，打通了商品的流通环节，规模效益强	重资产模式

① SKU全称为Stock Keeping Unit，库存进出计量的基本单元，可以以件、盒、托盘等为单位。

续表

运营模式	代表平台	简介	优势	劣势
闪购模式	聚美优品、唯品会	凭借积累的闪购经验及客户黏性，采取低价抢购策略	商品更换快，新鲜度高；客户重复购买率高，折扣带来足够的利润空间；容易产生客户二次购买；能够最大化利用现金流	物流成本高；门槛低，竞争激烈，利润低
线下转型 O2O	苏宁易购、优盒网	依托线下门店和资源优势，同时布局线上平台，形成 O2O 闭环	与实体店、富有经验的采购团队及线上平台形成协同效应	线上引流能力不足；客户黏性需要长时间培养
买手制+海外直邮平台模式	洋码头	平台引入海外专业买手提供商品服务；依托自身官方国际物流承运，保证商品来自海外且全程密封	买手群体庞大，商品多元，并且 100%来自海外；已建立国际物流门槛，运输时效有保障	平台 App 体验有待提高
垂直型自营平台	蜜芽	品类的专项化程度高，以深耕某个特定领域为主	供应链模式多样，可选择代采、直采，保税和直邮；单一品类细分程度高	前期需要较大数额的资金支持
自营模式	考拉海购、1 号店、海外购	从供应商采购商品销售给客户	商品源可控，消费者有保障，一站式购物	品类少，SKU 少
导购返利平台模式	什么值得买、55 海淘	先通过编辑海外电子商务信息达到引流目的，再将订单汇总给海外电子商务平台	快速了解消费者的前端需求，引流速度快，技术门槛低	竞争激烈；难以形成规模
C2C 代购模式	全球购	客户下单后，海外个人买手或商家从当地采购商品，通过国际物流送达	现金流沉淀大，通过庞大的买手数量扩充 SKU	管理成本高；商品源不可控；收入仅为佣金和服务费

辩证与思考：跨境电子商务各种运营模式之间有何区别与联系？

分析与提示：跨境电子商务的交易模式、出/进口模式、盈利模式的特征。

2.1 跨境电子商务运营模式和供应链

跨境电子商务涉及不同国家和地区的商品交易，因此有不同的运营模式。

2.1.1 跨境电子商务交易模式

跨境电子商务交易模式包括 B2B（企业对企业）、B2C（企业对消费者）、C2C（消费者对消费者）、M2C（生产企业对消费者）、B2B2C（企业到企业再到消费者）等。需要指出的是，在所有跨境电子商务交易模式中，B2B 和 B2C 是最基本的模式，占总交易额的大部分。跨境电子商务的主要交易模式如表 2-2 所示。

表 2-2 跨境电子商务的主要交易模式

主要交易模式	参与主体	交易特点	代表平台
B2B	企业与企业交易	大批量、少批次、订单集中，正规货物报关	阿里巴巴国际站、阿里巴巴一达通、宁波世贸通、易单网等
B2C	企业与消费者交易	小批量、多批次、订单分散，以个人物品或货物报关	亚马逊、兰亭集势、环球易购、京东国际、网易考拉（现被阿里巴巴收购）等
C2C	消费者与消费者交易	小额，通过第三方平台交易，以个人物品报关	eBay、速卖通等

2.1.2 跨境电子商务出口模式和进口模式

1. 出口模式

一是传统跨境大宗交易平台展示模式（大宗 B2B），主要面向国外批发商，将外贸出口缩短为“我国工厂—电子商务平台—外国批发商—外国零售商—外国消费者”流程，代表企业有阿里巴巴国际站、中国制造网、环球资源网等。

二是综合门户类跨境小额批发零售平台模式（小宗 B2B 或 B2C），工厂直接面向外国零售商，将外贸出口缩短为“我国工厂—电子商务平台—外国零售商或外国消费者”流程，代表企业有敦煌网、速卖通、全麦网等。

三是垂直类跨境小额批发零售平台模式（独立 B2C），一端连着我国的制造工厂，另一端连着外国消费者，代表企业有执御网、兰亭集势、米兰网等。

四是专业的第三方服务平台模式（代运营），代表企业有棒谷、通拓、深圳浩方、南京四海商舟等。外贸 B2B 企业主要依托阿里巴巴等电子商务平台进行信息展示，帮助企业进行在线交易，但平台采取收服务费的方式，依靠信息服务换取效益，利润较低，客户黏性不强。跨境 B2C 平台专业性强，利润较高，但运营成本高，对平台专业技术要求也高。此外，一些企业还创新发展出 M2C、B2B2C 及专为个性化需求实施的 C2B（消费者到企业）柔性定制等模式。

2. 进口模式

在直邮进口模式下，消费者通过国内的跨境电子商务平台或国外网站购买商品，境外商户直接从境外发货，利用国际快递将商品送达国内消费者。这种模式的订单多、金额低，对物流时效性要求非常高。开展这类业务的代表平台有京东国际、天猫国际、亚马逊等。

在保税备货进口模式下，我国企业将海外商品以批量运输方式进口至保税区，在保税区存放并在海关系统建立进境备案清单，消费者在网上购买商品之后，企业在保税区内将商品直接从国内保税仓发送给境内消费者，同时进行进口清关。开展这类业务的企业主要有网易考拉、唯品会、聚美优品、小红书、天猫国际、京东国际、蜜芽、达令等。

一般贸易进口的跨境电子商务，主要指“一般贸易+国内电子商务”模式，即进口商通过一般贸易方式将商品进口到我国境内，该过程包含接受正规报关、正规备案、正规缴税等环节。当商品进口到国内后，企业再将商品在电子商务平台上展示、销售，与国内电子商务平台销售方式一致，仅在退换货环节有别于国内生产的商品。经过长期发展、淘汰，该类企业主要有唯品会、云集、苏宁易购等。

【知识链接】出口跨境电子商务的发展环境

1. 政治环境

我国在2013年提出“一带一路”倡议，强调创新贸易方式，着力发展跨境电子商务等新的商业业态。2017年，北京成功主办首届“一带一路”国际合作高峰论坛，标志着“一带一路”倡议变为现实。我国跨境电子商务企业需要抓住机遇，统筹整合“一带一路”沿线国家的各种资源，实现我国市场与“一带一路”沿线国家市场的对接。

2. 经济环境

跨境电子商务市场发展潜力大，全球跨境电子商务市场呈“井喷式”发展。新兴市场为我国跨境电子商务的出口贸易带来了新的市场和更大的用户规模。同时，发达国家的进口商及消费者对我国通过跨境电子商务企业及平台出口的产品品类和品质提出了更高的要求，有利于促进我国跨境电子商务贸易结构的进一步升级，这也是新一轮的机遇。

3. 社会环境

（1）用户的网购需求巨大。互联网的普及及智能科技的广泛应用，使得网购的方式越来越简单、便捷，网购用户规模不断扩大。

（2）跨境电子商务服务体系逐步完善。在物流方面，我国大型跨境电子商务企业有稳定的物流合作伙伴，一些跨境电子商务企业还在海外设立了海外仓；在支付方面，跨境电子商务企业的支付和结算已经基本可以得到银行或金融公司的支持；在海关方面，政府出台了适合跨境电子商务的海关监管政策和出口退税机制等。

4. 技术环境

（1）海外仓建设和物流信息化。海外仓的建设对提高跨境贸易的便捷性和跨境商品的安全性具有重大意义；另外，物流的信息化技术也在不断发展，这对提升用户的购物体验和满意度有巨大的作用，对跨境电子商务的发展具有重要的意义。

（2）大数据时代。大数据是当今时代的一个鲜明特征，其对跨境电子商务具有极大的推动作用。企业在进行出口贸易时，可以运用大数据加深对不同国外市场的理解和进一步把握，探寻当地市场的消费倾向和特征，进行有针对性的商品销售和策略制定，提供更加完善的服务体系和更多的个性化服务，同时海外仓的建设离不开大数据的支持。

2.1.3 跨境电子商务盈利模式

通常来讲，跨境电子商务盈利模式分为以下四类。

1. 运用平台提供服务的佣金模式

在该模式下，企业搭建信息化平台，为买卖双方提供交易信息和机会，并从中赚取佣金。这种模式又包括两种基本模式。一是收取信息服务费。例如，早期的阿里巴巴国际站、中国制造网和环球资源网等平台，为企业提供发布产品信息的渠道，并从中收费。同时，这些平台也向买家收取阅读卖方产品信息的费用。也就是说，其收费范围为买家服务费+卖家服务费。其中，买家服务费可以分为一次性收费或按时间跨度（通常以季度或年为单位）收费；卖家服务费通常按年收费，即卖家按发布产品数量和排名等信息以年为单位缴纳不同等级的会员费。

二是根据成交金额收取佣金，即根据平台上买卖双方的成交情况收费。以敦煌网为例，敦煌网根据成交情况收取“佣金+支付手续费”。为了进一步鼓励批发订单交易，持续提升服务质量，平台从 2020 年 8 月 17 日起，对部分二级类目的佣金率进行调整，调整后的佣金率如表 2-3 所示。支付手续费是指买卖双方在交易支付过程中卖家交给银行的手续费，此费用根据银行相关规定的调整而调整。平台会根据双方的成交金额收取一定的费用。此外，代运营商（代替货主开展网上营销，并根据销售情况收取费用的企业）也采取此种模式，如深圳浩方、南京四海商舟等企业均开展该类业务。

表 2-3　敦煌网收费标准

单笔订单金额	平台佣金率
小于 300 美元	19.5%～21.5%
大于或等于 300 美元且小于 1000 美元	8%
大于或等于 1000 美元	3.5%

佣金模式的优点是用户越多收益越大，并且盈利点可以自行设置；缺点是不容易构建全链条服务、平台建设投入多、不易管理等。

2. 商品销售模式

该模式主要通过进口国外商品并借助电子商务平台销售给国内消费者或采购国内商品销售给国外消费者以赚取差价。该模式无论通过第三方平台还是自营平台，都以终端个人用户为销售对象。由于该模式范围较宽泛，在供应链上出现了多种运营模式。

这种模式的优点是毛利率高，如早期通过亚马逊平台销售日用消费品可达到 50%以上的毛利率。随着竞争加剧，销往欧美等成熟市场的平均毛利率已降至 20%以下，但销往中东、拉美等电子商务业务不发达市场的平均毛利率仍可达到 30%以上。这种模式具有以下缺点：一是竞争激烈，由于适销商品种类有限，容易导致同质化竞争，特别是对售后服务、商品价格和销售技巧等提出了更高的要求；二是滞销和库存压力大，自营进出口对资金要求特别高，一旦商品积压，将承担巨额资金成本，若资金链出现问题，则很可能对企业造成灾难性影响；三是利用亚马逊、Wish 等第三方平台开展出口业务的企业，以及利用京东、天猫等平台开展进口业务的企业，经常受到平台规则的影响，导致企业利润波动很大，如京东有时会要求供货商在大促期间开展促销活动，这直接影响了供货商的利润。

3. 运用自营或第三方平台的"佣金+价差"模式

该模式主要涉及既开展自营业务又开展第三方服务的平台型企业，如京东、Newegg 等。该模式适合的平台通常具有三个特点：一是平台流量大、GMV[①]高，在国内具有一定的地位；二是具有较强的综合服务能力，平台用户黏性较强；三是平台具有很强的大数据分析能力，可以通过对业务的分析，优化商品 SKU 采购能力并提升库存管理能力。

该模式的优点是平台话语权强，商品 SKU 多，盈利模式多样化，不容易受到某类商品供应链变化或市场波动的影响，即遇到部分商品成本急剧上涨导致需求不足时，可以通过调整 SKU 结构、降低自营比重、丰富增值服务等手段来缓解。该模式的缺点是资金投入量大，平台维护费用高，团队支出巨大，同时对综合管理能力具有极高的要求。

4. 外贸综合服务模式

在该模式下，外贸综合服务企业搭建信息化平台，为在平台注册的一般贸易企业提供报关、报检、物流、仓储、退税、结汇、融资等外贸供应链综合服务，并收取业务服务费。

该模式具有以下优点：一是盈利点多，平台可依据用户和市场需求迅速开发新的服务产品（如各类金融产品等），以提升盈利能力；二是平台数据留存量大，能够掌握国内外供应商和采购商的信息，为开发信用产品和提升平台国际市场开拓能力提供数据保障和发展空间。该模式的缺点也比较突出：一是对平台管理能力的要求很高，由于服务对象动辄成百上千，甚至数以万计，任何业务模块的运行都不能出现问题，否则会带来系统性风险和巨大的经济损失；二是容易引起政策风险和法律风险，由于对服务对象缺乏全面、深入的了解，仅凭报关数据和简单的现场调查，很容易被意图骗取国家退税款的不法分子利用和蒙蔽，引发连带赔偿责任。

外贸综合服务模式是跨境电子商务各类业务模式中极具争议的一类。一方面，由于平台本质上优化了传统一般贸易的流程和效率，为中小型企业开拓国际市场提供了一站式服务，解决了资金不足、团队不健全、规则不熟悉等问题，具有先进性，为全球贸易的开展提供了新模式。另一方面，由于其发展过快，特别是单一平台服务十余万家中小型出口企业，形成"一对 N"的业务模式，同时缺少对服务对象的全方位管理，导致传统的外贸监管制度还不能完全适应新模式的发展。

2.1.4 跨境电子商务供应链

1. 跨境电子商务供应链的概念

跨境电子商务供应链是指分属不同关境的交易主体，通过电子商务的手段将传统进出口贸易中的展示、洽谈和成交环节电子化，并通过跨境物流送达商品、完成交易的一个整体模式。跨境电子商务供应链是跨境电子商务与跨境供应链的结合体，具体来说是跨境电子商务利用跨境供应链的方式实现跨境电子商务的交易活动，其中包含线上跨境电子交易、跨境支付、跨境物流配送等，涉及跨境商品的采购、加工、配送等基本内容。

① GMV 全称为 Gross Merchandise Volume，是成交总额的意思，多用于电子商务行业。

2. 跨境电子商务供应链的构成

在政策支持、技术升级等因素的推动下，跨境电子商务实现了飞速发展，日渐形成了包含消费者、外贸厂商、跨境电子商务平台、第三方支付平台、第三方物流、海外仓、供应链整合服务商等角色在内的供应链运作体系。跨境电子商务供应链模型如图 2-1 所示。

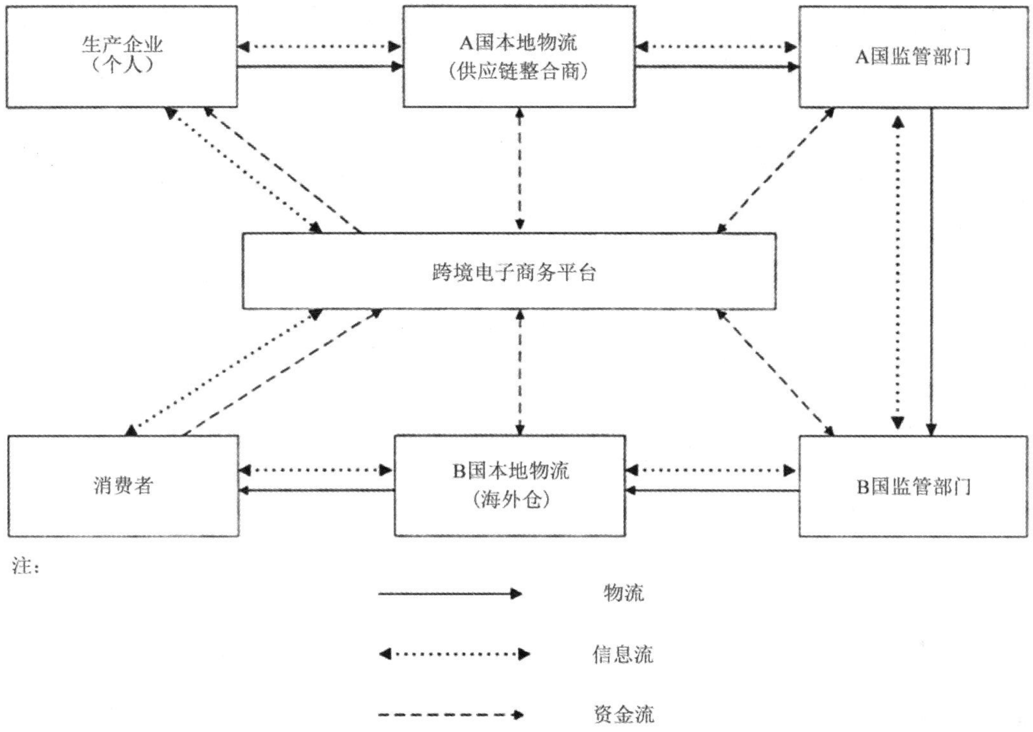

图 2-1　跨境电子商务供应链模型

2.2　跨境电子商务运营实务综述

跨境电子商务运营实务主要包括跨境电子商务营销、跨境电子商务支付、跨境电子商务物流、跨境电子商务客户服务和跨境电子商务法律监管。

2.2.1　跨境电子商务营销

1. 外贸 B2B 平台营销

如今，借助阿里巴巴、中国制造网、环球资源网、Tradekey 等平台进行海外营销已成为主流形式，企业可以结合自身产品与市场定位来选择合适的外贸 B2B 平台。例如，针对拉美市场，Tradekey 是个不错的选择；针对亚太、欧美市场，则可以选择阿里巴巴、环球资源网等。但是，很多企业存在过度依赖外贸 B2B 平台、营销推广渠道单一等问题，这些企业在外贸 B2B 平台上投入巨资，把所有的希望都寄托在平台上，这是不明智的做法。一般情况下，在外贸 B2B 平台上寻找产品的是国外的中小型客户，其目的是绕过进口商或代理商，寻找价格低廉的产品。目前，外贸 B2B 平台上的企业众多，产品同质化高，价格竞争激烈，中小型客户一般会和多家供应商洽谈并反复砍价，导致企业利润微薄，并且这些客户忠诚度较低，很难发展为长期客户。此外，并不是所有国外客户都习惯去平台寻找供应商，如欧美的很多客户更倾向通过搜索引擎寻找供应商。

2. 企业自建外贸网站营销

具备一定实力的企业可以考虑自建外贸网站，使其他推广方式围绕外贸网站来开展，实现整合营销。外贸网站应优化自身内容，既要注重企业的形象展示，也要注重商品或服务展示、客户互动、信息检索、客户体验、支付等环节，力求实用、有效。外贸网站在建设时还应符合国外潜在客户的语言文化及上网习惯。例如，对于欧美国家，英文网页字号一般应选择 10 号字，字体选择“罗马”字体；为防止乱码，网站应采用国际化编码；为提高网站的打开速度，网站的服务器应选择潜在客户所在地；网页应色彩简单、界面友好，符合海外客户的阅读习惯等。为了提高网站排名，企业还应进行搜索引擎优化，对网站的整体结构、页面布局、关键词分布及密度进行优化。自建网站要想取得良好的市场效果，还要持续运用社会化媒体营销推广、付费网络广告营销推广、电子邮件营销推广等方式不断提高知名度。

3. 社会化媒体营销推广

国外的社交网站、视频网站的用户活跃度更高、影响力更大，借助 Facebook、LinkedIn、Twitter、YouTube 等站点推广产品、品牌，能取得较好的投资回报。Facebook 是拥有近 10 亿名活跃用户的全球最大的社交网站，一些先行的中国企业已经借助其达到了良好的海外营销推广效果。LinkedIn 作为全球最大的职业社交网站，其用户基本上是各国企业界人士，电子商务企业既可以通过建立或加入群组、添加好友等方式发展商业人脉及寻求合作，也可以通过建立专页或投放广告来提高业内知名度与推广产品、服务，尤其对于 B2B 企业的海外推广十分有利。Twitter 在人群覆盖面、推广费用、用户互动性等方面具有天然的竞争优势，企业可以利用 Twitter 信息发布的开放性与扩散性，通过活跃发布推文不断宣传企业和产品，通过有奖活动或促销来吸引大量用户关注、转发和参与。此外，企业可以利用全球视频网站稳居前列的 YouTube 进行视频营销推广，通过制作并发布具有创意的高质量视频进行口碑营销。企业可以通过在标题、描述和标签里设置关键词，使视频在 YouTube 站内获得某些关键词的排名，从而使用户在站内用关键词搜索时能更容易关注到企业的视频。

4. 付费网络广告营销推广

Google 是十分受欢迎的搜索引擎，用 Google 关键词广告或者 Google 遍布全球的内容联盟来进行海外推广是很多企业的选择，企业可以在控制预算的基础上选择语言、地理位置进行精准投放。但如果中小型外贸企业不以自有品牌开拓海外市场，其客户不是直接消费者而是海外的进口商，则可以选择在一些针对企业客户的专业搜索引擎上投放关键词广告，用较少的投入获得较好的效果，如 Kellysearch.com，它的搜索结果简洁明了，主要展示企业的信息，已成为欧美采购商寻找供应商的途径之一。此外，在受众庞大的社区网站上投放定向广告也是不错的选择。

5. 电子邮件营销推广

电子邮件营销推广是一种门槛低、十分常用的跨境电子商务营销推广方式，企业可以通过向海外知名邮件列表植入宣传信息的方式进行许可式邮件营销，也可以通过利用 Google 搜索引擎、Google 地图及客户所在国主流搜索引擎等来主动寻找行业客户的网站，获取对方电子邮箱地址以发送商业邮件。如果对方的联系方式中没有电子邮箱地址，则可以在搜索引擎上进行二次搜索，或者在对方网站中填写表单，留下自己的完整联系方式。需要注意的是，应尽量使用海外邮箱（如 Gmail 等），最好不要使用免费邮箱，而应使用具有独立域名的企业邮箱以彰显企业的形象。电子商务企业要有选择地发送营销推广邮件，不要向无关的企业发送邮件，也不要连续发送大量营销推广邮件，以免自己的邮箱被列入黑名单。

2.2.2 跨境电子商务支付

跨境电子商务支付方式主要有 Payoneer、PayPal、PingPong、连连支付、支付宝国际等。不同的支付方式有不同的特点，企业可以根据自身的需求进行选择。

1. Payoneer

这是亚马逊官方推荐的收款方式之一，简称 P 卡。其资金取用方式灵活多样，一站式解决跨境电子商务全链条支付；同时支持多币种收款，包括美元、英镑、欧元、日元、加元、澳元等，并提供 KYC（Know Your Customer，了解你的客户）所需的文件。除了速卖通和 eBay，其他大部分在国内招商的平台都可以用 P 卡收款。

Payoneer 是一家总部位于纽约的在线支付公司，其主要业务是帮助其合作伙伴将资金下发到全球，同时为全球客户提供美国银行、欧洲银行的收款账户，用于接收欧美电子商务平台和企业的贸易款项。Payoneer 的合作伙伴涉及的领域众多，并已将服务遍布全球众多国家和地区。

Payoneer 的优点是使用我国公民的身份证即可完成账户在线注册，并自动绑定美国银行账户或欧洲银行账户，可以像欧美企业那样接收欧美客户的汇款，并通过 Payoneer 公司和我国支付企业的合作，完成线上外汇申报和结汇。Payoneer 具有两小时内快速到账的特点。Payoneer 适用于单笔资金额度小，但是客户群分布广的跨境电子商务网站或卖家。企业可以在 Payoneer 的官网提出申请，申请成功后，Payoneer 实体卡会从美国寄到国内，企业收到实体卡后需要到 Payoneer 的官网验证并激活。

企业申请了 Payoneer 账户就获得了美国银行账号，可以直接提现到国内银行卡。Payoneer 预付万事达借记卡支持全球 200 多个国家和地区的 ATM 取现，以及实体店刷卡和在线消费。Payoneer 的费用结构包括账户管理年费、入账手续费、提现手续费。Payoneer POS 机刷卡免费，ATM 取现单笔收费 3.15 美元。Payoneer 的费用清单如表 2-4 所示。

表 2-4 Payoneer 的费用清单

项目	明细	收费	优惠说明
账户管理年费	万事达卡+欧、美收款账户	4.95～29.95 美元	通过“好友推荐”注册，入账满 100 美元返 25 美元
入账手续费	美国、欧洲银行入账	费率为 0～1%	三个月内入账 15 万美元或累计入账 20 万美元，入账免费
提现手续费	人民币结汇、外汇电汇	费率为 1.2%～2%	累计入账 50 万美元，提现费率降为 1.8%； 累计入账 100 万美元，提现费率降为 1.5%； 累计入账 150 万美元，提现费率降为 1.2%
	万事达卡	0～3.15 美元/笔	POS 机刷卡免费，ATM 取现单笔收费 3.15 美元，汇损不超过万事达卡市场汇率的 3%

2. PayPal

PayPal 是全球使用最广泛的第三方支付工具之一，是为具有国际收付款需求的用户设计的。PayPal 集信用卡、借记卡、电子支票等支付方式于一身，能够帮助用户通过电子邮件，安全、便捷地实现在线付款和收款。PayPal 在全球多个国家和地区有数以亿计的用户，已实现在多种外币间进行交易，将近 70%的在线跨境买家用 PayPal 支付海外购物款项，即时支付、即时到账，全中文操作界面。

1）主要优势

PayPal 的主要优势体现在以下几个方面。

① 资金周转快。PayPal 具有即时支付、即时到账的特点，最短仅需 3 天，即可将账户内款项转至企业在国内的银行账户。

② 成本低。PayPal 无注册费用、年费，当产生交易时才需要付费，并且手续费较低。

③ 安全保障高。PayPal 具有完善的安全保障体系和丰富的防欺诈经验，拥有极低的风险损失率（仅为 0.27%），不到使用传统交易方式风险损失率的六分之一。

2）交易流程

PayPal 的交易流程可以分为两种模式，如图 2-2、图 2-3 所示。在第一种模式下，买家登录 PayPal 账号→点击付款→输入对方账号、金额、付款原因→付款成功→等待卖家发货；在第二种交易模式下，卖家登录 PayPal 账号→点击收款→主动请款→输入买家账号、金额、收款原因→发送请款成功→等待买家付款→发货。

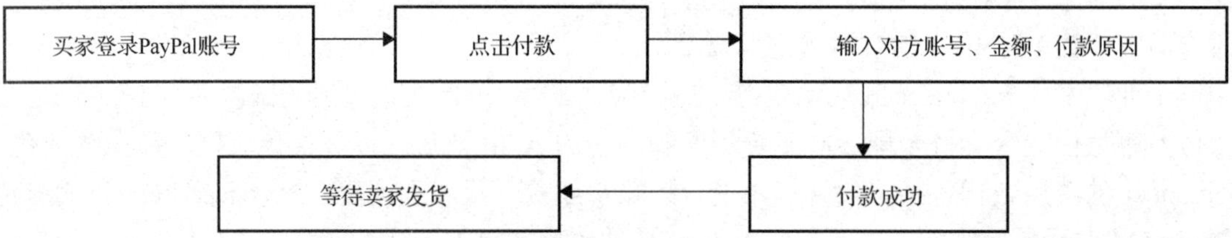

图 2-2 PayPal 交易模式（一）

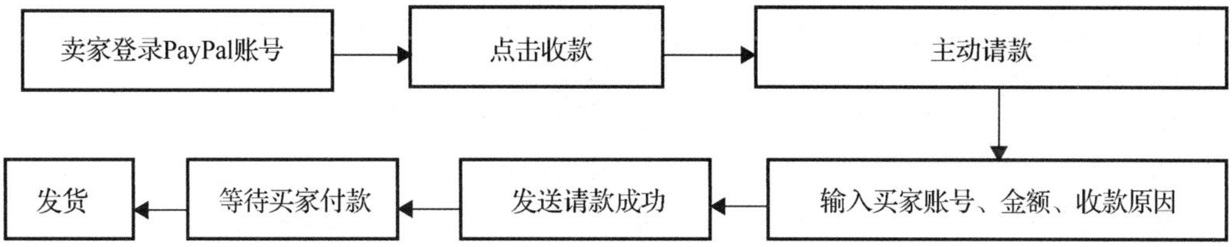

图 2-3　PayPal 交易模式（二）

3）账户类型

PayPal 账户主要分为三种类型：个人账户、高级账户和企业账户。其中，个人账户可以升级为高级账户，继而升级为企业账户。反之，企业账户也可以降为高级账户或个人账户。

① 个人账户。个人账户适用于在线购物的买家用户，主要用于付款，也可以用于收款，但相对高级账户和企业账户而言，少了一些卖家必备的功能，因此不建议卖家选择。

② 高级账户。高级账户适用于在线购物或在线销售的个人商户，主要用于付款和收款，并可享受卖家费率，使用网站付款标准、快速结账等集成工具及集中付款功能，帮助卖家拓展海外销售渠道，增加销售额。进行跨国交易的个人也可以使用这种账户。

③ 企业账户。企业账户适用于以企业或团体名义经营的卖家，特别是使用企业银行账户提现的卖家用户。企业账户拥有高级账户的所有卖家功能，可以设立多个子账户，适合大型卖家使用，每个部门设立子账户进行收款。另外，企业账户需要添加以企业之名开办的电汇银行账户进行转账。

4）争议处理

由于 PayPal 是保护买家的，买家有任何不满意都可以提出来。若卖家发货没有达到以下标准，则结果对买家有利。

① 交易日后 7 天内发货。

② 发货有追踪单号，在线可以查询到成功妥投，并保存发货底单。

③ 发货地址选择交易详情上 PayPal 提供的发货地址，或者买家 PayPal 账户上添加的地址。

④ 250 美元及以上的交易要有签收人签字（一般是快递公司提供的服务）。

5）账户冻结

PayPal 账户冻结是指账户的某笔交易被临时冻结，账户使用者不能对这笔交易进行退款、提现等操作。除账户未提交身份证明信息之外，出现以下几种情况账户也会被冻结。

① 收款后立马提现。若卖家收了款，货还没发就提现，难免引起怀疑导致账户被冻结。

② 提现金额过高。PayPal 一般提现金额小于总金额的 80%是比较安全的，防止买家退单等问题的发生。

③ 被客户投诉过多、退单过多。一般投诉率超过 3%、退单率超过 1%，PayPal 公司就会提出终止合作。

④ 所售产品存在知识产权问题。一旦卖家所售产品存在知识产权问题，PayPal 公司将对账户实施冻结。

3. PingPong

PingPong 是专门为我国跨境电子商务卖家提供全球收款的企业，致力为我国跨境电子商务卖家提供低成本的海外收款服务，并且支持美元、英镑、欧元、日元、澳元、加元等多币种收款。在 PingPong 的帮助下，亚马逊、Wish 订单一产生即可提现到账。

4. 连连支付

连连支付是合规安全、实力强、高效灵活的全球跨境电子商务收款和支付平台，覆盖全球数十家电子商务平台的多个站点，支持美元、欧元、英镑、日元、澳元、加元、新加坡元、印尼卢比等多币种结算，覆盖全球众多国家和地区。

5. 支付宝国际

支付宝国际是阿里巴巴国际站与支付宝联合为国际贸易买卖双方全新打造的在线安全支付解决方案。支付宝国际会按照买家支付当天的汇率将美元转换成人民币，并支付到卖家的国内支付宝或银行账户中，还可以通过设置美元收款账户的方式来直接收取美元。

6. 财付通

财付通为专业的在线支付平台，由腾讯推出，业务覆盖 B2B、B2C、C2C 等领域，提供卓越的网上支付及清算服务。针对企业用户，财付通可以提供安全、可靠的支付及清算服务，以及具有特色的 QQ 营销资源支持。

7. Oceanpayment

Oceanpayment 是极具特色的跨境支付平台，主要提供跨境支付和互联网创新支付的金融产品和服务。其支持四大国际信用卡组织的交易、实时收取全球订单、支持多种常见币种、具有多语言支付页面；提供海外本地收款服务，连通全球众多支付产品。

8. WF 卡

WF 卡的全称为 World First 卡，同 Payoneer 一样，也是亚马逊官方推荐的收款方式，也能接收其他线上交易平台的销售款（如 eBay、Newegg）。World First 没有实体卡，只有虚拟账户，支持美元、英镑、欧元、加元、日元等多币种服务。通过 WF 账户，卖家可以在线将款项提到国内银行账户上。

9. Skyee

Skyee 是服务于中国出口外贸的一站式资金管理平台，为跨境电子商务卖家、传统外贸企业、跨境物流企业提供海外账户开立、本地收付款、汇率管理，以及全球清分、结算服务。其电子商务收款服务支持亚马逊、eBay、Cdiscount 等平台，并且支持美元、欧元、日元、英镑等币种。

【拓展阅读】跨境支付的发展与风险

越来越多的支付机构瞄准了中国的跨境支付市场，深耕收单、汇款、结售汇等不同分支领域。尤其是随着跨境电子商务、出境游、留学等行业的快速发展，作为基础设施的跨境支付行业在近几年更是迎来繁荣生长。

传统跨境支付参与方和中介方数量多、流程多、程序烦琐、手续费高、资金到账延误，并且信息被盗、汇兑成本增加等情况时有发生，跨境电子商务机构还经常面临境外银行账户申请难、多平台店铺资金管理繁杂、提现到账速度慢等问题，造成跨境支付中间成本高、财务损失大，这给本就利润不高、规模不大的中小微企业带来极大困扰。

另外，如果付款方银行与收款方银行没有建立业务关系，跨境支付和汇款就会涉及新的关键中介方——环球银行金融电信协会（Society for Worldwide Interbank Financial Telecommunications，SWIFT）。两家银行需要在 SWIFT 网络找到可以提供跨境服务的交易通信节点行来完成支付和汇款的清算、结算。据统计，每年都有高达万亿美元的费用因为烦琐、缓慢的银行支付系统而被白白耗费。

跨境支付的监管难度也在不断增加。其一，跨境支付结算在监管上具有特殊性，支付活动依赖无国界的通信网络而非物理平台，各参与方处于不同国家或地区，受不同法律管辖，这种割裂状态增加了监管难度。我国针对跨境支付结算的法律法规尚不健全，对其组织形式、准入/退出标准、风险控制机制、所承担的义务和责任等均需进一步清晰界定。跨境支付涉及的环节、环境较为复杂，已出台的监管制度有效落地存在一定的困难。其二，一些第三方跨界支付机构出于拓展市场的目的，对交易数据审核不严，自行编制、篡改交易数据，甚至规避外汇收支交易真实性审查。大量交易由第三方跨界支付机构代理，国内结算银行往往也难以对境内外交易双方进行真实性审核。一些支付机构盲目发展境外商户，违规办理超过业务范围的跨境支付业务，增加了监管机构对跨境支付真实性和支付机构的实时穿透监管难度，往往只有当风险爆发时，才能进行事后干预。

中国人民银行组织开发的人民币跨境支付系统（Cross-border Interbank Payment System，CIPS）实现了跨境支付结算的基础功能，在结算方式、处理模式、报文标准、运行时间等方面取得较大进步。但对如何将 CIPS 与原有的人民币代理行和清算行模式、境内银行为境外机构开立的境内外汇账户兼容，如何划分业务定位、统一监管，还需要进一步优化。此外，国际标准也在不断更新，这给我国 CIPS 对标国际、降低跨境支付操作风险与外汇风险带来了挑战。

2.2.3 跨境电子商务物流

通常情况下，跨境物流可以分为国际平邮、商业快递、国际专线和海外仓四种方式。

1. 国际平邮

国际平邮又称国际小包裹平邮。国际平邮适用于重量轻、价格低的国际小包裹。国际小包裹运输到大部分国家只需要7天左右。国际平邮主要包括中国邮政航空小包、中国香港邮政小包、新加坡邮政小包。下面，以中国邮政航空小包为例详细介绍国际平邮的特点及计费方式。

中国邮政航空小包（China Post Air Mail）又称中国邮政小包、邮政小包、航空小包，是指包裹重量在2kg以内，外包装长、宽、高之和小于90cm，且最长边小于60cm，通过邮政空邮服务寄往国外的小邮包。它包含挂号和平邮两种服务。中国邮政挂号小包较中国平邮小包来说，需要多缴8元挂号费，但可以跟踪包裹信息，丢件率非常低。通常情况下，若卖家货物价值在5美元以下，则可以选择中国平邮小包；若货物价值在5美元以上，则可以选择中国邮政挂号小包。

中国邮政航空小包可寄达全球各个邮政网点，出关不会产生关税或清关费用，但在目的国进口时有可能产生进口关税，具体根据每个国家海关税法的规定而各不相同。相对商业快递来说，中国邮政航空小包时效相对较慢，但是经济实惠。

中国邮政航空小包的优势主要体现在以下三个方面。

（1）价格优势：资费低，直接按首重50g、续重1g计费，首重最低5元即可发到国外。

（2）全球化：中国邮政航空小包可以将商品送达全球大多数国家和地区的客户手中，只要有邮局的地方都可以送达，大大扩展了外贸卖家的市场空间。

（3）适用范围广：eBay、敦煌网等平台都可以使用，一般无特别的邮寄限制，除国际违禁品和危险品外。

中国邮政航空小包的资费标准如表2-5所示。

表2-5 中国邮政航空小包的资费标准

序号	国家和地区	资费标准（元/kg）	挂号费/元
1	日本	62	8
2	新加坡、印度、韩国、泰国、马来西亚、印度尼西亚	71.5	8
3	奥地利、克罗地亚、保加利亚、斯洛伐克、匈牙利、瑞典、挪威、德国、荷兰、捷克、希腊、芬兰、比利时、爱尔兰、意大利、瑞士、波兰、葡萄牙、丹麦、澳大利亚、以色列	81	8
4	新西兰、土耳其	85	8
5	美国、加拿大、英国、西班牙、俄罗斯、法国、乌克兰、卢森堡、爱沙尼亚、立陶宛、罗马尼亚、白俄罗斯、斯洛文尼亚、马耳他、拉脱维亚、波黑、越南、菲律宾、巴基斯坦、哈萨克斯坦、塞浦路斯、朝鲜、蒙古、塔吉克斯坦、土库曼斯坦、乌兹别克斯坦、吉尔吉斯斯坦、斯里兰卡、巴勒斯坦、叙利亚、阿塞拜疆、亚美尼亚、阿曼、沙特、卡塔尔	90.5	8
6	南非	105	8
7	阿根廷、巴西、墨西哥	110	8
8	老挝、孟加拉国、柬埔寨、缅甸、尼泊尔、文莱、不丹、马尔代夫、东帝汶、阿联酋、约旦、巴林、阿富汗、伊朗、科威特、也门、伊拉克、黎巴嫩、秘鲁、智利	120	8
9	塞尔维亚、阿尔巴尼亚、冰岛、安道尔、法罗群岛、直布罗陀、列支敦士登、摩纳哥、黑山、马其顿、圣马力诺、梵蒂冈、摩尔多瓦、格鲁吉亚	147.5	8

续表

序号	国家和地区	资费标准（元/kg）	挂号费/元
10	斐济、美属萨摩亚、科科斯（基林）群岛、库克群岛、卡奔达、圣诞岛、新喀里多尼亚、密克罗尼西亚、南乔治亚岛和南桑德韦奇岛、赫德岛和麦克唐纳岛、英属印度洋领土、基里巴斯、圣基茨和尼维斯联邦、马绍尔群岛、北马里亚纳、诺福克岛、瑙鲁、纽埃、法属波利尼西亚、巴布亚新几内亚、皮特凯恩群岛、所罗门群岛、斯瓦尔巴岛和扬马延岛、特里斯达库尼亚群岛、法属南部领土、托克劳、汤加、图瓦卢、美属太平洋各群岛、瓦努阿图、西萨摩亚、阿森松岛、加纳利群岛、亚速尔群岛和马德拉群岛、约翰斯敦岛、关岛、帕劳、瓦利斯和富图纳、埃及、苏丹、摩洛哥、吉布提、埃塞俄比亚、肯尼亚、突尼斯、布隆迪、乌干达、卢旺达、乍得、尼日利亚、布基纳法索、贝宁、喀麦隆、阿尔及利亚、加蓬、几内亚、马达加斯加、毛里塔尼亚、津巴布韦、安哥拉、中非、佛得角、西撒哈拉、厄立特里亚、冈比亚、赤道几内亚、几内亚比绍、科摩罗、利比里亚、莱索托、马拉维、莫桑比克、纳米比亚、尼日尔、留尼汪、塞舌尔、圣赫勒拿、圣多美和普林西比、斯威士兰、马约特、伊夫尼、赞比亚、利比亚、毛里求斯、马里、索马里、加纳、博茨瓦纳、刚果（金）、刚果（布）、坦桑尼亚、多哥、科特迪瓦、塞拉利昂、塞内加尔、委内瑞拉、古巴、厄瓜多尔、巴拿马、苏里南、哥伦比亚、安提瓜和巴布达、安圭拉、荷属安的列斯、阿鲁巴、巴巴多斯、百慕大、玻利维亚、巴哈马、伯利兹、哥斯达黎加、多米尼加、福克兰群岛（马尔维纳斯群岛）、格林纳达、法属圭亚那、瓜德罗普、危地马拉、圭亚那、洪都拉斯、海地、牙买加、开曼群岛、圣卢西亚、马提尼克、蒙特塞拉特、尼加拉瓜、圣皮埃尔和密克隆、波多黎各、巴拉圭、萨尔瓦多、特克斯和凯科斯群岛、特立尼达和多巴哥、乌拉圭、圣文森特和格林纳丁斯、英属维尔京群岛、美属维尔京群岛、复活岛、扎伊尔、格陵兰岛	176	8

注：2020 年数据，此价格仅供参考。

例如，卖家要快递到韩国 200g 货物，折扣为 7 折，标准资费为 71.5 元/kg，那么平邮和挂号的费用如下。

平邮：71.5×0.2×70%=10.01（元）

挂号：71.5×0.2×70%+8=18.01（元）

2. 商业快递

商业快递包括国际 EMS、新加坡 EMS、USPS（美国邮政）、Parcel Force（英国邮政），以及 DHL、UPS、FedEx 等国际快递。不同的国际快递公司具有不同的渠道，在价格、服务、时效上都有所区别。下面，具体介绍国际 EMS 和较具影响力的国际快递。

1）国际 EMS

国际 EMS 快递服务是各国（地区）邮政开办的一项特殊邮政业务，提供传递国际紧急信函、文件资料、金融票据、商品货样等服务，同时提供跟踪查询服务。国际 EMS 网络广泛、价格低，可邮寄食品、药品等物件。国际 EMS 的资费标准如表 2-6 所示。

表 2-6 国际 EMS 的资费标准

单位：元

资费区	国际及中国港澳台特快专递邮件通达国家和地区	首重 500g		续重每 500g 或其零数
		文件	物品	
一区	中国香港、中国澳门	90	150	30
二区	日本、韩国、蒙古、中国台湾（中国台湾资费标准略有不同，见注释）	115	180	40
三区	马来西亚、新加坡、泰国、越南、柬埔寨	130	190	45
四区	澳大利亚、新西兰、巴布亚新几内亚	160	210	55
五区	比利时、英国、丹麦、芬兰、希腊、爱尔兰、意大利、卢森堡、马耳他、挪威、瑞士、葡萄牙、德国、瑞典	220	280	75
六区	美国	180	240	75
七区	巴基斯坦、斯里兰卡、老挝、土耳其、尼泊尔	250	325	90
八区	巴西、古巴、圭亚那	260	335	100
九区	巴林、伊拉克、乌干达、约旦、以色列、阿曼、卡塔尔、科威特、伊朗、马达加斯加、叙利亚、科特迪瓦、吉布提、塞内加尔、肯尼亚、突尼斯、阿联酋	370	445	120
十区	开曼群岛、白俄罗斯、捷克、哈萨克斯坦、俄罗斯、拉脱维亚	380	445	120

注：

（1）单件重量不超过 500g 的物品类邮件可按文件类邮件收取费用。

（2）表 2-6 中一区资费指除广东、福建之外其他省（自治区、直辖市）寄往中国香港、中国澳门的特快专递邮件的资费。广东、福建两省寄往中国香港、中国澳门的特快专递邮件资费表已于 2000 年 4 月 1 日公布。

（3）寄往中国台湾的快件的资费标准。

① 文件：起重 500g，资费 90 元，续重每 500g 或其零数 40 元。

② 物品：起重 500g，资费 130 元，续重每 500g 或其零数 40 元。

中速快件的体积重量大于实际重量的必须按体积重量计收费用。体积重量按每 6000 立方厘米折合 1 千克计算。体积重量的计算公式：体积重量=（长×宽×高）/6000。

2）国际快递

在跨境电子商务活动中，使用国际快递是非常频繁的。目前，市场上常用的国际快递有 DHL、UPS、FedEx 等。

DHL 总部位于德国，是国际快递市场上实力十分强的国际快递公司，在欧洲、北美洲相比其他的国际快递拥有更高的时效。在清关速度上，DHL 比其他国际快递快一些；在网点分布上，DHL 在欧洲、北美洲地区网点分布更完善、覆盖面更广。

UPS 总部位于美国，是北美洲地区实力最强的一家国际快递公司。UPS 的优势区域位于北美和南美地区，主要体现在运输的时效上。UPS 在北美洲拥有非常完善的运输网络，运输的时效高，在南美地区也拥有不错的运输时效与清关速度。

FedEx 总部位于美国，是一家经济型国际快递公司。FedEx 的优势区域在东南亚和北美洲地区。在东南亚，FedEx 是名副其实的国际快递龙头，优势体现在性价比上。运输 21kg 以上的大件货物，FedEx 的价格比 DHL、UPS 的价格低，运输速度却差不多。但 FedEx 在西欧、南美、非洲、中东地区没有价格和运输速度上的优势。

3. 国际专线

国际专线是物流行业用于区分国内专线，全球性的国际快递服务、传统国际空运代理、国际海运散货拼箱服务的一种称谓。国际专线一般通过航空包舱方式将货物运输到国外，再通过合作企业进行目的国国内的派送，是一种比较受欢迎的物流方式。

目前，业内普遍使用的国际专线包括美国专线、欧洲专线、澳洲专线、俄罗斯专线等，也有不少物流企业推出了中东专线、南美专线。EMS 的“国际 e 邮宝”、中环运的“俄邮宝”和“澳邮宝”、俄速通的中俄专线都属于国际专线推出的特定产品。

国际专线的优势是能够集中大批量货物发往目的地，通过规模效应降低成本。因此，其价格比商业快递低，速度快于国际平邮，丢包率也比较低。

相对国际平邮来说，国际专线的劣势是运输成本较高，而且在国内的揽收范围相对有限，覆盖地区有待扩大。

下面，主要介绍中俄航空 Ruston 专线、燕文航空专线和 Aramex（中东专线）三种常见的专线物流方式。

1）中俄航空 Ruston 专线

中俄航空 Ruston 专线是由黑龙江俄速通国际物流有限公司提供的中俄航空小包专线服务。它具有时效快、价格优惠、邮寄便利的特点。由于包机直达俄罗斯，80%以上的包裹 25 天内能够到达目的地；北京、深圳、广州、东莞、佛山、杭州、金华、义乌、宁波、温州、上海、南京、苏州、无锡、郑州、泉州、武汉等地一件起免费上门揽收，揽收区域之外可以自行发货到指定集货仓。

中俄航空 Ruston 专线支持发往俄罗斯邮局可到达区域。正常情况下，16～35 天货物可到达目的地；特殊情况下，36～60 天货物可到达目的地，特殊情况包括节假日、特殊天气、政策调整、目的地为偏远地区等。中俄航空 Ruston 根据包裹重量按 g 计费，1g 起重，单件包裹限重在 2kg 以内。中俄航空 Ruston 专线的运送范围及价格如表 2-7 所示。

表 2-7　运送范围及价格

国家和地区	配送服务费（元/kg）	挂号服务费（元/包裹）
俄罗斯	57.4	16.9

注：价格更新时间为 2019 年 04 月 10 日；“中俄航空 Ruston”菜鸟保留价格调整权，此价格为速卖通平台补贴价格，价格如有调整会提前发布公告。

2）燕文航空专线

根据 2020 年资料，燕文物流主要提供的国际航空专线服务有以下几种。

（1）燕文专线追踪小包。通达英国、法国、德国、俄罗斯、以色列、瑞典、美国、加拿大、西班牙、印度等国家，根据不同目的国选择线路，口岸直飞各目的国。

（2）燕文航空经济包。通达 40 个国家，根据不同目的国选择线路。北京、上海和深圳三个口岸直飞各目的国，可和口岸仓航空公司签订协议，以保证稳定的仓位。

（3）燕文航空挂号小包。通达 40 个国家，时效稳定，可全程追踪包裹，6～25 个工作日送达。

（4）燕文航空易派小包。通达 50 多个国家，整合优势资源，时效稳定，5～17 个工作日送达。

（5）燕文全球特快专递。通达 24 个国家，速度快，对重量没有太多限制，优选特快专递清关及派送通道。

（6）燕文航空专线快递。通达 18 个国家，通关能力强，全程时效为 4～5 个工作日。

（7）燕文国际重货快递。这是为满足客户寄递重货至海外而推出的服务，可帮助客户将货物运到美国、加拿大、日本等国家和地区的各亚马逊仓库，包括空派、海派的各项综合物流服务。

3）Aramex（中东专线）

Aramex 与中外运空运发展股份有限公司（以下简称“中外运”）于 2012 年成立了中外运安迈世（上海）国际航空快递有限公司，提供一站式跨境电子商务服务，以及进出口清关和派送服务。Aramex 服务主要支持中东、印度次大陆、东南亚、欧洲及非洲航线。平台上发货目的国包括阿联酋、印度、巴林、塞浦路斯、埃及、加纳、约旦、科威特、黎巴嫩、阿曼、卡塔尔、沙特阿拉伯、叙利亚、土耳其、也门、孟加拉国、巴基斯坦、斯里兰卡、新加坡、马来西亚、印度尼西亚、泰国等，并且均为全境服务。在目的国无异常的情况下，货物一般 3～6 天完成派送。Aramex 的对接仓库有杭州仓库、义乌仓库、深圳宝安仓库、温州仓库、青岛仓库、许昌仓库、广州仓库、东莞仓库、汕头仓库、江门仓库等。

卖家在收到买家订单后，可以使用 Aramex 选择线上发货，接着在线填写发货预报，将货物发至合作的物流仓库，并在线支付运费，物流仓库将货物递交给 Aramex，由 Aramex 将货物送达买家手中。Aramex 的服务流程如图 2-4 所示。

图 2-4　Aramex 的服务流程

4. 海外仓

伴随着跨境电子商务逐渐成为全球电子商务竞争的战略制高点及我国经济新的增长点，其发展对跨境物流提出了前所未有的挑战。海外仓作为一种新型物流模式应运而生，由于其能快速、有效地解决跨境物流现存的痛点，不仅引起了电子商务界的广泛关注，还得到了政府的重视。在 2016 年全国两会上，建立“海外仓”这一措施被纳入政府工作报告，主要目的是促进跨境电子商务的发展，消除跨境物流的痛点。2017 年，在政府工作报告中，“跨境电子商务”和“海外仓”两个词汇被重点提出，这足以表明政府对海外仓建设的高度重视。海外仓指的是在除本国地区外的其他国家建立的海外仓库，一般用于电子商务。商品从本国出口，通过海运、空运、陆运或联运的方式储存到海外仓库，买家通过网上下单购买所需商品，卖家只需在网上操作，即可对海外仓库下达指令，完成订单履行过程。商品从买家所在国发出，大大节省了时间。海外仓的组成如图 2-5 所示。

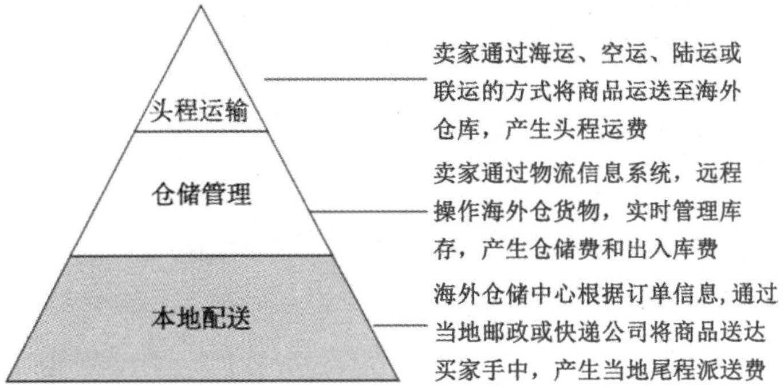

图 2-5　海外仓的组成

其中，头程运输指卖家通过海运、空运、陆运或联运的方式将商品运送至海外仓库，产生的费用为头程运费；仓储管理指卖家通过物流信息系统，远程操作海外仓货物，实时管理库存，产生的费用包括仓储费和出入库费；本地配送指海外仓储中心根据订单信息，通过当地邮政或快递公司将商品送达买家手中，产生的费用为当地尾程派送费。

海外仓的优势主要体现在以下两点：一是大大降低了物流成本，其批量发货，分摊到每件商品的运费很低；二是物流时效快，卖家收到买家订单后即可进行商品出库，当地发货，物流时效只要 1～4 天，比国内发货快很多。

我国主要的海外仓模式有自建海外仓模式、FBA 海外仓模式、第三方海外仓模式。

1）自建海外仓模式

（1）自建海外仓模式的含义。

卖家自建海外仓，顾名思义就是跨境电子商务企业在国外自行建立海外仓，自己完成头程运输、通关、报税、海外仓储、拣货、终端配送等一系列业务活动。这类企业通常从事跨境电子商务这一行业多年，具有雄厚的资金实力，在海外有一定的市场份额，出口量达到了一定的规模。

大部分卖家选择自建海外仓是因为第三方海外仓服务水平不能满足其个性化需求，服务质量也参差不齐，另外 FBA 海外仓也有诸多限制条件，所以很多卖家不得不选择不受限制的自建海外仓模式，以为买家提供更优质的服务。

（2）自建海外仓模式的特点。

灵活性强：电子商务企业可以根据国外市场规模、消费者的消费习惯等因素在目标市场所在国家建立自身经营所需的海外仓。电子商务企业可以自主确立海外仓的规模、地址、经营模式，不用考虑第三方对商品种类、体积等的要求。

便于本土化经营：基于电子商务的性质和跨国交易的属性，在跨境电子商务模式下，消费者对跨境电子商务企业提供的商品缺乏信任。但如果跨境电子商务企业在当地建立了仓库，会给当地消费者传递一种信号——这家企业是真实存在的，而且实力较强，经营较稳定，这可以促使消费者放心购买。跨境电子商务企业可以依靠海外仓进行国际化运营，尽可能雇用当地员工完成翻译、供应链管理、支付、客服等辅助工作。由于他们更加了解当地的法律、文化，不仅可以利用当地优势资源进行本土化营销、本土化发货，还会起到免费为企业宣传的效果。此外，跨境电子商务企业在当地市场可以更加准确地了解市场需求，依此制定符合当地特色的经营战略，并根据当地市场的需求变化及时做出调整。

有利于树立品牌形象：跨境电子商务企业通过与当地的物流公司、翻译公司、咨询公司、供应链管理公司等提供服务资源的企业合作，可以避免沟通障碍，从而降低文化冲突带来的额外成本，而且有利于提升自身知名度，增强国际竞争力。

经营管理要求高：自建海外仓涉及法律、税收、文化、国际化运营等多个方面，这就要求跨境电子商务企业不仅要了解目标市场所在地的基础设施水平、服务水平、信息技术水平等，还要了解当地的政治环境、经济环境、法律环境、文化习俗、消费层次等，并且需要配备具有相应素质的复合型人才及有经验、有能力的跨国经营管理团队。

建仓成本高，经营风险大：我国自建海外仓的跨境电子商务企业普遍选择在美国、英国、德国、澳洲等发达国家和地区建仓，而这些国家和地区不仅人工成本比国内高，仓库租赁费用也较高。

自建海外仓就像在国外建立一家新公司，跨境电子商务企业需要面临海外经营的多种风险，如政治风险、经济风险等。此外，如果海外仓的出货量达不到一定的规模，不能将建仓成本、经营成本分摊到足够多的单位商品上，那么可能导致跨境电子商务企业发生亏损，最后得不偿失。

2）FBA 海外仓模式

（1）FBA 海外仓模式的含义。

FBA 海外仓模式是由亚马逊提供一系列的物流辅助服务，涉及仓储、拣货打包、派送、收款、客服与退货处理等。跨境电子商务企业把商品放在亚马逊的跨境电子商务平台上进行销售，将所售商品直接送到亚马逊在进口国当地市场的仓库中，一旦进口国客户在亚马逊电子商务平台上下单，就由亚马逊的物流配送系统自动完成后续的发货、送货等具体物流操作。

（2）FBA 海外仓模式的特点。

投入低、风险小：亚马逊基于其强大的跨境配送网络、全球云仓体系，已经成为全球最大的海外仓运营商，也是最早开始建立海外仓的企业。其海外仓遍布全球，有非常成熟的仓储管理和配送体系，所以卖家承担的风险较小。卖家在使用 FBA 海外仓时不需要前期大规模固定投入，不需要有专业的仓储管理人员，更不用为选择海外仓服务商而进行前期调研，而且在短时间内就可以投入使用。

操作简单：FBA 海外仓会为卖家提供仓储管理、配送、办理退货等一系列辅助服务，因此卖家只需要将准备好的货物发往指定的地点，不需要参与整个物流配送过程，这对没有经验的卖家而言无疑是很好的选择。

灵活性较差：卖家使用 FBA 海外仓的前提条件是借助亚马逊平台销售商品，而且 FBA 海外仓对商品的尺寸、重量、类别有一定的限制，所以如果卖家打算使用 FBA 海外仓，最好选择体积小、价值高、质量良好的商品。

仓储成本较高：FBA 海外仓的费用包括两部分，即配送费用和月度库存仓储费用。如果卖家有商品长时间滞留在 FBA 海外仓，那么可能需要向亚马逊缴纳高昂的仓储费用。

有助于产品推广：选择 FBA 海外仓，亚马逊平台会通过提高卖家商品的展示排名、帮助获得购物车等方式增加卖家商品的曝光次数。例如，当买家搜索关键词后，优先推送的一般是使用 FBA 海外仓的商品。随着商品曝光次数的增加，卖家的销量和收益自然会提高，这样还可以为卖家节省自行打广告的成本。

3）第三方海外仓模式

（1）第三方海外仓模式的含义。

第三方海外仓模式是融合了 FBA 海外仓和自建海外仓的一种模式，指的是由第三方物流企业建设并运营海外仓库，并且可以以此为基础为跨境电子商务企业提供报关、报检、仓储管理、商品分类、运输及配送等服务。也就是说，跨境电子商务企业将整个物流、仓储过程外包给独立的第三方。

（2）第三方海外仓模式的特点。

建仓成本较低：第三方海外仓不仅有助于减少跨境电子商务企业前期的固定投资，还可以大幅度降低运营资本的投入，这样不但降低了机会成本带来的损失，而且减少了由于经营决策失误而带来的风险。根据美国供应链管理专业协会和美国采购协会的研究结果，使用第三方海外仓会使跨境电子商务企业大约降低 13%的资本成本。此外，第三方海外仓还会提升客户购物满意度、完善供应链管理，从而促使跨境电子商务企业成本降低及竞争力增强。

起步晚，发展空间大：与发达国家第三方海外仓的繁荣发展相比，国内跨境电子商务企业采用第三方海外仓模式进行跨国配送尚处于发展之中，而且发展速度相对缓慢。我国第三方海外仓服务比例较低，与发达国家的差距十分明显，然而这也说明我国第三方海外仓还有巨大的发展空间。

服务质量、仓储地址依赖于第三方：跨境电子商务企业无论选择哪家第三方海外仓服务企业，都得依赖物流企业已有的物流网络与经营管理能力。第三方海外仓服务企业的物流覆盖网络、物流节点、仓储选址，以及物流服务与管理水平将直接影响跨境电子商务企业海外仓战略实施的最终经济效益。虽然大部分第三方海外仓服务企业能提供优质的物流服务，但还是有少量企业所提供的服务不能达标。跨境电子商务企业在确定第三方海外仓服务企业之前需要做大量的调研，一旦第三方海外仓服务企业选择失误，将会造成跨境电子商务企业售后服务质量不能满足客户需求，从而对跨境电子商务企业品牌造成负面影响。如果能够找到一家合适的第三方海外仓服务企业进行合作，跨境电子商务企业不但能够顺利完成物流任务，而且能够在资金流、信息流、技术流层面获得进口国额外的溢出效应。

上述四种跨境物流各有自己的特点。商业快递相对其他物流方式来说费用高、货运周期短，可以查询物流状态，适用于实重和体积均较大者，允许一票多件，通常采用“首重+续费”的方式计费，以 500g 为计费单位，收取燃油附加费。国际 EMS 首重以 500g 为计费单位，没有附加费，其优势是清关能力强、跟踪信息比较详细、价格较低、包裹退回无须额外费用；其劣势是小件（2kg 以下的货物）与超大件（10kg 以上的货物）的运费较高，速度慢于 DHL、UPS、FedEx 等国际快递。国际平邮费用低、货运周期长，若要跟踪包裹信息需要额外加 8 元挂号费，但存在丢件情况。国际专线比国际平邮货运周期短，价格低于商业快递。海外仓批量发货，分摊到单一商品的运费较低。

卖家选择跨境物流方式考虑的因素主要包括物流费用、运达时效、通关率和丢件率等。卖家可以选择多种跨境物流方式，可以重点选择跨境电子商务平台认可的物流方式，同时可以把物流选择权交给买家。

2.2.4 跨境电子商务客户服务

1. 跨境电子商务客户沟通

1）积极联络店铺买家

商家在交易中最好积极与买家沟通。当买家付款之后，还有送货、取货、评价等众多流程，商家应该将送货及物流详情及时告诉买家，提醒买家留意取货，这种沟通既能让买家及时把握买卖趋势，也能让买家觉得受到了商家的高度重视，促进彼此的协作，进而提升买家的满意度。除此之外，当出现纠纷时商家可以立即妥善处理。

2）注意沟通的方法

一般情况下，商家应尽可能以书面沟通为主，应当防止与海外买家开展视频或语音会话。书面沟通不但能让买卖双方的信息传递更清楚、精确，而且可以保留沟通的直接证据，有利于中后期可能出现的纠纷的解决。商家要维持线上沟通，留意收件箱的信息，对买家的外贸询盘要及时回复，否则买家非常容易失去等待的耐心，商家也很可能错过买家再度选购的机会。

3）留意沟通的时间

因为两地具有时间差，商家在日常办公时间（一般为北京时间 8 时—17 时）会发觉绝大多数海外买家处于下线状态。当然，即使海外买家不在线上，商家也可以通过留言板联络买家。但是，商家应尽可能挑选买家在线上的时间进行联络，这样沟通的效果更好。

4）剖析买家的消费习惯

首先，商家要了解买家所在城市的风俗人情，掌握不同国家的语言表达、社会文化及消费习惯，以便于沟通时拉近距离，而且要有目的地对买家进行回应。其次，商家要学会根据买家的沟通风格分辨买家的性格，如买家应用的语句简约、精练，则其做事可能严肃、认真，讨厌拖拖拉拉的。商家若能依据买家的性格，积极、主动地调整沟通方法，则能推动双方沟通的顺利开展。

2. 跨境电子商务客户服务的内容

1）客户信息的收集

客户信息（Customer Information）指的是客户喜好、客户细分、客户需求、客户联系方式等一些关于客户的基本资料。客户信息主要分为描述类信息、行为类信息和关联类信息三种类型。

（1）描述类信息。

描述类信息主要是用来理解客户基本属性的信息，如个人客户的联系信息、地理信息和人口统计信息，企业客户的社会经济统计信息等。这类信息主要来自客户的登记信息，以及通过企业的运营管理系统收集到的客户基本信息。

（2）行为类信息。

行为类信息包括客户购买服务或产品的记录、客户与企业的联络记录，以及客户的消费行为、偏好和生活方式等相关信息。

行为类信息主要帮助企业的市场营销人员和客户服务人员在客户分析中掌握和理解客户的行为。行为类信息主要反映客户消费选择或决策的过程。

行为类信息一般来源于企业内部交易系统的交易记录，企业呼叫中心的客户服务和客户接触记录，营销活动中采集的客户响应信息，以及与客户接触的其他营销人员、服务人员收集到的信息。有时企业从外部采集或购买的客户信息，也会包括大量的客户行为类信息。

（3）关联类信息。

关联类信息是指与客户行为相关的，反映与影响客户行为及心理等因素的相关信息。企业建立和维护这类信息的主要目的是更有效地帮助企业的营销人员和客户服务人员深入理解影响客户行为的相关因素。

关联类信息一般包括客户满意度、客户忠诚度、客户对产品或服务的偏好、竞争对手的行为等。

这些关联类信息有时可以通过专门的数据调研和采集获得，如通过市场调研、客户研究等了解客户满意度、客户对产品或服务的偏好等；有时需要通过复杂的客户关联分析获得，如客户忠诚度、客户流失倾向、客户终身价值等。关联类信息通常是客户分析的核心目标。

2）客户信息的来源

一般来说，企业获取的客户信息主要有企业内部已经登记的客户信息、客户销售记录、与客户接触过程中收集的信息，以及从外部获得的客户信息。

很多企业也有意识地通过组织一些活动来采集客户信息，如一些企业经常组织有奖登记活动，以各种方式对自愿登记的人进行奖励，要求参与者填写姓名、电话、地址等信息。这样的活动能够在短时间内收集到大量的客户信息。

此外，企业收集客户信息的方法还包括设置有奖登记卡和折扣券、开展会员俱乐部活动、赠送礼品、借助电子邮件或网站等。

尽管国内的数据营销基础设施并不十分完善，但仍有很多机会找到并获取相关的客户数据，这些数据一般需要通过购买、租用或合作的方式来获取。

3. 跨境电子商务客户关系的建立与维系

1）客户关系的建立

（1）客户分类。

客户管理是一个发现、维持和增加可获利客户的过程，首先要做的是采取合理、有效的方法对客户进行分类。客户分类的主要依据是客户价值，按照 80/20 法则（企业 80%的利润来源于 20%的客户），找出 20%内在价值高的客户，并予以重点服务，这样能够更好地帮助企业了解客户的需求变化，提高客户满意度，培育客户忠诚度和开发新客户。

① ABC 分类法。

ABC 分类法（Activity Based Classification）又称帕累托分析法，其原理是根据企业利润额的构成划分客户。一般情况下，企业在对某一产品或服务的客户进行分类和管理时，若按照利润额的多少对客户进行排序，就会发现该产品或服务大约 80%的利润来源于 20%的客户，这 20%的客户是 A 类客户。若该产品或服务大约 20%的利润是由 70%的客户带来的，则这些客户被划分为 B 类客户，最后 10%的客户被划分为 C 类客户，他们为企业带来的利润很少，甚至会降低企业的盈利水平。企业也可以根据分析对象数量的多少和研究的需要，把客户分为两类、四类等。

基于 ABC 分类法的客户管理要点就是分类管理，企业一般会为 A 类客户花费大量的精力提供优质的服务，建立专门的档案，指派固定的销售人员定期走访并提供技术指导，采用直销的方式，提供销售折扣；对 B 类客户，企业会有选择地发展合作关系和维护管理；而对 C 类客户，企业可能采用放任甚至抛弃的方式。运用 ABC 分类法有利于企业使用有限的资源发挥较大的效用，提升企业的获利能力；ABC 分类法的不足之处在于只考虑了客户给企业带来利润的大小，导致一些起步晚、成长较快、潜在价值高的客户容易被忽视，而一些规模较大、潜在价值不高的客户被列入 A 类客户，享受优质服务，降低了企业资源的使用效益。

② 客户成本贡献率分类法。

客户成本贡献率即客户投资收益率，是企业与客户年交易所获取的利润与客户年分摊营销成本的比值。把这个比值与企业的平均销售利润率进行比较，根据结果可将客户分为黄金客户、白银客户、普通客户和淘汰客户四种类型。

③ 重要因素分类法。

重要因素分类法指的是根据影响企业盈利能力的重要因素组合结果来商量客户价值、确定客户类型。常见的分类方法：根据客户对企业产品的需求情况进行分类；根据客户规模和客户的信用等级组合分类；根据企业产品发展前景与客户市场成长性组合分类。

（2）客户选择。

企业面对的是一个庞大的客户群体，不同客户的需求是不一样的，客户的增长潜力也是有差别的。另外，不同客户的谈判实力参差不齐，对价格的敏感性不尽相同，企业对不同客户投入的服务成本也不同，企业只有选择优质客户，才能更容易地创造出优秀的绩效。企业一般根据以下四个标准分析、评估和选择客户。

① 客户的增长潜力。

客户主营业务的发展状态对客户增长潜力的影响是决定性的，它们是处在市场培育期、成长期、衰退期还是成熟期会给客户带来不同的增长速度；另外，企业在细分市场的增长速度和企业的市场份额如何变化，也是评估客户增长潜力的重要指标。

② 客户对价格的敏感性。

客户对价格的敏感性越高，越容易对现有的合作不满意。理想的客户应是基于某种原因对价格的敏感性较低的一类客户。一般来说，客户对价格的敏感性较低的原因有：客户没有其他选择或者选择较少；客户选择的成本太高；客户不具备后向一体化的能力；客户的转换成本太高。

③ 客户的谈判实力。

客户谈判实力的强弱会对企业产生不同的竞争压力。一般比较注重产品性能、质量、特殊设计及差异化等因素的客户，对谈判价格具有更高的承受能力，同时不同的购买动机也会导致不同的对购买价格的倾向。

④ 为客户服务的成本。

对优质客户而言，以适当的服务成本可达到较高的满意度；对劣质客户而言，可能服务成本非常高，却达不到较高的满意度。导致这种服务成本不同的因素主要有订货量的大小、直销与分销的途径选择、到货的期限、运输成本、销售成本、物流要求、订货流程等。

2）客户关系的维护

在企业营销活动中，有相当一部分企业只注重新客户的开发和吸引，而忽视了对现有客户的维护，将重心放在售前和售中，造成售后服务中的诸多问题得不到及时解决，从而使现有客户流失。如今，在买方市场情况下，产品同质化程度越来越高，同时由于科学技术的发展，产品本身的生命周期越来越短，很多企业推出的营销策略和手段大同小异，消费者变得相当理智，企业对客户关系进行维护和提供良好的售后服务是非常必要的。企业可以采用以下方式维护客户关系。

① 保持跟踪。

跟踪的目的是保证并提高客户满意度，使企业与客户关系保持稳定发展。

② 产品及服务更新。

客观上说，不存在永远忠诚的客户，只有通过提高服务质量和更新产品，同时逐步加强与客户的关系维护，才能保证客户不流失。

③ 机制创新与维护。

通过建立与客户之间的双向沟通机制，并不断加以创新，来维护双方的合作关系。

④ 以诚待人，一切以客户为中心。

以诚待人是和客户建立长久的合作关系的基础，同客户交往一定要树立良好的形象，业务的洽谈、售后服务等也都应从客户利益出发，以客户满意为目标来调整工作思维和方向，广泛征求客户意见，考虑其经济利益，合理处理客户运作中的难点问题，取得客户的信任，从而产生更深层次的合作。

⑤“亲情维护”是十分有效的工作营销方法。

“亲情维护”并不是简单地“拉关系”“套近乎”，更不是一味地讨好客户，而是在为客户服务的过程中，让亲情引领服务，对所有的服务方式与技巧有机地融入亲情。

⑥ 加强业务以外的沟通，与客户建立良好的关系。

只有与客户建立良好的关系，才能取得客户的信任，为业务的良性发展奠定坚实的基础。

4. 跨境电子商务客户满意度与忠诚度管理

1）客户满意度管理

随着市场竞争日趋白热化，企业间的较量已开始从基于产品的竞争转向基于客户资源的竞争，客户资源正在逐渐取代产品本身，成为企业最为重要的资源。关注客户、研究客户、探讨“如何使客户满意”已经成为现代企业取得竞争优势不可或缺的要素。

本质上讲，客户满意度反映的是客户的一种心理状态，它来源于客户对企业的某种产品、服务消费所产生的感受与自己的期望所进行的对比。也就是说，“满意”并不是一个绝对概念，而是一个相对概念。企业不能闭门造车，停留在自己对服务态度、产品质量、价格等指标是否优化的主观判断上，而是应考察所提供的产品或服务与客户的期望、要求等吻合的程度。

客户满意度是指客户对其明示的、隐含的或必须满足的需求或期望已被满足的程度的感受。满意度是客户对产品或服务满足情况的反馈，它是对产品或服务性能，以及产品或服务本身的评价，它给出了（或者正在给出）一个与消费的满足感有关的快乐水平，包括低于或者超过满足感的水平，是一种心理体验。

客户满意度是一个变动的目标，能够使一个客户满意的东西未必会使另一个客户满意，能使得客户在一种情况下满意的东西，在另一种情况下未必能使其满意。只有对不同的客户群体的满意度因素非常了解，才有可能实现真正的客户满意。

2）客户忠诚度管理

客户忠诚度即客户忠诚的程度，是一个量化概念。客户忠诚度是指由于质量、价格、服务等诸多因素的影响，客户对某企业的产品或服务产生感情，形成偏爱并长期重复购买该企业产品或服务的程度。

真正的客户忠诚度是一种行为，而客户满意度只是一种态度。据统计，当企业挽留客户的比率增加 5%时，获利便可提升 25%～100%。忠诚的客户是企业竞争优势的主要来源，保有忠诚度的客户对企业来说是相当重要的。

2.2.5 跨境电子商务法律监管

1. 税收

跨境电子商务沿用了一段时间的行邮税随着《关于完善跨境电子商务零售进口税收政策的通知》的下发成为历史，跨境电子商务在税收上逐渐被与普通贸易同等看待，而海关也在这个领域开展更严格的执法。因此，跨境电子商务既要让商品在税收上阳光化、合法化，也要保持对普通进出口贸易的优势。

2. 检验检疫

保税区的检验检疫主要依据“四法三条例”及《进出境邮寄物检疫管理办法》等。保税区对货物的检验目前只需要适用符合性检测标准，即参照当地的生产标准、国际互认标准，在实际操作中比较灵活。

3. 跨境支付

跨境支付包括跨境第三方支付和跨境人民币支付两种。前者主要依据的是国家外汇管理局发布的《支付机构跨境电子商务外汇支付业务试点指导意见》，消费者用本国货币在境外网站下单，通过试点的支付机构转化成外币付给境外商家；后者主要依据的是中国人民银行出台的《关于金融支持中国（上海）自由贸易试验区建设的意见》和中国人民银行上海总部印发的《关于上海市支付机构开展跨境人民币支付业务的实施意见》。跨境人民币支付的特点是以人民币结算，省去了币种兑换，缩短了支付周期，也避免了汇兑损失。

4. 知识产权

从内容上看，跨境电子商务涉及的知识产权问题十分广泛，包括专利、版权、商标、商业秘密、地理标注等各种类型，并引发不正当竞争等问题；从服务形式上看，跨境电子商务中的知识产权问题涉及各类行业，不仅涉及服务贸易，还涉及货物贸易，既可以以有形货物的形式存在，也可以以无形商品的方式交易；从主体关系上看，不但跨境电子商务供应方（卖方）和需求方（买方）之间直接或通过中介平台间接发生交易关系，而且其交易主体可能具有多种知识产权角色。

跨境电子商务知识产权纠纷主要涉及假冒和盗版问题，其中既有简单、明确的知识产权侵权问题，也有复杂的、争议较大的疑难问题，如跨境电子商务商品的平行进口问题、知识产权责任分担问题等，以及知识产权权利人商业策略的应用问题等。

【拓展阅读】常见的跨境电子商务知识产权纠纷类型

1. 著作权侵权

跨境电子商务的发展离不开网络信息技术的支持。但是，由于我国网络信息方面的管理机制尚不完善，部分人利用了他人的信息且加以传播，这便侵犯了他人的网络信息传播权。此外，更贴近我们生活的、十分常见的现象便是在网络上未经著作权人同意，擅自对著作权人的作品进行复制，然后自己加以利用，侵权人可能对复制的作品采取篡改署名人、传播、修改、发行等侵权行为，这无疑侵害了著作权人的署名权、复制权、修改权、发行权等。由此可见，仅仅是不被大家所重视的复制，便会对著作权人的权益造成一定程度的侵害。

2. 专利权侵权

专利权侵权也是跨境电子商务知识产权侵权的主要类型之一。在《与贸易有关的知识产权协定》中对可授予专利的客体有这样的描述："一、在遵守第二款和第三款规定的前提下，专利可授予所有技术领域的任何发明，无论是产品还是方法，只要它们具有新颖性、包含发明性步骤，并可供工业应用。"这是对计算机软件及其他普通的专利产品较为有利的法律保护，但是由于在跨境电子商务中无法亲眼看到实物，很难判断使用者对该项专利权拥有使用权，再加上专利权认定十分复杂，其中行业认定标准并不是普通消费者能够区分的，导致专利权侵权成为跨境电子商务知识产权侵权中极其难以处理的一部分。

3. 商标权侵权

数字技术和互联网技术的迅速崛起，给人们的生活带来了诸多的便利，使得消费者足不出户便可购买到世界各地的商品，但也由此引发一系列知识产权纠纷，其中与我们生活最贴近的是商标权侵权。在跨境电子商务销售中，十分常见的便是卖方有时会未经商标权人许可便在电子商务平台上销售此商标商品，更有甚者会将他人为消费者所熟知的商标印在自己的商品上，以期获得更高的利润，甚至有的卖方会根本不顾商品的质量而进行销售，这样一来，不仅对商标权人的权益造成了侵害，还对社会及消费者的利益造成了巨大侵害。

5. 平台责任

（1）平台运营主体应在境内办理工商登记，并按相关规定在海关办理注册登记，接受相关部门监管，配合开展后续管理和执法工作。

（2）向海关实时传输施加电子签名的跨境电子商务零售进口交易电子数据，并对交易的真实性、消费者身份的真实性进行审核，承担相应责任。

（3）建立平台内交易规则、交易安全保障、消费者权益保护、不良信息处理等管理制度。对申请入驻平台的跨境电子商务企业进行主体身份真实性审核，在网站公示主体身份信息及消费者评价、投诉信息，并向监管部门提供平台入驻商家等信息。与申请入驻平台的跨境电子商务企业签署协议，就商品质量安全主体责任、消费者权益保障及其他相关要求等明确双方责任、权利和义务。

（4）对平台入驻企业既有跨境电子商务企业，也有国内电子商务企业的，应建立相互独立的区块或频道为跨境电子商务企业和国内电子商务企业提供服务，或者以明显标识对跨境电子商务零售进口商品和非跨境商品予以区分，避免误导消费者。

（5）建立消费纠纷处理和消费维权自律制度，消费者在平台上购买商品，当其合法权益受到侵害时，平台应积极协助消费者维护自身合法权益，并履行先行赔付责任。

（6）建立商品质量安全风险防控机制，在网站醒目位置及时发布商品风险监测信息、监管部门发布的预警信息等。督促跨境电子商务企业加强质量安全风险防控，当商品出现质量安全问题时，敦促跨境电子商务企业做好商品召回及处理，并做好报告工作。对不主动采取召回及处理措施的跨境电子商务企业，可采取暂停其跨境电子商务业务的处罚措施。

（7）建立防止跨境电子商务零售进口商品虚假交易及二次销售的风险控制体系，加强对短时间内同一购买人、同一支付账户、同一收货地址、同一收件电话反复大量订购，以及盗用他人身份进行订购等非正常交易行为的监控，并采取相应的措施予以控制。

（8）根据监管部门的要求，对平台内在售商品进行有效管理，及时关闭平台内禁止以跨境电子商务零售进口形式入境商品的展示及交易页面，并将有关情况报送相关部门。

6. 信息使用与大数据

在信息收集和使用方面，主要参考《中华人民共和国消费者权益保护法》第二十九条规定："经营者收集、使用消费者个人信息，应当遵循合法、正当、必要的原则，明示收集、使用信息的目的、方式和范围，并经消费者同意。经营者收集、使用消费者个人信息，应当公开其收集、使用规则，不得违反法律、法规的规定和双方的约定收集、使用信息。"

7. 消费者权益保护

在跨境电子商务场景下，境内关于消费者保护的一些规定（如七天无理由退货）很难实现，影响了消费者的购物体验，所以境外品牌商在做跨境电子商务时也在尽可能参照国内商家对消费者的服务标准来保护消费者权益。需要注意的是，按照现行规定，消费者享受行邮税购买的货物被退回是无法再次销售的，否则涉嫌走私。再者，不少职业打假人利用标签、成分不符合国际标准等跨境电子商务的"软肋"，发起规模化维权，跨境电子商务企业也需要提早做好应对预案。

8. 外资准入

根据工业和信息化部2015年发布的《关于放开在线数据处理与交易处理业务（经营类电子商务）外资股比限制的通告》，外资进入电子商务领域已然放开，下一步的问题在于如何界定经营类电子商务的范围，这决定了外资施展的空间有多大。

【本章小结】

跨境电子商务交易模式包括 B2B（企业对企业）、B2C（企业对消费者）、C2C（消费者对消费者）、M2C（生产企业对消费者）、B2B2C（企业到企业再到消费者）等。在所有跨境电子商务交易模式中，B2B 和 B2C 是最基本的模式，占总交易额的大部分。按照货物的流向，跨境电子商务的运营模式分为跨境电子商务出口模式和进口模式。跨境电子商务盈利模式分为运用平台提供服务的佣金模式、商品销售模式、运用自营或第三方平台的“佣金+价差”模式、外贸综合服务模式。跨境电子商务供应链是指分属不同关境的交易主体，通过电子商务的手段将传统进出口贸易中的展示、洽谈和成交环节电子化，并通过跨境物流送达商品、完成交易的一个整体模式。跨境电子商务运营实务主要包括跨境电子商务营销、跨境电子商务支付、跨境电子商务物流、跨境电子商务客户服务和跨境电子商务法律监管。

【本章实训】

实训案例：新冠肺炎疫情下跨境物流费用连创新高

新冠肺炎疫情导致整个跨境物流行业陷入“至暗”时刻。首先，新冠肺炎疫情导致全球航空运力不足，同时跨境电子商务大爆发又促使空运需求上升。不难想象，空运价格可能一路攀升。

面对航空货运价格的攀升，跨境电子商务将更多的货物转向海运，以缓解运力紧张问题。于是，“快速海加派”物流服务在 2020 年下半年得到井喷式发展，成为跨境电子商务重要的物流新业态之一。跨境电子商务日益庞大的规模，以及不断扩张的品类为“快速海加派”物流服务创造了巨大的发展空间。和传统的拼运不同，“快速海加派”首先是快，快速集货（当天发货当天装柜）、快速航运（如中美线空运平均 6 天，传统的拼运平均 10 天）、快速分拆和尾程派送。以星、马士基、CMA、APL 和 Matson 相继推出了电子商务拼箱服务，对那些体积更大、相对较重的产品来说，这种运输方式的性价比是极高的。

很多从事国际物流工作很长时间的人也没遇到过这样千载难逢的机会，更加上新冠肺炎疫情导致大量的外贸订单回流到国内生产，出口工厂也是一片繁忙景象，不少企业的订单爆满。空运爆仓，海运缺柜，干线运力紧张，海外仓资源短缺，尾程派送瘫痪，物流运费暴涨！2020 年，空运价格是往年同期的 2 倍，海运价格是往年同期的 3 倍。包机月入可观，班列摇号订舱。

2020 年，短短一周时间，跨境物流行业就发生了四笔大额融资。11 月 23 日，全球跨境流通赋能平台泛鼎国际宣布完成数亿元 A 轮融资；同日，国内头部互联网物流平台“运个货”旗下的跨境物流平台“跨个境”获得 3000 万美元注资；隔日，大件商品出口 B2B 交易平台

“大健云仓”宣布完成新一轮融资；30日，致力于跨境电子商务基础设施建设的“飞盒跨境”获得“元璟资本”千万美元天使轮融资。

与此同时，需要指出的是，2020年以来，电子商务平台涉足物流步伐越来越快。eBay推出eBay Fulfillment计划，速卖通推出无忧物流，Wish推出Wish Express，Shopee推出SLS等。各个电子商务平台都看到了FBA在提高购物体验、客户忠诚度上所发挥的特殊作用。

亚马逊从FBA到SWA是适应产业互联网时代的又一次商业模式、服务模式的升级，掀开了物流与电子商务高度融合的新时代。以亚马逊为标杆，各大电子商务平台纷纷采取行动，已经成为专线物流的主导力量，对整个行业产生了重大影响。可以预见，除了骨干专线网络，传统中小型物流企业被迫经营辅助干线或者成为“最先一公里”或“最后一公里”的服务商。

另外，传统快递大鳄也不会坐以待毙。比如，联邦快递收购电子商务平台ShopRunner，以加深其与在线消费者的联系，后者可为Bloomingdale’s、Saks Fifth Avenue等超过100个品牌提供两日达与免费退运服务。物流电子商务化，电子商务物流化，亚马逊与FedEx、UPS等的竞争将日益激烈，并共同塑造未来物流新格局。

实训内容：分析新冠肺炎疫情下跨境电子商务物流为何增加。

实训要求：补充查阅资料，从跨境电子商务物流的发展特点方面进行分析，形成一份案例分析报告。

【复习思考】

1. 简述跨境电子商务各种运营模式的区别与联系。
2. 简述跨境电子商务供应链结构。
3. 跨境电子商务营销方式有哪些？
4. 跨境电子商务的几种支付方式分别有何特点？
5. 如何选择跨境电子商务物流模式？
6. 跨境电子商务客户服务有何特点？
7. 跨境电子商务运营中需要重点关注的法律法规有哪些？

第2篇

跨境电子商务运营案例

第 3 章

敦煌网：力图打造生态圈的 B2B 跨境电子商务

【学习目标】

- 理解敦煌网商业模式的特点；
- 了解敦煌网在发展中存在的问题；
- 掌握敦煌网应对发展的策略；
- 理解敦煌网对 B2B 跨境电子商务发展的启示。

【引导案例】敦煌网五大创新点打造跨境电子商务平台

世纪禾光科技发展（北京）有限公司成立于 2006 年，是我国首个实现信息流、资金流和物流“三流一体”的外贸 B2B 电子商务服务商。其旗下敦煌网作为我国首家且交易额最大的 B2B 跨境电子商务平台，拥有 200 多万家累计注册供应商，累计注册买家超过 3640 万名，覆盖全球 200 多个国家和地区，拥有 100 多条物流线路和 10 多个海外仓，70 多个币种支付能力，在北美、拉美、欧洲等地设有办事机构①。

1. 业务模式创新

敦煌网把外贸在线交易的整个价值链（包括物流、仓储、支付等）都集成在自身平台上在线完成，突破了传统的“信息平台”模式瓶颈，引领我国 B2B 跨境电子商务从信息时代转向交易时代，这是敦煌网对我国在线外贸的创新型贡献。

2. 盈利模式创新

敦煌网开启了“为成功付费”的模式，即通过在交易成功后按每笔交易收取一定的佣金来盈利，突破了传统的收取会员费的模式，进一步降低了中小型企业出口

① 截至 2020 年 12 月 31 日敦煌网平台数据。

的门槛。

3. 持续微创新

敦煌网快速拥抱新技术，持续开展微创新。例如，其自主研发 DHpay 支付系统、DHLink 物流平台、DHfinet 金融服务平台和全球风险控制系统，开发移动电子商务平台、多国家多语言平台，通过应用 Facebook、Twitter 等营销工具，实现敦煌网账号与 Facebook 等账号的互联互通，大大扩展了敦煌网的海外市场。此外，敦煌网于 2015 年跟腾讯合作，推出 Socialshops 移动电子商务社交 B2B 平台，极大地提升了敦煌网在海外客户中的认知度。

4. 服务特色创新

敦煌网是第一家整合在线交易和供应链服务的第三方 B2B 电子商务平台，是协助我国广大中小型供应商向海外庞大的中小型采购商直接供货的新生代网上批发交易平台。

5. 技术功能创新

敦煌网跨境电子商务 B2B 平台采用分布式、服务总线的基础架构，构建用于跨境电子商务在线交易服务的贸易平台，平台集商品管理、订单交易、纠纷处理、在线支付、物流跟踪等于一体。

辩证与思考：敦煌网如何对 B2B 跨境电子商务模式进行创新？

分析与提示：B2B 跨境电子商务商业模式、服务模式、盈利模式的特点。

3.1　敦煌网发展环境分析

敦煌网创立于 2004 年，以“促进全球通商，成就创业梦想”为使命，专注小额 B2B 赛道，整合关检、物流、支付、金融等领域生态圈合作伙伴，打造集相关服务于一体的全平台、线上化外贸闭环模式，搭建简便、安全、高效的国际贸易通道，在帮助国内中小型企业直连国际市场的同时，还帮助海外中小型零售商获得质优价廉的货源，实现对供应端和采购端的双向赋能。

【拓展阅读】敦煌网跨境电子商务战略调整

作为国内知名的 B2B 跨境电子商务企业，敦煌网引领贸易数字化浪潮，不断调整公司战略，集成中间服务商，国内国外两端下沉，从信息交易平台拓展至综合服务平台。

（1）集成中间服务商，构建生态圈。整合跨境贸易过程中的各种服务是敦煌网的发展重点，包括营销、金融、支付、关检税汇等，搭建数字贸易生态圈，赋能企业开启数字贸易时代。未来，企业创新必将围绕客户需求开展，跨境电子商务创新空间存在于交易流程的各个环节，打造能够提供产品信息、订货、结算、通关、物流、仓储、融资等综合服务的交易平台是集成化战略的关键。2017 年 3 月 31 日，敦煌网推出了国内首个大型综合服务平台——敦煌网跨境服务云平台，该平台整合了关务系统、国际物流系统、支付服务系统及金融服务系统，提供一站式、可视化全流程外贸综合服务，是国内首家与中国国际贸易单一窗口直连的跨境电子商务服务平台。

（2）综合服务云平台，实现全程协同。敦煌网采取平台战略的目的是整合多环节业务操作，以提升效率，符合跨境电子商务的发展需求。敦煌网的服务一体化平台战略为外贸企业提供了与客户、工厂、外贸代理公司、报关行、海关等数据无缝对接服务，实现了信息和数据“一个源头，多环节使用”，促成了供应链上下游的全程协同和信息共享。

（3）下沉海外市场，对接产业带。一方面，虽然跨境电子商务缩短了供应链条，但依然存在供应方批量出货与需求方订单量有限的矛盾，导致海外需求方不得已承受多级批发商的层层加价；另一方面，国内供应方仍然偏重线下生产，触网率不高。因此，实现“端到端”的直达成为敦煌网推进数字贸易的一大重点。2017 年，敦煌网在中东欧建立的几个数字贸易中心投入运营，为买卖双方打造集合营销、交易和服务的供需对接场所。在国内方面，敦煌网以城市特色馆、外贸综合服务平台等形式将产业带导流到线上，已成功落地苏州、广州等城市，助力众多中小型企业走向全球。

3.1.1 海外市场环境

1. 欧洲：最具潜力

根据欧盟电子商务协会的统计，荷兰和英国已经率先开始布局互联网移动设备应用。在这些国家，70%～80%互联网用户都是线上买家，其他欧洲国家也在努力追赶。由于相应的税法和物流因素，在线商户们似乎还是有点不情愿做跨境电子商务。尽管如此，欧洲仍是世界上最具潜力的跨境电子商务地区和最有希望成为增长最快且最大的跨境电子商务地区。

欧洲电子商务市场可以分为北部成熟的市场、南部增长迅速的市场和东部新兴市场。一旦资金和物流体系有所改善，东欧将会发生很大的改变。

以俄罗斯为例，俄罗斯约有 1.4 亿人，是欧洲最大的互联网市场，截至 2019 年年底，其互联网用户达到 1.1 亿名，互联网普及率大约为 76%，高于南美的 73%，东南亚的 63%，大洋洲的 69%。但俄罗斯较低的信用卡渗透率、民众对银行缺乏信任及落后的运送服务等，导致其电子商务仍停留在现金交易阶段。想要占领欧洲市场的商户应调整策略，以适应地区偏好，在这些地区，印刷商品目录或搞“交易周”活动很受欢迎。为了从跨境电子商务中获取利润，商户应了解不同地区间的差异，包括语言、文化、法律、客户喜好和支付方式等的差异。以支付方式为例，荷兰的 iDEAL、比利时的 Mister Cash、法国的 Carte Bleue 等都是各自国家很受欢迎的支付方式。

2. 北美：市场最大

近年来，美国电子商务市场已经处于平稳发展状态，体量已达到 3500 亿美元，每年增长均速保持在 15%左右，在线零售的比例超过 10%，并且处于逐步上升的状态（2019 年 1 月数据）。

CyberSource 的调研显示，超过半数的美国商户都从国外接受订单。这些商户在考虑风险、税率和物流等因素的同时，还会阻止其他商户向美国以外的网购用户出售产品和服务。虽然跨境电子商务存在各种挑战，但是依然挡不住巨大的商机。在跨境运送服务方式中，约 45%的美国商户会选择标准邮政渠道，信用卡成为美国在线支付的首选。

虽然活跃的买家大多 25～45 岁，但是不需要出门就能购物的特性还是会吸引 55 岁以上的人，这部分人群正变得越来越习惯于网购。美国四分之三的网购者选择在线支付，但是具有可替代性的移动支付方式正越来越流行。平板电脑也逐渐在全球在线买家中流行起来，其中北美平板电脑用户占全球的 47%。平均来说，通过智能手机或平板电脑网购的人要比通过电脑网购的人买得更多。2021 年，88%的美国网民都在网购，这一数字还在上升。

语言是跨境电子商务的驱动力，因为在线销售一般开始于搜索，买家会用自己的母语进行搜索，而搜索习惯是由语言驱动的；关键词是找到信息的催化剂，从而引导买家到达指定的网络商店。美国、英国、澳大利亚、新西兰、加拿大人大多使用英语；西班牙语是美国的第二语言，亚利桑那州、加利福尼亚州、得克萨斯州、新墨西哥州等地方有很多美国公民说西班牙语；汉语和法语也是美国特定地区公民使用的语言，这可以推动美国与使用相应语言的地区之间开展电子商务。

加拿大的互联网、手机和银行服务的普及率很高，但由于加拿大地广人稀，物流对加拿大偏远郊区来说是一个挑战。幸运的是，80%的加拿大人生活在离美国边境不出 60 英里（1 英里=1.609344 千米）的地方，也就是加拿大的三个主要城市。加拿大也是美国跨境电子商务的重要市场之一，因为运送时间可以把握得非常准确，税率也较低。

60%的加拿大人从美国网购，其中 38%的加拿大人生活在安大略省。这里相对较低的物流费和汇率使加拿大人的网购热情持续攀升。根据 PPRO 和 Amadeus 的研究，近四分之三的加拿大人网购使用支付卡。

3. 亚洲：客户忠诚度高

一个固定的社交媒体策略对于成功的电子商务是十分重要的，当社交网络的同类人对一款产品的评价很高时，会影响消费者的购买决定，当然消费者的信任也是决定性因素之一。印度互联网渗透率近年来急速上升，电子商务发展潜力大。马来西亚也是电子商务发展的潜力股，超过半数的马来西亚人都上网，并且银行客户比例很高。

2020 年第一季度，韩国电子商务市场整体线上消费额为 9790 亿韩币（约 57.8 亿元人民币），其中食品饮料、家居用品、医疗个护产品的消费额增长 8%～30%。据日本经济产业省的调查报告，2019 年日本 B2C 电商渗透率仅为 6.76%，远低于欧美和中国。与之相比，业内人士估计中国总体电商渗透率为 37%。而据商务部报告，2018 年中国的网络零售占社会总零售比例就已经达到 18.4%。

4. 拉美：机遇与挑战并存

在互联网普及率方面，哥伦比亚、阿根廷、委内瑞拉及乌拉圭表现不俗。这反映了一个持续增长的拉丁美洲电子商务市场和在这些邻近国家之间的跨境交易机会，这些国家中的大多数都使用西班牙语。尼尔森调查显示，尽管这些地区信用卡普及率相对较低，但是很大一部分拉丁美洲居民网购时倾向于使用信用卡。

拉丁美洲居民越来越多地购买电子产品、图书、美妆等，电子产品和在线门票销售等从电子商务中受益匪浅。因规模和地理因素，巴西面临来自物流和运输方面的挑战。在边远地区，基础设施建设薄弱，人们往往通过手机接入互联网。在消费者下单后，电子商务企业很难找到可靠的物流公司和交付合作伙伴为其运送货物。虽然大多数消费者居住在巴西城区，但居住在贫民窟和农村地区的潜在消费者正在稳步增长。

除扎实的基础设施和交通设施之外，巴西还需要额外的安全措施。巴西政府积极对空中运输、装运港口进行投资，并通过补充立法来防止欺诈。对国外电子商务企业来说，巴西这个幅员辽阔、人口密集的地区蕴藏着巨大的潜力。

近年来，拉丁美洲的电子商务飞速发展。2019 年，该地区线上销售增长率为 21.3%，高于 20.7%的全球平均水平，拉丁美洲 2019 年电子商务增速排在世界六大区域（亚太地区、拉丁美洲、中东及非洲、中东欧、北美洲、欧洲西部）第二名，这背后是拉丁美洲 4.3 亿名互联网用户，超 1.6 亿名线上消费者，以及整个地区 64%的社交媒体平均渗透率。

3.1.2 国内市场环境

敦煌网是全球领先的 B2B 跨境电子商务交易平台，致力于中小型企业的跨境业务，帮助国内的中小型企业通过跨境电子商务平台将产品推向全球市场。从企业的战略来说，敦煌网的定位是电子商务交易平台，目标是做到全球领先。敦煌网应用大数据技术开展跨境贸易便利化实践，开创跨境贸易在信息流、大物流、跨境支付、互联网金融等领域的创新整合，打造智慧跨境电子商务交易服务生态产业链。接下来对敦煌网的行业环境进行详细分析。

首先，同行业者带来威胁。敦煌网首创的小额外贸业务模式在 2013 年开始获得市场认可，并且发展态势良好，但不断出现的后起之秀，如兰亭集势、速卖通等都在抢占在线外贸交易市场。其次，替代产品方面存在威胁。传统的外贸交易仍然占据外贸交易市场比较大的比重。随着信息技术的不断发展，消费者已经遍布全球各地，哪里有网络哪里就有“中国制造”；我国具有电子商务应用能力的中小型企业已达几千万家，在国家的不断推动下，中小型企业也在不断创新发展。

我国经营跨境电子商务 B2B 模式的平台主要分为两大类：信息服务平台和交易服务平台。

1）信息服务平台

信息服务平台一般以线上的方式为卖家提供一个可以展示商品的平台，促使买卖双方完成交易。该平台的盈利模式一般为收取会员费和增值服务费。会员费指的是如果卖家想在该平台上展示商品并获得一系列服务，就需要缴纳一定期限内的会员费用，平台一般以年为单位收取会员费，还会根据不同价位的会员费提供不同级别的服务。增值服务费指的是当卖方成为会员之后，平台为其提供额外的增值服务，主要包括商品的展位推广、竞价排名等，其中竞价排名是信息服务平台提供增值服务最为成熟的盈利模式。此类型的典型平台包括阿里巴巴、环球资源网、中国制造网等。信息服务平台代表的对比分析如表 3-1 所示。

表 3-1　信息服务平台代表的对比分析

对比项目	阿里巴巴	环球资源网	中国制造网
盈利模式	会员费、广告费	会员费、增值服务费	会员费、增值服务费、认证费
主营业务	可以提供全套的店铺装修、商品呈现、宣传推广及店铺托管等在线服务	提供完整且专业的杂志、展览会等出口市场推广，以及广告制作、教育项目和网上内容管理等支持服务	提供信息发布与搜索等服务，帮助中小型企业应用互联网开展国际营销
客户对比	扶持我国中小型企业出口，为其提供平台向海外买家展示商品，在宣传商品的同时也能推广供应商	多渠道 B2B 媒体企业，致力于促进大中华区的对外贸易	汇集我国企业商品，面向全球采购商和中小型企业
优势	是我国流量最大的 B2B 平台，广告宣传不错，平台功能比较完善	电子商务产品比较热门，大中华区、韩国、欧美市场较热门	收费比较公道，知名度很高，口碑不错
劣势	价格比较高，实际商品与描述可能存在偏差，平台买家、卖家众多，难以考量商品及客户质量	只有供应商目录查询功能，价格高且服务效果不理想	规模较小，在海外影响力不大，自身宣传力度不够

2）交易服务平台

交易服务平台是指能够使跨境电子商务买卖双方在平台上实现贸易和完成支付交易的一种服务平台，该平台的盈利模式包括对卖家所上架的商品收取展示费，以及对买家收取一定比例的交易佣金。佣金制是指对平台上的交易进行抽成，不同行业标准不同，买家可以根据真实的交易数据对卖家进行综合考量并选择。展示费是指对平台页面上展示的商品进行收费，只要卖家将商品上架，就需要缴纳一定的费用。交易服务平台代表的对比分析如表 3-2 所示。

表 3-2　交易服务平台代表的对比分析

对比项目	敦煌网	大龙网	易唐网
盈利模式	阶梯式佣金	促销差价、服务费	广告费、佣金、会员费
营销模式	海外采购商访问，线上线下资源整合	社交网络营销，电子邮件产品推送	多元化媒体互动广告策划，专业的广告推广
支付方式	近 30 种在线支付方式	大龙钱包、信用卡、万事达卡等	PayPal、西联汇款、易唐虚拟账户等
产品服务	敦煌 e 保通、数据智囊、视觉精灵、流量快车	跨境 B2B 品牌采集，龙品牌、龙拍档	轻纺、电子、家居、通信、车载等
物流模式	DHLink 物流平台和线下快递商	与当地物流商合作	国际快递、EMS
优势	具有快速、稳定的供应链和强大的搜索能力，注重品质	商品价格比较低，跨境物流、网上支付服务好	具有技术领先优势，为交易双方提供公正、透明的品质和诚信监督体系

3.1.3 内部环境

1. 优势

敦煌网专注于为国内中小型企业提供外贸信息（在 2019 年 2 月之前是没有平台使用费的），同时提供物流推荐、资金支持、网络平台推广等服务，这是很多仅负责提供信息的外贸平台所不能比拟的。虽然从 2019 年 2 月开始，敦煌网对新入驻卖家收取平台使用费，收费标准分为年缴 999 元、半年缴 598 元、季度缴 299 元，但阿里巴巴国际站、环球资源网的费用相对更高，而且物流资金支付大多是线下完成的，因此在入驻门槛和资金支付等方面，敦煌网还是比较有竞争力的。

此外，不同于阿里巴巴国际站大单采购与小额批发全面铺开的“豪门”模式，敦煌网差异化地选择了小额 B2B 赛道。在之前国内各个类似平台仍多以展示信息、撮合交易、收取会员费为核心业务模式时，敦煌网较早地介入了交易环节，以佣金制代替会员制，而且只向买家收费，此模式使其具有了自己的运营特色，可以直接参与交易活动，打破了传统的跨境电子商务平台只提供信息服务的屏障。当跨境电子商务的交易从一味地增加交易机会变成减少中间环节及降低成本时，价格变得较为敏感，“为成功买单”这一举动成功地减少了很多卖家的担忧。

敦煌网致力于发展中小型制造企业，尤其是沿海地区的外贸企业，其采取区域化拓展模式，将资源集中于外贸出口企业聚焦的号称“世界工厂”的华南地区，不断培养和挖掘更具规模的外贸企业，在支持产权保护和产品审核方面都有很好的相关政策，有利于扶持和培养品牌的新品，吸引更多中小型企业加入。

2. 劣势

由于敦煌网卖家注册的门槛较低，并且敦煌网成立的时间较短，服务人员培训相对不足，其对一些企业的服务存在一些问题，导致部分买家和卖家流失。同时，敦煌网主要的客户是中小型企业，但中小型企业可能存在语言方面的问题。此外，中小型企业的诚信问题也会对敦煌网造成一定的影响。毕竟，跨境电子商务 B2B 模式涉及国内国外两方，链路很长，中间要解决的问题非常多，在条件尚不足够成熟的情况下介入交易环节困难重重。

此外，按照敦煌网后来调整的佣金制规则，平台方根据单笔订单金额的大小，向买家收取一定比例的佣金。2019 年 2 月，敦煌网开始对新入驻卖家收取平台使用费。向卖家收费这一动作被认为是敦煌网对佣金制模式的被迫修正，反映了平台方营收方面的压力。

3. 核心竞争力

敦煌网的核心竞争力在于找准了自己的目标客户群，其面向的是中小型企业，因为排名靠前的大型企业一般更倾向于更知名的平台（如阿里巴巴国际站），所以其目标市场锁定在中小型企业，解决了在线支付及跨境交易问题，为卖家提供了一站式国际贸易解决方案。

3.2　敦煌网商业模式分析

下面从商业模式要素、服务模式和盈利模式三个方面对敦煌网的商业模式进行分析。

3.2.1　商业模式要素

这里主要从提供物、客户、基础设施、财务状况四个方面对敦煌网商业模式的九个要素进行分析。

1. 提供物：价值主张

敦煌网的价值主张是为中小型企业提供一个全球先进的便捷交易平台，从而降低出口商拓展市场的成本，提高贸易的效率和安全性，降低进口商寻找供应商的成本，提高交易的便捷性，全面整合跨境贸易中物流、资金流、信息流需要的资源，使交易双方的交易过程更加简单、快捷、安全、低成本。

2. 客户：目标客户、客户关系、分销渠道

敦煌网的目标客户是国内和国外的中小型企业，截至 2020 年，我国有 3400 多万家中小型企业在做出口贸易，占总出口额的 70%，其中只有 1170 多万家是已经“触网”的企业，而在欧美国家，中小型企业将近 4000 万家，“触网”企业的比例比我国高得多，敦煌网就是瞄准了巨大的潜在客户群。敦煌网的客户关系是一种更加自由、长期、深入的伙伴关系。首先，一般卖家初次注册可以享受专业的培训服务、语言翻译服务；老卖家可以参加卖家大会，敦煌网还会定期进行卖家调研；优秀卖家可以来公司参观交流，进行定期的信息反馈，为平台提出意见和需求。其次，买家方面设有 VIP 俱乐部，为 VIP 买家提供专门的运营服务，并且通过电子邮件营销的方式为其推荐优质产品，做好客户关系管理，除此之外还有年终和节日的买家回馈，以加强买家与平台的沟通和交流。

敦煌网的分销渠道主要包括和知名的国际电子商务平台合作、搜索引擎优化营销、电子邮件营销、社交网站营销。例如，和 eBay、亚马逊结成合作伙伴进行网站的接口分享，和谷歌合作进行海外品牌代言及搜索引擎优化，通过电子邮件营销来开拓市场和维系客户关系，在海外市场通过运营 Facebook、YouTube 社交软件来做网络营销，联络海外中小企业协会、欧美各行业商会等进行推广。

3. 基础设施：关键业务、合作伙伴、核心资源

敦煌网的关键业务是平台的技术设计及运维，这是电子商务企业的核心，也是与对手竞争的关键。交易平台的技术设计支撑客户的体验，运维积累的大量成交数据又为营销提供客户信息挖掘和分析的素材。支撑交易平台的是商业资源的整合，这是无形但同样重要的业务，也是平台建立的一种无形的市场进入壁垒。

敦煌网的合作伙伴十分广泛，交易所涉及的服务商都与敦煌网存在合作关系。其合作伙伴主要包括：物流合作伙伴，如 UPS、DHL、中外运等；渠道合作伙伴，如 eBay、亚马逊、

谷歌、Facebook 等；支付合作伙伴，如 PayPal、Moneybookers、GlobalCollect、西联汇款、WorldPay；融资服务合作伙伴，如我国的建设银行和招商银行、英国的巴克莱银行等；保险服务合作伙伴，如华泰保险、SquareTradeo 等。

敦煌网的核心资源是平台资源整合的能力及整合的系统。平台的技术搭建及后续的优化是其他企业短期内不能模仿的，利用平台降低了交易成本、提高了交易效率，这是敦煌网进一步发展的基石。

4. 财务状况：成本结构、收入来源

在敦煌网的成本结构中，平台技术开发的成本是主要的部分，此外还包括平台推广的成本，以及整合供应链上下游服务商的成本。技术开发的成本是主要的成本构成；平台推广的成本，尤其是海外市场的推广成本较高；供应链整合的成本在成本构成中占一定的比重。

敦煌网的收入来源主要是成交后的佣金收入，以及 VIP 会员费、增值服务费、广告费等。不同行业的佣金率不同，佣金率通常随着交易额的上升而降低。

3.2.2 服务模式

敦煌网作为第三方跨境电子商务平台，提供服务不仅是平台的基本功能，服务体系的完善程度和水平更是平台建立竞争优势的重要部分。

1. 敦煌网的纵向服务体系

敦煌网的纵向服务体系分为四层（见图 3-1），底层是随平台交流流程展开的综合服务层，上面是数据服务层，再往上是应用服务层，最上面是增值服务层。综合服务层包括信息服务、营销服务、交易服务、物流服务和售后服务，综合服务层支撑各项综合服务的应用级服务，包括信息服务的信息搜索、信息发布、信息订阅等；数据服务层连接着综合服务层和应用服务层，应用服务层产生的数据支撑更好的综合服务，数据服务层包括行业数据、产品数据、交易数据、客户数据、物流数据、反馈数据等；体系的顶端是增值服务层，其在应用级服务上建立的增值服务能为客户提供专业的、个性化服务，包括 VIP 服务、增值礼包、数据智囊、视觉精灵、交易助手、店铺代运营、ERP（Enterprise Resource Planning，企业资源计划）服务等。

2. 敦煌网的横向服务阶段

敦煌网在纵向上分为四个层次的服务，横向上按照供应链的方向分为三个阶段，分别是信息服务阶段、交易服务阶段和售后服务阶段。平台的服务从交易前的信息服务到交易过程中的各项服务，再到交易结束后的售后服务，覆盖交易的所有环节。

1.0 版 B2B 跨境电子商务平台的服务只停留在了信息服务阶段，后续的交易服务阶段和售后服务阶段都没有涉及，这就使得平台只是一个信息发布的门户，为上下游客户提供的价值只是降低信息收集的成本，平台服务并没有渗透到价值最大的交易环节。相比之下，敦煌网的服务覆盖交易前中后，真正地参与了客户的核心交易，并在其中提供服务价值，打通供应链上下游的服务通道，使交易各阶段的服务实现无缝衔接，为客户提供一条龙式

的集成服务。

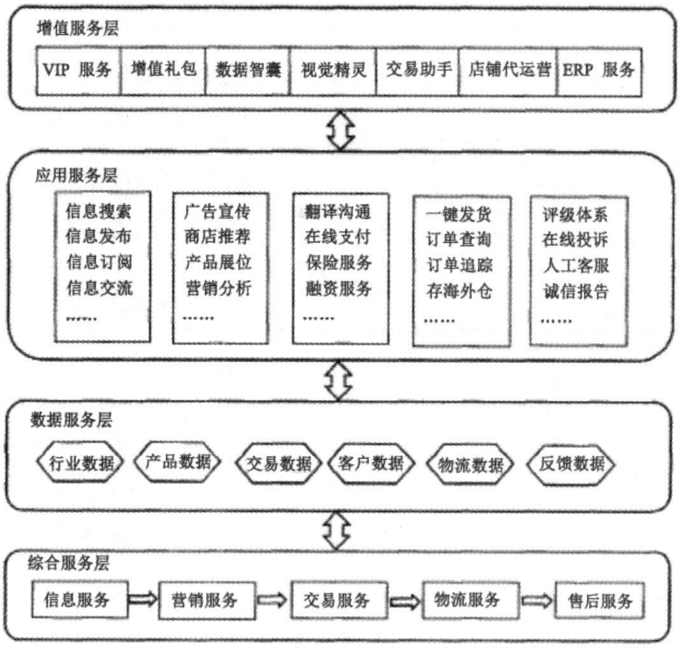

图 3-1　敦煌网的纵向服务体系

3.2.3　盈利模式

敦煌网作为 2.0 版 B2B 跨境电子商务平台，其盈利模式和 1.0 版 B2B 跨境电子商务平台具有本质的区别。1.0 版 B2B 跨境电子商务平台的主要盈利模式是收取会员费，而 2.0 版 B2B 跨境电子商务平台是免费注册的，不收取会员费，其主要靠交易完成后收取佣金盈利。敦煌网的盈利主要来自交易佣金，其还收取金融服务费、广告费、增值服务费等。

1. 交易佣金

交易佣金是向买方收取的，指在卖家所设价格的基础上加上一定比例的佣金，买家面对的价格就是在卖家所设价格的基础上加上佣金形成的。敦煌网的佣金率是依照交易额的高低设置的。平台从 2020 年 8 月 17 日起，对部分二级类目的佣金率进行了调整：当单笔订单金额大于或等于 1000 美元时，平台佣金率由 0.5%～1.5%调整至 3.5%；当单笔订单金额大于或等于 300 美元且小于 1000 美元时，平台佣金率由 4.0%～6.0%调整至 8%；当单笔订单金额小于 300 美元时，平台佣金率由 12.5%～19.5%调整至 19.5%～21.5%。

2. 金融服务费

金融服务费主要指卖家在平台上因享受融资服务而应缴纳的费用，平台为卖家提供提前放款、在线贷款、建行敦煌 e 保通三款融资产品，融资产品在使用中产生的开通费和手续费为敦煌网金融服务费的收入来源。敦煌网融资产品的资费情况如表 3-3 所示。

表 3-3　融资产品的资费情况

融资产品	资费标准	
	开通费	手续费
提前放款	无	单笔订单金额的 2%（当用户获得的提前放款资金超过初始最大使用限额的 3 倍时，手续费降至 1%）
在线贷款	收取贷款额度的 1%的功能开通费，一次性收费	按日计息，日息为 4.17‱
建行敦煌 e 保通	无	建行敦煌 e 保通额度管理费为贷款额度的 1%（一年一次）；应收账款管理费为每笔贷款额度的 0.4%；贷款利息在中国人民银行规定的 6 个月同期利息的基础上上浮 20%

3. 广告费

敦煌网的广告费收入是融合在营销系统中的，敦煌网的商品营销系统是整合敦煌网买家平台上的所有曝光资源，为卖家提供的提高商品曝光量的营销工具，拥有丰富的商品展示形式、灵活多变的计费方式，可以满足广大卖家各种商品的营销需求。曝光广告的费用都是通过购买敦煌币来支付的，主要通过竞价排名广告、展示计划、定价广告三种方式来实现商品曝光。敦煌网广告的资费情况如表 3-4 所示。

表 3-4　广告的资费情况

方式	收费模式	资费标准
竞价排名广告	出价	定向推广类型实际扣费=下一名的出价×下一名的质量得分/自己的质量得分+0.01 敦敦煌币
展示计划	按点击收费	1 次点击收取 1.5 敦敦煌币（国内 IP 点击不收费，国外同一 IP 产生的多次点击按一次收费）
定价广告	购买	不同时期价格不同，弹性很大

4. 增值服务费

增值服务费也是敦煌网一项重要的收入来源，增值服务是服务体系的顶端服务。敦煌网主要付费产品的资费情况如表 3-5 所示。

表 3-5　主要付费产品的资费情况

产品名称	资费标准
增值礼包	黄金礼包 4800 元；白金礼包 9800 元；钻石礼包 16 800 元
数据智囊	综合版：90 天 968 币；180 天 1788 币；365 天 3199 币
视觉精灵	凸显底色+边框：7 天 400 敦；14 天 600 敦；21 天 800 敦
店铺优化	店铺装修 500 元/店；店铺升级 2000～10 000 元/年；店铺扶持 3000 元/年

【知识链接】敦煌网平台运营注意事项

敦煌网平台将运营中经常出现的问题整理为 5 种常见通病，并指出了各自的注意事项。

1. 商品图片常见通病——商品图片只上传 1 张

首先要告诉所有新卖家，商品图片上传满 8 张是能够在搜索中加分的，而所增加的分数，甚至能让你超过已经获得很多好评的大卖家。新卖家多上传商品图片不但能够使自己在搜索中拥有不错的排名，而且能够在资源上占有很大的优势。

2. 商品标题常见通病——商品标题重复

商品标题基本重复也是新卖家经常犯的一个错误。商品标题的意义在于能够让更多的买家通过商品标题的关键字找到你的商品，如果你的商品标题基本一样，你就把商品曝光的机会限制住了。

3. 商品数量常见通病——商品上传数量太少

很多卖家通常只上传 10～20 件商品就开始等订单了，但往往这样很难有订单。为什么平台按照卖家类型分类，即遵循王牌卖家上架商品数量上限为 10 000 件，而普通卖家上架商品数量上限为 3000 件的规则，其实是希望大家尽量多上传商品，以增加自己被曝光的次数，当然前提是商品标题及商品的首图不重复。这样，在商品标题上你就能够把自己被买家搜索到的概率在一定程度上提升，当然前提是上传满 8 张商品图片。

4. 商品描述常见通病——不写清楚商品的功能和规格

不写清楚商品的功能和规格造成的后果是很严重的。买家看了商品图片想买，但当看到商品展示页面时，却发现基本看不到完整的对商品功能和规格的介绍，买家购买的欲望就会大打折扣，这时有的买家可能会在线询问卖家，但更多的买家会选择再看看别家的商品。

5. 广告位常见通病——不会用广告位

广告很关键，新卖家在做好商品展示后，首先要做的就是买一个广告位。在投放广告前，应该确定选择定价还是竞价，竞价比定价的效果好一些，所以一般首选竞价。选择用哪件商品投放广告是有学问的，首先你需要看一下已有的广告展示的是什么商品，什么价格，你需要参考一下，然后进行投放，并且投放广告的商品展示页应该工整、醒目，商品信息描述要完整，这样才能收获理想的广告效果。

3.3　敦煌网跨境电子商务物流分析

敦煌网推出的 DHLink 物流平台，在物流运输方面有其专属的模式。

1. 物流发货模式

敦煌网跨境物流有三种发货模式，分别为在线发货、线下发货和海外仓发货。

1）在线发货

敦煌网的在线发货是指与第三方优质物流企业合作，平台在运费方面会给予买家适当的补贴，推出一条龙服务的在线发货方案供买家选择，并且提供免费上门揽收服务，对货物的运输动态进行定位，运费方面折扣力度大，还会给予事故理赔等运输保障。这种方式的发货流程为填写发货申请、打印货运标签、免费上门揽收、支付运费、完成物流信息跟踪。

2）线下发货

敦煌网的线下发货是专门为国内所有的跨境电子商务卖家推出的有保障、效率高、价格低的一个跨境物流平台，无论是否是敦煌网的卖家，都可以使用这个平台的物流服务。其主要提供线上下单免费上门收件、物流的全程定位跟踪、事故理赔，致力于为跨境电子商务卖家和买家提供价格低、品质高的物流服务。其特点在于利用敦煌网自有的物流平台，如果是 DHLink 的用户则可以直接登录进行发货；若不是，则只需要注册后就可发货。线下物流的集货仓覆盖了我国华东、华南等地区，可以方便沿海及贸易往来频繁地区的跨境电子商务卖家快速发货。

3）海外仓发货

敦煌网平台拥有大数据测算，可以分析当前市场对海外仓的运用情况，再根据实际情形为不同卖家提供合适的海外仓服务方案。整个海外仓运输流程：首先进行头程运输，可通过空运、海运、陆运或联运将商品运送至海外仓；然后卖家利用跨境物流信息系统平台，在线调控海外仓货物的存储情况，实现远程即时库存管理；最后海外仓存储中心会根据卖家的订单信息，让目的国配送商将商品送达买家手中。这一流程如图 3-2 所示。

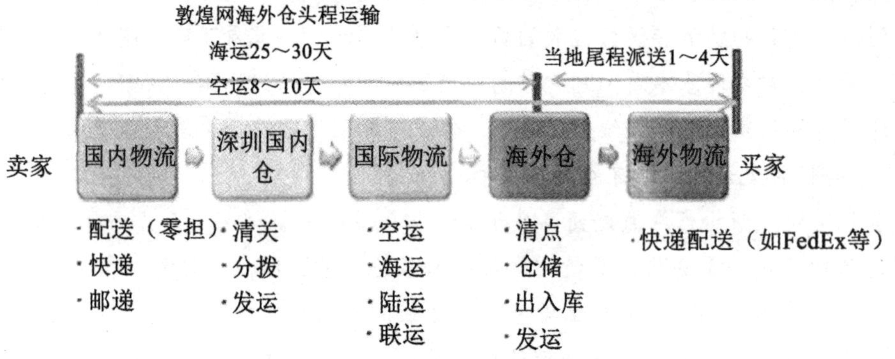

图 3-2　敦煌网海外仓运输流程

敦煌网海外仓的优势：可以大大降低物流成本，通过批量发货，分摊到每件商品的运费相对较低；物流时效快，卖家收到买家订单后即可进行商品出库，当地发货，大大缩短了运输里程，物流时效只要 1～4 天，相对国内发货快很多；敦煌网还给出政策倾斜，采取专区展示，具有较高的曝光率，能提高搜索权重，同时会进行海外地推，提升成单的概率，通过当地发货，使买家的收货体验得以提升，可能促成二次交易。

敦煌网在其主要贸易国设立了海外仓。自 2018 年 6 月起，DHLink 在洛杉矶、纽约、伦敦、法兰克福、马德里、布拉格、温哥华、悉尼、墨尔本等城市布局海外仓，辐射北美、欧洲、澳洲。截至 2019 年 9 月，敦煌网上线了三个海外仓，分别为美东新泽西海外仓、美西洛杉矶海外仓、英国海外仓。

2. 物流配送模式

敦煌网的线下物流与国际 e 邮宝、国际快递、顺丰等物流商合作，对接全球几十家物流提供商，运费低至市场价的 2 折。其与国际快递 UPS、DHL 等进行战略合作，并建设敦煌网线上一站式物流平台 DHLink，通过全球主要区域的海内外仓储网络、海外国内配送网络、国际干线物流网络等的体系建设和资源整合，帮助企业完成“端到端”物流和形成标准化的国际物流服务，使货物在全球范围内低成本、高效率、安全、及时地配送到买家手中。

DHLink 物流分为四大类。①标准类的国际 e 邮宝。②顺丰小包。③国际快递合作商。其中，UPS 属于美洲航线，价格优势明显；DHL 涵盖欧洲和美洲航线，拥有较强的清关能力；FedEx 倾向于美洲、亚洲航线，具备清关优势。④专线类。其中，DPEX 属于澳大利亚航线；Aramex 属于中东航线；UBI 属于澳新航线；EMS 的特点是价廉且可追踪，但对商品的重量有限制。

3. 物流服务考核标准

敦煌网对物流服务有严格的考核标准。敦煌网提供的信息显示，为了能综合反映卖家在平台上的物流表现，让平台买家清晰地识别卖家的物流服务能力，敦煌网上线物流服务评级，主要从妥投率、妥投时长、物流跟踪率、物流纠纷率、物流退款率五个方面评估卖家的发货能力。系统将在每月 5 日更新近 90 天的数据，物流评级以每月分析数据为准。近 90 天的订单数量≤10 单的卖家不参与评级考核。

妥投率考核标准如表 3-6 所示。

表 3-6　妥投率考核标准

平台标准	优秀	良好	合格	待改善
评级标准	90%及以上	大于或等于 85%且小于 90%	大于或等于 80%且小于 85%	80%以下

近 90 天的订单妥投率=妥投时间近 90 天订单/首次回填运单号时间近 90 天的订单。

妥投时长考核标准如表 3-7 所示。

表 3-7　妥投时长考核标准

平台标准	优秀	良好	合格	待改善
评级标准	12 个自然日内	12～14 个自然日	15～16 个自然日	16 个自然日以上

近 90 天妥投订单的平均妥投时长=妥投时间−首次回填运单号时间。

物流跟踪率考核标准如表 3-8 所示。

表 3-8　物流跟踪率考核标准

平台标准	优秀	良好	合格	待改善
评级标准	90%及以上	大于或等于 85%且小于 90%	大于或等于 80%且小于 85%	80%以下

近 90 天首次回填运单号的订单，在 7 天内有物流跟踪信息的订单跟踪率=7 天内有物流跟踪信息的订单/首次回填运单号时间近 90 天的订单。

物流纠纷率考核标准如表 3-9 所示。

表 3-9　物流纠纷率考核标准

平台标准	优秀	良好	合格	待改善
评级标准	1%及以下	大于 1%且小于或等于 2%	大于 2%且小于或等于 3%	3%以上

近 90 天由于物流导致的订单纠纷率=由于物流导致的纠纷订单/确认收货时间为近 90 天的订单，物流纠纷（协议纠纷+售后+拒付）包括虚假发货、未收到货。

物流退款率考核标准如表 3-10 所示。

表 3-10 物流退款率考核标准

平台标准	优秀	良好	合格	待改善
评级标准	1%及以下	大于 1%且小于或等于 2%	大于 2%且小于或等于 3%	3%以上

近 90 天由于物流导致的订单退款率=由于物流退款订单金额/确认收货时间为近 90 天的所有订单的金额总和。

3.4 敦煌网在发展中存在的问题与应对策略

敦煌网在其跨境电子商务业务发展过程中遇到了一系列问题，可以采取相应的策略来应对，现分析如下。

3.4.1 存在的问题

敦煌网商业模式的特点是服务以交易服务为核心、盈利以收取佣金为核心、供应链整合以服务提供商整合为核心，这也是敦煌网商业模式的核心内容。其中，交易服务和盈利模式容易被模仿，并没有太多的技术壁垒，供应链整合才是敦煌网的核心竞争优势，进一步将供应链进行一体化整合，将更多的可利用资源有效地整合到平台上是敦煌网未来的发展方向。

在现有的商业模式中，敦煌网面临以下挑战。一是诚信体系还不完善。传统贸易通过样品定制和合同签订来建立诚信体系，规避不诚信交易的风险，并且传统的外贸行业有比较成熟的国际惯例和仲裁机制，传统贸易中的诚信体系是通过多年的演变沉淀下来的，但现在的传统贸易中仍然存在大量因为不诚信交易而出现纠纷的情况。与发展久远的传统贸易方式相比，跨境电子商务在诚信体系的建立上还存在巨大的差距。随着跨境电子商务的不断发展，诚信体系的不足逐渐显现出来。B2B 跨境电子商务平台因为前后端的用户都是中小型企业，与传统的贸易主体相似，都是企业级的上下游，这样的贸易主体对信用风险的控制更加注重，对信用体系的要求也更高。敦煌网在信用体系的建立方面也做出了努力，包括制定针对平台买家、卖家信用的评级制度，申请会员时的审核制度，以及纠纷产生后的仲裁规则等。

二是物流成本太高。敦煌网的服务对象主要是中小型企业，因为中小型企业出口的量并不是很大，外贸的物流成本相对较高。当然，物流成本高是电子商务行业的通病，因为一些限制条件很难在短时间内降低，同时作为外贸物流，其具有风险可控度低和物流距离远的特点，因此在外贸领域降低物流成本的难度很大。针对物流问题，一方面，敦煌网在国内建立港口仓库，用户在线上提交货物信息，在将货物发送到港口仓库后，进行集中匹配，将零散的货物集中在一起运输，这样能有效地降低卖家的成本；另一方面，敦煌网在海外建设海外仓，国内的卖家可以根据自己的店铺情况，平时在海外仓内存放部分货物，有订单后直接从海外仓发货，大大降低物流的时间成本和风险。

三是纠纷解决机制不健全。纠纷解决机制是限制跨境电子商务平台的一大问题，同样限制着敦煌网的进一步发展。例如，在某次 VIP 用户大回馈的活动组织过程中，在给购买金额最大的用户发放奖品时，该用户拒绝接受奖品，后来沟通后发现该用户曾经在一起与其他电子商务平台的纠纷中损失了上千美元，失去了对跨境电子商务平台的信任。纠纷的解决一直是跨境电子商务领域的一大难题，由于交易双方身处不同的国家，拥有不同的文化习俗和不同的法律，交易纠纷在跨境电子商务领域解决难度很大。敦煌网的纠纷解决机制并不健全，因此需要更多创新来解决这个后顾之忧，提高用户对敦煌网的信任度。

3.4.2　应对策略

在诚信体系完善方面，敦煌网要建立起更加透明、公开的买卖双方资质信息，包括卖方的企业注册证明信息、重大交易记录等，买方的成交信息、纠纷处理信息等，让买卖双方在更加了解对方的基础上进行交易，降低信用风险。同时，敦煌网要在现有的信用保险方面进行更多的创新，和保险公司进行深度合作，推出更加合理的信用保险产品。此外，敦煌网还应建立卖家和买家的个人数据库，对用户的交易数据进行综合分析，并将信用较高的用户单独拉出来，像现在的 VIP 俱乐部一样，将信用较高的买家和卖家放在一个平台里，这样可以大大降低用户的信用分辨成本。敦煌网可以继续整合第三方信用评级机构，和评级机构合作，对每个用户的信用做专业的评级，为交易双方提供专业、权威的信用评级服务。

在降低物流成本方面，敦煌网应继续坚持自己的物流创新方式，利用平台的数据优势，将小散货物进行智能匹配，并将匹配过程集成到一键发货功能中，集中大批发货能提高自己与物流服务商的议价能力，从而降低成本。同时，敦煌网需要继续扩大海外仓建设，并优化海外仓的信息系统，将卖家海外仓货物信息集成到一键发货功能中，简化卖家操作，降低买家的物流时间成本。

在纠纷解决机制方面，敦煌网可以通过和第三方贸易仲裁机构合作，设计更合乎国际惯例的规则，不自己随意设计规则，更不只按照某一国家的法律盲目裁决对错。敦煌网可以在纠纷问题上设置层级，低级的纠纷交易双方协商解决，中级的纠纷平台协调解决，高级的纠纷交给第三方贸易仲裁机构解决。

3.5　总结与启示

对敦煌网案例进行总结，有利于为我国 B2B 跨境电子商务的发展提供借鉴，敦煌网案例的总结与启示如下。

3.5.1 总结

1. B2B 跨境电子商务依然是我国跨境电子商务的主力

从我国跨境电子商务现状来看，B2B 跨境电子商务在我国跨境电子商务结构中占据绝对的优势，未来很长一段时间将决定我国跨境电子商务的发展状况。无论是宏观的政治环境还是社会环境都有利于跨境电子商务行业的发展，而作为跨境电子商务的主体，B2B 跨境电子商务在未来的发展潜力巨大。

2. 敦煌网商业模式的三大核心

服务以交易服务为核心、盈利以收取佣金为核心、供应链整合以服务提供商整合为核心，这是敦煌网商业模式的核心内容。其中，供应链整合是敦煌网的核心竞争优势。因为敦煌网是 2.0 版 B2B 跨境电子商务的典型代表，所以交易服务、收取佣金、供应链整合是 2.0 版 B2B 跨境电子商务的核心特征。

3. 敦煌网商业模式拥有较强的竞争力

敦煌网总体处于优质的宏观环境，行业内的主要威胁来自行业内现有的企业和买家的议价能力，自身优势明显强于自身劣势、外部机会大于外部威胁，敦煌网在行业内拥有较强的竞争力，其商业模式具有竞争优势。

4. 跨境电子商务模式升级是发展趋势

通过分析敦煌网的商业模式，可以看到其商业模式在服务体系、盈利模式、供应链整合上具有巨大的优势，能够为用户提供更大的价值，相对落后的 1.0 版将在未来被淘汰，而升级之后的 2.0 版将成为 B2B 跨境电子商务平台发展的趋势。

3.5.2 对 B2B 跨境电子商务发展的启示

1. 坚定地向 2.0 版转型

B2B 跨境电子商务行业的主要竞争来自现有的企业，在现有的企业中，已经完全达到 2.0 版的企业具备绝对的竞争优势，同时 2.0 版是未来发展的趋势，其他平台应坚定战略转型的决心。传统的跨境电子商务平台已经意识到这种趋势不可逆转，如阿里巴巴国际、速卖通等老牌 B2B 跨境电子商务平台已开始探索转型。我国 B2B 跨境电子商务平台应该深刻认识到这种趋势，并坚定地实施转型，全面切入交易环节，提供高价值的交易服务。

2. 建立整合供应链优势

B2B 跨境电子商务平台正在经历 2.0 版阶段，未来将朝着 3.0 版阶段发展，这个阶段最大的特征就是供应链全面整合。敦煌网的供应链整合能力是其核心竞争优势，这是其未来向 3.0 版发展的基石。未来，平台不仅要为客户提供交易服务上的便利，更要能够整合供应链上下游的优势资源。在供应链整合方面，各个平台可以借鉴敦煌网的模式：一是横向整合上下游客户资源，建立更牢固、密切的客户关系；二是纵向整合服务商资源，将交易上下游服务商进行一体化整合，集成到平台的应用服务中。

3. 应对 2.0 版的三个挑战

敦煌网商业模式中存在三个挑战：一是诚信体系的完善；二是物流成本的降低；三是纠纷解决机制的健全。这些挑战制约着每个 B2B 跨境电子商务平台的发展，也是一个 B2B 跨境电子商务平台能否建立新的核心竞争力的关键。其他 B2B 跨境电子商务平台应该意识到这三个挑战带来的危机，并努力去解决。

应对信用体系挑战，各个平台可进行信息透明化建设，创新信用保险产品，与第三方权威评级机构合作，建立信用度高的用户平台，提高信用价值；应对物流成本挑战，各个平台可集中零散货物，智能匹配运输，同时建立海外仓，提前储存部分畅销商品，降低物流时间成本；应对纠纷解决挑战，各个平台可与第三方权威仲裁机构合作，并设置纠纷级别，提高纠纷解决的公平性和效率。

4. 创新 B2B 跨境电子商务平台模式

近年来，敦煌网在持续加大投入，建设自己的移动端。国外的 Wish 作为专注移动端的跨境电子商务平台，近年来快速成长，引起了更多 B2B 跨境电子商务平台的关注。移动端建设是 B2B 跨境电子商务平台发展的机会，加大移动端资源投入，能够为各个平台建立新的竞争优势。

O2O 模式也是新型跨境电子商务模式，是敦煌网面临的威胁之一，如大龙网将 O2O 模式作为自己的核心商业模式，线上线下的有效结合一方面能在诚信问题上有所改善，另一方面交易效率更高。敦煌网也在通过 O2O 模式解决自身的一些问题，但并没有上升到战略的高度去思考这种模式，这样的商业模式应该引起国内 B2B 跨境电子商务平台的关注。

5. 积极借鉴国际 B2B 跨境电子商务平台的发展经验

国际上一些发达国家的主要 B2B 跨境电子商务平台已经是 2.0 版，交易服务已经成为 B2B 跨境电子商务平台的基本模式，发展已经较为成熟。与此同时，这些较优秀的国际电子商务平台在市场竞争中进一步向两个方向发展：一是综合型服务平台，二是垂直专业型服务平台。我国大多数 B2B 跨境电子商务平台现阶段还处于从 1.0 版向 2.0 版过渡的阶段，各个平台可以借鉴国外一些优秀、成熟平台的发展经验，关注综合型服务平台和垂直专业型服务平台的差异，找到适合自己的发展方向并提前布局，建立自己的差异化竞争优势。

【本章小结】

敦煌网是典型的 B2B 跨境电子商务平台，其在发展过程中力图打造一个完整的跨境电子商务生态圈。本章选取敦煌网跨境电子商务案例，从海外市场环境、国内市场环境和内部环境三个方面分析了敦煌网的发展环境，从提供物、客户、基础设施、财务状况四个方面对敦煌网商业模式的九个要素进行了分析，并对敦煌网在发展中存在的问题与应对策略进行了探讨。敦煌网案例对B2B跨境电子商务的发展带来如下启示：坚定地向2.0版转型、建立整合供应链优势、应对2.0版的三个挑战、创新B2B跨境电子商务平台模式、积极借鉴国际B2B跨境电子商务平台的发展经验。

【本章实训】

实训案例：海星链的一站式跨境电子商务供应链平台

海星链是由我国香港大嘉国际集团、大嘉资本及多国政府支持的跨国贸易平台eHalal.com联合创建的。其携手全球超过25个国家和地区的海量供应商及品牌商，整合了全球1000多个品牌及10万多件全球优品，是众多国外优质品牌进军我国的极佳合作伙伴。海星链赋能全球跨境业态零售商，致力为全球海淘业提供优质、性价比高的原产地正品货源，其剔除品牌溢价和中间环节，为国人甄选高品质、高性价比的天下优品。平台主营商品包括美妆护肤、母婴用品、食品保健、生活用品四大类。该平台不仅拥有澳大利亚国宝级蜂蜜及系列产品、澳大利亚自营红酒等品牌，还是众多国际大品牌的总代理，拥有运营权。

1. 商品源头直供

海星链拥有专业的直采贸易团队，具有丰富的全球国际贸易经验，并与众多海外知名品牌商建立了稳定的合作关系，能够保障货源稳定、商品源头直供，每件商品都经过严苛的品质把关，100%正品保障，杜绝一切假货，并做出“假一赔十”的正品保障承诺。

海星链始终坚持品牌初衷，直接深入商品原产地，深度挖掘条件达标的品牌合作商，精选优质货品，在从源头杜绝假货的同时，剔除了中间环节，为商品供应节省了不少费用，既能实现更低的进价，也能帮助品牌合作商提升利润空间。

海星链已经与欧洲、北美、日韩、东南亚等全球多个国家和地区的众多国际知名品牌达成战略合作，并取得了品牌直接授权。

2. 全球布局选货

海星链在欧洲、中东、澳洲、东南亚等地区均设有分公司，拥有近百人的专业国际采购精英团队，深耕当地多年。海星链具有完善的物流仓储设备、严格的商品标准筛选体系，只为甄选全球品质好货，让消费者买到满意的海外商品。

海星链于我国香港设立了大型中转仓，并在荷兰、迪拜等多个国家和地区建有自营海外仓，提供海外仓储、物流、海关、国内配送等一站式跨境服务，能够快速清关，全程监控货品流通，可以实现商品去向可追、来源可溯。

3. 售前售后服务

海星链在“链接全球好货”理念下，始终坚持为消费者提供优质的海外商品和完善的售前、售中及售后服务，并承诺无忧购物，赢得了广大消费者的好评。

海星链具有丰富的国际资源支持，其中马来西亚、印度尼西亚、韩国、日本、迪拜、澳大利亚等多个国家政府给予了其强有力的支持。

海星链在荷兰、迪拜、马来西亚、澳大利亚、中国香港和广州等国家和地区均设有公司，业务庞大，体系完善。为了提升消费者的体验，海星链同步在多国设立自有线下展销中心，力求为消费者带来完美的购物体验，真正做到所见即所得。

实训内容：分析海星链的 B2B 跨境电子商务运营模式与敦煌网有何不同。

实训要求：补充查阅资料，从跨境电子商务 B2B 模式的若干方面进行分析，形成一份案例分析报告。

【复习思考】

1. 敦煌网的发展环境有什么特点?
2. 敦煌网的商业模式主要有哪些优势?
3. 敦煌网的发货模式有哪些?
4. 敦煌网案例对 B2B 跨境电子商务的发展有哪些启示?

第 4 章

速卖通：不断调整定位的 B2C 跨境电子商务

【学习目标】

- 理解速卖通商业模式的特点；
- 了解速卖通在发展中存在的问题；
- 掌握速卖通发展的应对策略；
- 理解速卖通对 B2C 跨境电子商务发展的启示。

【引导案例】B2C 跨境电子商务面临的问题

在互联网技术的推动下，大数据、云计算等数字技术飞速发展，国际交易电子化、信息化趋势明显，B2C 跨境电子商务得到迅速发展。但是，相较成熟、稳定的跨境 B2B 模式，跨境 B2C 贸易还有巨大的潜力有待挖掘，尤其是对市场较为敏感、抗风险能力较弱的中小企业，在形势更加复杂多变的环境下面临更大的挑战。

1. 相关国家政策收紧，企业经营风险增加

现阶段，我国 B2C 跨境电子商务出口以美国、法国、英国、德国等发达国家为主。此类国家互联网渗透率较高，支付和物流基础设施完备，消费者对海外在线购买的方式接受程度较高，市场整体较为成熟。但随着全球电子商务市场的迅速发展，跨境电子商务受到各国政府的高度重视，一些国家出于自身利益考虑，收紧了相关政策，频繁挑起贸易战，这对我国中小 B2C 跨境电子商务企业影响较大。美国政府于 2018 年启动退出万国邮政联盟（以下简称“万国邮联”）程序，以此要求万国邮联对终端费进行改革。根据万国邮联相关规定，发达国家寄往发展中国家的邮件，在发展中国家境内的邮递费用，由作为寄件方的发达国家承担 70%～80%；但发展中国家寄往发达国家的邮件，在发达国家境内的邮递费用，作为寄件方的发展中国家只需要承担 20%～30%。在此背景下，美国消费者为了节省费用会选择直接从发展中国家订购相关商品，而不是从美国国内购买，这导致美国电子商务企业不满。经过一年的协商，在 2019 年的终端费改革方案中，规定自 2020 年 7 月起，美国等邮件和包裹大型输入国将被允许对外国邮件的运送“自行定价”，虽最高不得超过国内价格的 70%，但仍然对我国缺乏市场竞争力、以利润较低的小产品销售为主的中小跨境电子商务企业造成了较大的冲击。

2. 产品同质性较高，创新能力弱

对 B2C 跨境电子商务企业来说，产品同质性较高一直是影响其持续发展的重要问题。以近年来有着较大发展的吸尘器市场为例，2021 年在速卖通平台上提供同类产品的供应商数量超过 3000 家，每个类别的在线产品是供应商数量的 3～8 倍（如吸尘器滤芯市场供应商数量为 1654 家，市场在售产品总量为 8572 件）。产品同质化造成市场竞争激烈，同行压价严重，压缩了企业的利润空间。该问题产生的主要原因是供应商对产品定位不明，不能及时、准确地把握市场需求，试图通过模仿、复制等方式抢占市场先机，从而导致所提供的产品缺乏特色和辨识度，最终只能通过价格优势来吸引线上买家。虽然类似速卖通、敦煌网这样的外贸交易平台有众多卖家，平均每个卖家有数千种产品，但是提供这种品类的卖家大多有着极为相似的产品。此外，外贸交易平台上销售的产品以服装、鞋帽及家用电器为主，仿制难度较低，进一步加深了产品同质化的情况。同时，受限于企业发展规模，大部分中小企业采购批量有限，其他企业也可以从某供应商处采购产品，这就造成第三方平台上产品同质化更加严重。较弱的产品创新能力也是导致产品同质化的重要原因。虽然不少企业已认识到缺乏创新的低端产品对企业未来发展不利，但是大部分中小企业仍处于发展初期，资金有限，没有足够的能力研发产品。

3. 物流相对落后，制约着跨境电子商务的发展

物流是影响 B2C 跨境电子商务企业发展的重要因素。跨境物流对跨境电子商务的发展至关重要，其也是衡量跨境电子商务服务质量的主要标准，直接关系着消费者的购物体验及复购率。我国跨境电子商务物流服务主要有邮政小包、国际 e 邮宝、国际快递、国内快递、专线物流和海外仓储六种模式。据不完全统计，跨境电子商务物流仍以邮政的发货渠道为主，70%的包裹都是通过邮政系统投递的。但邮政小包物流时效较慢，如从上海仓库发到美国的邮政小包需要 20 天左右才能送达，而发到巴西、墨西哥等新兴市场，其时效可长达 90 天。总体来说，国际 e 邮宝是一款相当有竞争力的物流产品，价格相对 DHL 等国际快递要便宜很多，但同样会提供全程物流轨迹信息，且时效相对较快，是速卖通、eBay 上十分受欢迎的物流方式。当然，国际 e 邮宝的缺点也很明显，其只支持一小部分国家，且限制 2kg 以下产品，但国际 e 邮宝也在陆续开放一些新的国家路线，而像 DHL、UPS、FedEx 等国际快递虽然在时效上有极大的优势，但价格高昂，一般只有在消费者对时效性要求很高的情况下，才使用国际快递来派送产品。

在退换货方面，物流问题也给跨境电子商务企业造成了较大困扰。虽然大部分跨境电子商务平台都提供退换货服务，但退换货的费用大多由卖家承担，且操作复杂、周期长。一般退换货操作程序：卖家先在后台选择合适的物流承运商，再由买家发出产品，卖家收到退回货物后将新的产品发给买家。在退换货过程中，卖家需要承担三次物流费用，并且退换全程需要一个月甚至更长时间。

辩证与思考： B2C 跨境电子商务面临的问题如何解决？

分析与提示： B2C 跨境电子商务商业模式、产品服务、物流体系的特点。

4.1 速卖通的发展概述

全球速卖通（英文名为 AliExpress，简称“速卖通”）是阿里巴巴旗下面向国际市场打造的跨境电子商务平台，被广大卖家称为“国际版淘宝”。速卖通面向海外买家，通过支付宝国际账户进行担保交易，并使用国际物流发货，是全球知名的在线购物网站。

4.1.1 发展现状

速卖通于 2010 年正式上线运行，最初的定位是帮助国外消费者连接中小企业和商品批发商，从而解决小额贸易交易问题，为消费者和企业提供便捷的服务。速卖通通过战略合作，建立了大流量入口，平台商家的产品交易量增长较快，获得了丰厚的利润。随着速卖通的快速发展，更多的个人消费者通过速卖通平台进行产品采购，批发零售买家被个人消费者所取代。为了提升平台的服务质量，速卖通逐步扩展产品种类，更多的天猫卖家也逐步在速卖通上开店。为了满足平台消费者的需求，速卖通不断升级转型，并针对海外个人消费者提供全球化产品，在俄罗斯、印度等新兴市场有着较大的市场份额。

经过多年的发展，截至 2022 年 7 月，速卖通在全球 220 个国家和地区进行产品销售和物流配送，已经成为我国极具影响力的跨境电子商务平台之一。速卖通上产品品类众多，在物流上主要使用国际快递，并且大多数产品体积小、附加值高。速卖通平台主营服装鞋帽、3C 产品及玩具配件等，其严格遵守各个国家的产品交易规范，严禁交易的产品均不在平台提供的产品之列。由于跨国运输距离和时间的限制，速卖通建设了海外仓储中心，解决了货物缺损等问题。

4.1.2 经营概况

自成立之日起，速卖通平台多次调整自身定位，通过颁布相关规则，筛选平台入驻商家并调整平台产品结构，其规则调整主要分为三个阶段。

第一阶段，平台欢迎个人商家入驻。2010 年 4 月，阿里巴巴正式推出速卖通，让我国出口产品与全球消费者接触及交易，平台支持个人商家入驻，以 C2C 模式为主。速卖通平台发展迅速，但随着整个电子商务市场逐渐成熟，消费者对产品的质量和网购体验越来越看重，速卖通主营的 C2C 市场增长乏力，于是速卖通平台向 B2C 市场发力，迎来转型。

第二阶段，平台提高商家准入门槛。2015 年 12 月，速卖通对外宣布，平台即将全面从跨境 C2C 转型为跨境 B2C，并提高商家准入门槛。随着第三方对我国商家的监督越来越严格，速卖通主动提高了对商家“企业身份”和“品牌资质”的要求。在招商准入方面，速卖通要求所有商家必须以企业身份（不包含个体工商户）入驻，不再允许个人商家入驻。大型活动只允许有品牌的商家参与；商家必须有品牌才能入驻，不再允许发布非品牌产品（个别行业除外）。同时，速卖通对平台经营类目重新进行了划分，将若干细分类目融合为一个经营大类，按照经营大类对入驻商家收取年费。速卖通对平台所有行业提高商家入驻门槛，并以收取技术服务费的方式驱逐仅有短期销售计划的劣质商家，新规的颁布展示了速卖通想要由一个低成本、低门槛的“杂货店铺”转型为企业化、品牌化专业平台的决心。

第三阶段，速卖通放宽了平台准入限制，允许个体工商户入驻，并在招商规则、可经营类目及平台技术服务费用上做了调整。在招商规则方面，个体工商户和企业均可入驻，需要提交相关资料并完成企业身份认证，平台提供基础销售计划和标准销售计划，个体工商户商家在运营初期仅可选择基础销售计划。这两种计划允许的开店数量、年费、营销活动参与资格及服务考核要求相同。在年费结算奖励上，选择基础销售计划的商家更有优势，当商家中途退出平台或经营到年底时，可获得年费全额返还；而选择标准销售计划的商家仅可按自然月获得未使用部分的年费返还。在功能区别上，选择标准销售计划的商家可发布在线产品数量小于或等于 3000 件；而选择基础销售计划的商家面临诸多限制，包括可发布在线商品数量小于或等于 300 件，没有部分类目的经营权限，当该月 3000 美元的经营额度用尽即失去搜索曝光机会。除此之外，速卖通平台还提出了转换销售计划的考核要求。

在可经营类目方面，2019 年速卖通对部分经营大类进行了融合，并下调了部分类目的技术服务年费。为保证平台的公平经营环境、降低商家的经营成本、增强商家的竞争力和营销能力，速卖通平台对部分经营大类进行了融合，对融合后的经营大类，商家只需要缴纳一份年费即可经营该大类下的融合类目，经速卖通调整部分年费后，大部分经营大类年费为 10 000 元人民币。

在品牌方面，商家若拥有或代理着品牌，则可根据品牌资质，选择经营品牌官方店、专卖店或专营店，部分类目产品采用品牌封闭邀约制度。对于部分类目产品，商家必须拥有商标才可以经营，如婚纱、礼服、石英腕表、笔记本配件等二级类目。部分类目产品采用品牌封闭邀约制度，即平台根据品牌成交量、消费者评价、市场需求、纠纷情况、市场占有率、行业发展特点等因素从商标中筛选品牌，以供商家选择经营，未在列表中的品牌不允许入驻平台。

根据速卖通平台的政策走向，可以看出其发展具有以下两种趋势。

（1）速卖通平台在放宽平台准入限制的同时加强了对平台商家的考核。速卖通平台对企业商家和个人商家提供不同的平台资源和考核标准。对于个人商家，速卖通平台欢迎新鲜血液注入，不仅通过年费返还规则吸引商家入驻，还通过限制权限和转型考核的方式逐步筛除经营不善的商家，为成熟商家提供更多资源并引导其转型；对于企业商家，速卖通平台提出了更高的要求，以确保平台整体产品和商家的质量。

（2）速卖通平台从整体上提高了对经营产品的要求，并引导商家专注少数类目，纵深发展。平台对经营产品的要求包括对注册商标的要求和对产品品牌的要求，部分品类（如假发发饰）采用品牌封闭邀约制度，以保证该类目产品的整体质量。同时，速卖通平台将部分类目融合为一体，降低了部分商家产品运营费用，也引导其他商家纵深发展，专注少数类目，打造品牌，形成行业标杆。

【拓展阅读】速卖通商家进行选品的技巧

（1）产品特点：产品标准化，客服压力小，产品信息容易获得；价值低，经营风险相对较小；货源稳定，保证及时发货；重量轻，包装简单，运费低。

（2）做好充分的市场调研：包括流行趋势、目标客户等。

（3）注意规避风险：产品侵权、买家欺诈、物流风险（包括时效、丢包率、清关等）。

（4）适合新手的产品线：3C 产品、母婴用品、饰品、灯具（包括装饰灯具、工程灯具等）、服装、家居用品（包括床上用品、厨房用品、宠物用品、室内装饰用品等）、户外用品等。

（5）严格把控产品质量：特别是通过网络批发平台采购的产品，要注意其销量与评价，注重供应商实力，不要一味贪图便宜。同时，当产品种类很多时，不要全部上架，尽量选择热卖款，避免库存积压。

（6）不断学习：可以通过速卖通大学、论坛学习速卖通规则等。

选品是保持店铺活力与持续发展的关键一环，上述选品技巧可相互结合，灵活运用。不同行业、不同产品，选品途径与方法有所不同；不同商家，选品途径与方法亦有所不同。可以说，无论采取哪种选品方法，只要能够选择出真正切合市场需求的产品即可。

4.2 速卖通商业模式分析

接下来主要从产品服务体系、目标客户、盈利模式、支付服务体系、跨境物流体系方面对速卖通的商业模式进行分析。

4.2.1 产品服务体系

在提供物层面，企业主要通过自身产品和服务满足消费者的需求，进而实现价值主张。速卖通秉持“让天下没有难做的生意”的价值理念，自上线以来，产品类型不断丰富，数量逐渐增加，而且由于国内轻工业比较发达，平台售卖的产品多为体积小且易于通过航空运输的标准化产品，符合消费者小批量、多频次的采购需求。

速卖通作为开放式 B2C 跨境电子商务平台，不同于自营平台，只要满足平台要求的卖家都可以申请入驻，因此平台产品种类丰富、数量充足。平台采取了长尾策略，如果用正态分布曲线表示平台产品的需求量，往往人们关注的是曲线覆盖面积最广的“头部”，而忽略了需求量较小的“尾部”，而当产品的生产成本足够低且流通渠道不受限制时，那么“尾部”产品的需求量甚至可以与“头部”产品相媲美。速卖通把握住了海外消费者的痛点，依托我国成熟的制造业，主打高性价比产品，这些产品在目标国家受到消费者的广泛欢迎。为了更好地满足海外消费者的需求，速卖通在俄罗斯、西班牙与当地的品牌商合作，推出部分自营业务，不过未来平台依旧会继续扶持我国商家的发展，提升其品牌竞争力，引进当地品牌商的目的是与我国商家的产品形成互补，更好地满足消费者的需求，二者并不是绝对的竞争关系。

随着速卖通逐渐发展壮大，入驻的商家越来越多，平台对产品质量的把控难度越来越大，这导致欧美消费者对速卖通平台销售的产品有些不信任。为了改变这种现状，一方面速卖通平台不断加强对知识产权的保护，提高商家准入门槛，对平台产品展开随机抽查，若发现有侵犯知识产权的产品，则产品会面临被下架的风险，同时速卖通的招商规则明确表明，对于发生严重侵权行为的商家，平台发现三次便会关闭其账号，对于其他未经权利人许可使用他人商标的一般侵权行为，每被平台发现一次扣 6 分，累计满 48 分商家就会被关闭账号。另一方面，阿里巴巴集团也在通过技术手段努力减少此类事件的发生，其利用大数据、人工智能等工具研发出了“知产保护科技大脑”技术，开创性地将语义情感分析、商家全景视图、商品大脑等专为打假研发的技术应用于知识产权保护，具有每秒扫描 100 万笔订单的能力。如果人工查看一张图片需要 10 秒钟，那么 5 万人同时工作的效率才能勉强赶上“知产保护科技大脑”的工作效率，这套系统 24 小时自动运转，96%的疑似侵权链接在发布的那一刻就能够被发现，能够严厉打击制假售假行为。速卖通也在积极地进行转型，鼓励品牌商家入驻，并在平台上设立品牌专区，提供资源扶持。

4.2.2 目标客户

平台型商业模式具有典型的双边市场特征，其目标客户既包括入驻平台的商家，也包括在平台上购物的消费者。平台一方面为商家提供直接接触终端消费者的渠道，另一方面为消费者提供便捷的购物渠道，平台存在的意义在于降低买卖双方的交易成本，吸引买卖双方在平台上进行交易。

速卖通作为阿里巴巴的核心战略产品进入市场，一开始其主要客户群体为小额批发商，由于速卖通属于开放式跨境电子商务平台，任何符合资质的企业都可以申请入驻，因此其产品种类丰富，能够满足消费者的“长尾需求”，聚集了越来越多的个人消费者。随着速卖通的不断发展，平台上个人消费者的数量超过了小额批发商的数量，速卖通开始进行转型。目前，速卖通平台的主要客户群体为个人消费者，大多来自俄国、美国、西班牙、巴西、法国等。自速卖通成立以来，其依托阿里巴巴在物流、支付、云技术等方面的支持，深耕新兴市场，累计成交客户数量呈爆发式增长。

速卖通平台上的商家大多来自我国长三角、珠三角地区。随着速卖通国际布局的深入，其利用在国内拥有的优势资源，同时为了提高平台产品的质量，增强产品的品牌竞争力，开始引入天猫商家。速卖通将天猫平台上的优质商家引进来，不仅丰富了产品的品类，提升了消费者的购物体验，还加速了速卖通品牌国际化的进程。速卖通属于 B2C 跨境电子商务平台，B2C 跨境电子商务商业模式的优势是可以帮助中小商家直接接触海外消费者。为了提高买卖双方的沟通效率，买卖双方除可以通过邮件等传递信息外，还可以借助平台特意开发的即时沟通软件“TradeMessage”。这款软件能够提供多种语言翻译，交易和协商环节都在同一平台上进行，在提升效率的同时增强了用户黏性。

4.2.3 盈利模式

不同于传统的商业模式，速卖通旨在建立一个以跨境电子商务平台为中心的生态系统，整合产业链上下游的交易服务商，将供应商和消费者连接起来，进而实现价值创造。速卖通作为一个开放的第三方平台，其盈利主要来自对卖方收取的佣金和广告费。相对卖方而言，买方的选择更多，因为只有平台聚集了一定数量的买方，卖方看到了商业价值才愿意作为“补贴方”入驻平台，而买方作为“被补贴方”可以免费使用平台。佣金是平台最主要的收入来源，按照产品品类的不同，通常一笔交易的佣金比例为5%～8%，其中精品珠宝、家具类目的佣金比例一般为5%，服装配饰、美容保健类目的佣金比例一般为8%，如表4-1所示。

表4-1 速卖通部分类目的佣金比例

类目	佣金比例
服装配饰	8%
箱包	8%
鞋类	5%
精品珠宝	5%
手表	8%
婚纱礼服	5%
护肤品	8%
美容保健	8%
母婴玩具	8%
家居	8%
家具	5%
家用电器	5%
乐器	8%
电脑和办公	5%～8%
消费电子	5%
办公文教用具	8%
旅游及代金券	8%
安防	5%

不同于传统的广告营销方式，速卖通的广告服务效果是可以通过大数据工具直接查看到的，广告费用与成交量挂钩。速卖通的广告费用收入主要来自直通车服务和联盟服务。直通车主要利用站内流量帮助商家引流，即在消费者进入速卖通平台后，商家若使用直通车服务，其产品就会被优先推送给消费者。直通车适合想要打造爆款的商家，其按照点击量收费，即消费者每点击一次产品就需要收一次费用。联盟主要帮助商家获得站外流量，其优势在于无

上限，联盟会持续拓展各种海外渠道，商家按照订单量付费，即推广后每成交一笔支付一次使用联盟的佣金。

年费是平台基本的收入，但是收取年费的主要目的不是盈利，而是淘汰一些劣质商家，防止商家在同类平台上开店。因为当商家转换成本极低时，其便不能专心经营某一平台的店铺，从而会影响其服务质量。为此，速卖通对销售额达到一定规模的商家实行"年费返还"。"年费返还"包括两部分：一部分是退还年费，即退还商家没有使用平台那些月份的年费；另一部分是奖励年费，即奖励年销售额达标的商家，最高返还可达 100%，以此鼓励商家努力提升销售额。近年来，速卖通的年费返还标准越来越低，平台进一步扩大开放。为了保证公平公正和吸引更多优质商家，在 2019 年 11 月 27 日之后，速卖通决定启动新的招商规则，取消年费销售额考核制度，引入保证金制度。当商家退出经营且不存在成交不卖、虚假发货、知识产权侵权等违规行为时，保证金将会被全额返还，也就是说，无论是使用平台的商家还是消费者，都不需要缴纳任何平台使用费。保证金为 1 万元到 5 万元，一般来说，产品单价越高收取的保证金越高。速卖通 2020 年部分经营类目的保证金如表 4-2 所示。

表 4-2　速卖通 2020 年部分经营类目的保证金

序号	经营类目	保证金/元
1	珠宝手表	1 万
2	服装配饰	1 万
3	真人发（定向邀约制）	5 万
4	3C 数码	1 万
5	内置存储	1 万
6	手机	3 万
7	汽摩配件	1 万
8	家具及灯具	1 万
9	运动娱乐	1 万

4.2.4　支付服务体系

支付是影响跨境电子商务发展的另一重要因素，随着跨境电子商务的快速发展，世界银行相关数据显示，全球跨境支付市场的规模以每年 6%以上的速度增长。速卖通提供多种支付方式，包括第三方支付、信用卡支付、储蓄卡支付、银行汇款等，支付服务呈现多元化、本地化特征。由于支付宝与速卖通同为阿里系产品，速卖通平台主流的支付方式是利用国际版支付宝进行的第三方支付。

第三方支付指的是海外买家下单付款后，货款被留存在一个可信任的第三方支付平台，待卖家发货，买家认为货物无任何质量问题且确认收货后，款项换汇再被支付给卖家。如果买家对货物不满意，则可以申请退款，同时将货物运输至卖家所在地，此时第三方支付平台将货款返还给买家，交易结束。由于跨境电子商务具有虚拟性，买卖双方对彼此信息的真实性存在疑虑，第三方支付平台的存在基本消除了买卖双方的疑虑，使得交易达成。速卖通平台支持多种第三方支付方式，包括网络钱包（Qiwi Wallet、WebMoney）、贝宝（PayPal）、国际版支付宝（Escrow）等。平台主推国际版支付宝，卖家在注册时只要绑定支付宝账号，就可以进行后续的一切支付活动。如果买家使用美元进行支付，卖家若直接提现，银行对每笔订单会收取一定的手续费，货款以美元的形式转入卖家的银行账号中；如果卖家绑定了企业或法人的支付宝账号，就可以通过国际版支付宝进行结汇，美元会由国际版支付宝按照当日汇率转换为人民币，再被打到卖方的支付宝账号中，正常 5 个工作日到账，不收取手续费。虽然开通美元结汇可以节省手续费，但是由于跨境产品运输、通关的时间较长，从买家支付货款到卖家收到货款存在较长的时间差，如果汇率波动剧烈还可能产生汇率风险，给卖家造成一定的经济损失。

由于不同地区的消费者支付习惯不同，速卖通因地制宜，在支付方式上实行本土化策略。例如，印度消费者可以通过“印度版支付宝”Paytm 进行支付；俄罗斯消费者可以通过 Qiwi Wallet 和 WebMoney 进行支付；欧美消费者可以通过 PayPal 进行支付。PayPal 是一家成立于美国的第三方在线支付平台，其全球用户超过 2 亿名，具有非常大的国际影响力，引进 PayPal 进行支付不仅能够提升消费者对平台的信任度，还能够提升平台的品牌影响力。

同时，速卖通与世界各大银行合作，消费者也可以通过信用卡进行支付，包括 VISA、万事达卡等。支付环节至关重要，因为如果消费者在选好产品后准备付款时，需要绑定陌生的银行卡，经过一系列不熟悉的操作步骤才能下单，就会大大提升消费者对平台的不信任度，而多元化、本土化的支付方式使消费者获得更多便利，从而提高了下单率。

4.2.5 跨境物流体系

物流的时效是评估跨境电子商务质量的重要指标之一，速卖通联合菜鸟网络和国际上优质的第三方物流企业为商家和消费者提供高效的跨境物流服务。一方面，速卖通与 UPS、DHL 等国际物流企业积极开展合作，以满足平台消费者对时效要求较高的产品的运输；另一方面，速卖通与同为阿里巴巴旗下的菜鸟网络展开深度合作，开辟出具有特色的物流服务体系，包括无忧物流、海外仓、专线物流等。

下面对无忧物流、海外仓、专线物流进行详细介绍。

1. 无忧物流

无忧物流是菜鸟网络推出的优质物流服务，可以为速卖通商家提供一站式物流解决方案。无忧物流最大的特点是方便、有保障，在揽收区域内的商家可以享受上门揽收服务，而且若因物流导致丢件、少件、破损等，商家还可以获得相应的赔偿。

无忧物流按照运输范围、赔付标准的不同可以分为无忧简易、无忧标准、无忧自提和无忧优先四种。无忧简易的运送范围仅为俄罗斯、西班牙、乌克兰等国家；无忧标准支持全球 200 多个国家和地区的运输服务，无忧标准部分国家的资费标准如表 4-3 所示；无忧自提由于需要在当地建立自提柜，对基础设施的要求较高，因此其运输范围仅覆盖俄罗斯本土大部分州；无忧优先属于快速类物流，对时效的要求较高，仅为全球 100 多个国家和地区的消费者提供服务。无忧物流四种方式的赔付标准由低到高依次为无忧简易、无忧自提、无忧标准、无忧优先。表 4-4 所示为无忧物流四种方式的对比。

表 4-3　无忧标准部分国家的资费标准

物流线路	发货国家	配送服务费（元/kg，每 1g 计重）	挂号服务费（元/包裹）
无忧标准（小包普货）	加拿大	55	22
	澳大利亚	50	22
	意大利	100	13
	新加坡	68.5	7.5
无忧标准（小包非普货）	加拿大	55	23
	澳大利亚	50	26
	意大利	100	15
	新加坡	68.5	7.5

注：2017 年数据。

表 4-4　无忧物流四种方式的对比

物流名称	物流类型	运送范围	寄送限制
无忧简易	简易类物流	俄罗斯、西班牙、乌克兰、白俄罗斯、智利全境邮局可到达区域	乌克兰、白俄罗斯、智利不支持任何带电货物及化妆品；俄罗斯接受含电池类货物（电池需内置），不接受纯电池
无忧标准	标准类物流	全球 200 多个国家和地区	不接受配套电池和纯电池；南非不支持任何带电货物及化妆品，多米尼加不支持任何带电货物
无忧自提	标准类物流	俄罗斯本土大部分州	只支持承运普通货物，不支持带电、纯电货物及化妆品
无忧优先	快速类物流	全球 100 多个国家和地区	只支持承运普通货物，不支持带电、纯电货物及化妆品

由于速卖通平台上 60%以上的消费者来自俄罗斯，地理位置比较集中，而无忧简易资费较低，因此其是平台商家较为常用的物流方式。下面以无忧简易为例，简单阐述速卖通的运作流程。在国内的头程运输，无忧简易对北京、深圳、广州、青岛、长沙、莆田、惠州等城市提供上门揽收服务，2 天内会有物流服务商上门揽收货物，大大减少了商家的工作量，而非揽收区域内的商家需要自行将货物送至附近的揽收仓库，待仓库收到货物后，服务人员会查验包裹的质量，然后进行国际段的物流运输，待到达目的国后会由当地的物流服务人员进行配送。速卖通利用大数据等先进技术，实现了物流信息数字化，使用无忧物流发货的订单可以实现关键节点的信息追踪，消费者可以在速卖通、菜鸟网络的官网上查看包裹的位置，这是速卖通物流服务的一大进步。

无忧简易物流发往俄罗斯的普通快递通常情况下 15～20 天可以实现妥投，偏远地区可以在 25 天内实现妥投；发往乌克兰的快递费用相对较低，但是时效性相对来说比较差，而且如果消费者使用无忧简易物流，那么一旦出现货物破损、丢件等问题，商家可以在线提出赔偿，待物流方核实后，会给予相应的理赔，同时保障了商家和消费者的权益。

2. 海外仓

为了帮助消费者获得更好的购物体验，缩短跨境物流运输时间，提升物流的运输效率，速卖通推出海外仓服务。海外仓是商家通过传统运输方式提前把货物运送到目的国仓库，后期消费者下单，海外仓的物流人员直接通过国内物流将货物运送至消费者手中，大大提升了货物运输的效率。同时，如果消费者因货物有质量问题需要退货或换货，不必将货物运送至母国，在目的国就可以提供一整套的售后服务。海外仓最大的特点是能够保障物流时效，并且能及时解决售后问题，给消费者提供与国内网购同样高水平的服务。

速卖通已经在美国、俄罗斯、英国、智利等国家开通了海外仓服务，在越南、匈牙利、波兰等国家针对部分产品开通了海外仓服务。速卖通还会给予加入海外仓的商家相关资源倾斜，如俄罗斯海外仓的商家可以参加海外仓专属主题活动，海外仓专区活动曝光，可以很好地为店铺引流，有利于商家打造爆品。如果商家的海外仓产品达到了速卖通平台设置的相关标准（如物流纠纷率低于海外仓平均水平），平台还会对产品进行“打标”，即在产品主页标注“Domestic Delivery”（国内交货），一方面表明购买此产品的消费者可以获得更优质的物流服务，另一方面有利于提升商家的品牌竞争力和影响力，这对想要深耕某一市场的商家来说是十分有利的。在大促期间货物数量大增时，速卖通联合平台商家通过预售活动、大数据测算工具，充分利用海外仓的优势，让消费者体验到了“小时级”的物流速度。可以说，海外仓的物流服务能力完全可以与国内物流服务能力相媲美。

3. 专线物流

速卖通主要的业务面向的是美国、俄罗斯、巴西等国家，平台商家对这些国家的出货量比较大，于是速卖通整合相关资源，推出专线物流服务，通过扩大规模来降低成本，实现规模经济。专线物流是速卖通联合不同目的国优质的物流企业搭建的一个物流平台，提供本地物流配送服务。

专线物流与无忧物流的运作流程相似，都是商家完成国内头程运输，将货物运送至就近的物流仓库，然后由仓库进行智能匹配，选择合适的物流运输路线，将货物运送至目的国消费者手中。速卖通针对俄罗斯的消费者推出燕文航空专线物流服务，该专线最大的特点是通关便利，通常 25 天产品就可以送至消费者手中。在“一带一路”倡议下，中俄双边关系不断加强，对我国通过跨境电子商务平台出口的产品给予通关便利，大大提高了整体物流环节的效率。未来，速卖通将会与更多物流伙伴合作，推出更多服务质量、时效有保障的物流专线，更好地满足消费者的需求。

4.3 速卖通在发展中存在的问题与应对策略

速卖通在其跨境电子商务业务发展过程中遇到了一系列问题，可以采取相应的策略来应对，现分析如下。

4.3.1　存在的问题

1. 平台上的商品质量与品牌问题

借助我国供应链优势，速卖通成功开拓了欧美、俄国、巴西等市场，让这些国家和地区的消费者喜欢上了我国制造的物美价廉的商品。但由于长期以来我国制造业信息化水平较低，很多中小企业都是采取小作坊式的生产方式，没有自己的品牌，甚至有些企业为了获取高额利润利用跨境电子商务平台专门销售假货，给平台造成了恶劣的影响。虽然速卖通有专门的打假部门，但很难完全杜绝此类事件的发生。当消费者对买到的假冒商品进行投诉后，经平台核实，若情况属实且情节严重，平台将会对商家进行封店处理，并退还消费者的货款。此种方式看似十分有效，实则不然。消费者需要提高维权意识，欧美消费者维权意识普遍较高，但是巴西、印度等新兴市场国家本身国内关于知识产权方面的法制就不健全，消费者更是缺乏维权意识，买到假货后一般会选择忍气吞声，这会导致客户体验变差。虽然速卖通对售假商家进行了处罚，但是售假事件已经发生了，正版品牌和平台的口碑都会受到不良影响。即使速卖通对商家进行了封店处理，但是商家依然可能重新注册账号继续售假。

速卖通作为一个开放的跨境电子商务平台，优势是商品种类丰富，劣势是很难把控商品的质量，这是一个双面性问题。虽然速卖通对假货持零容忍的态度，但是假货问题一直是跨境电子商务平台乃至整个电子商务行业的突出问题。后来，跨境电子商务平台往往通过加强对商家资质的审核，以及与其他电子商务平台和政府联合打假逐步解决此类问题。

2. 盈利模式单一，缺乏可持续发展的能力

亚马逊跨境电子商务业务的主要收入来源于自营商品的销售收入、佣金收入、广告收入和附加收入，相较亚马逊多元化的盈利模式，速卖通的盈利模式比较单一。随着新招商政策的出台，速卖通的盈利主要来自佣金和广告收入，但其佣金率较低，缺乏可持续发展的能力。

一个成熟的商业模式当中最重要的是盈利模式的多元化，多元化的盈利模式有助于增强跨境电子商务平台的抗风险能力，因为外部环境的迅速变化很可能导致平台的任何一项利润来源消失，所以速卖通应积极拓展利润来源，以分散风险。要实现盈利模式的多元化，最重要的是以跨境电子商务平台为中心建立一个电子商务生态圈，通过生态圈内各组织的资源共享及高效运作，为消费者提供多样化的服务，以此来增加收入。随着信用体系的不断完善，速卖通可以对消费者的信用情况进行评估，建立付费会员体系，为消费者提供更贴心、周到的服务，如个性化的导购服务、包邮服务等，这样不仅可以增强消费者与平台的黏性，提高平台与消费者的互动频率，提升消费者体验，还可以拓展平台的利润来源。另外，速卖通可以为商家提供更加多元化的广告服务，加强与国外主流媒体的合作，为商家提供多元化的营销渠道，丰富平台的流量入口，通过加强商品的展示促进营销，从而实现商家、消费者和平台的共赢。

4.3.2 应对策略

1. 加强政府间合作，提高通关效率

近年来，各国政府都在大力推行贸易自由化和便利化，以降低贸易成本。贸易畅通是我国对外建设的重点，跨境电子商务作为我国对外贸易发展的新增长点，具有举足轻重的作用，我国需要提高通关效率，降低贸易成本，切实保障跨境电子商务又好又快发展。

第一，加快通关流程，提高通关效率。B2C 跨境电子商务业务的特点是消费者对时效性要求较高，因此相关部门应优化现有资源，为通过跨境电子商务进出口的商品开辟单独的通关渠道，在"单一窗口"完成海关、质检等环节，抓住影响通关时间的关键环节，提高通关效率，简化进出口通关手续，以海关为中心创新监管模式。此外，还应加强国家之间的沟通协作和信息共享，增加 AEO①互认国家，提高通关效率，促进我国跨境电子商务乃至全球数字贸易高质量发展。

第二，加强政府间合作，规范收费标准。针对我国跨境零售出口的商品，应出台相关的政策，降低其手续费和税收征收标准，完善中小跨境电子商务企业的出口退税事宜。同时，应建立商品信息库，实时追踪商品运输路径，并且应可以查询到商品源头，避免对退货商品多重征税。总而言之，我国要加强政府间合作，逐步建立起透明的收费标准体系，进一步营造公平、透明的海关环境，提高通关效率。

2. 推进法制建设，加强知识产权保护

其实，不仅仅局限于 B2C 跨境电子商务平台，通过其他途径侵犯他人知识产权的行为也应该被大力惩处。我国应从法制建设层面，加强对知识产权的保护，从源头上消除制假售假、侵犯知识产权的行为，特别是通过跨境电子商务平台出售假冒伪劣商品的行为，否则不利于我国树立制造强国的国际形象，有损我国品牌的国际声誉。

第一，加强立法，积极发挥监管作用。相关部门应积极建立事前预防、事中监管、事后规范的全流程风险管理机制。2019 年，《中华人民共和国电子商务法》正式施行，这部将近历时五年完成的法案对跨境电子商务交易的各个环节做出了明确的规定，为开展跨境电子商务活动提供了法律依据，开创了我国电子商务立法的先河。跨境电子商务从业者要严格遵守法律规定，提高知识产权保护意识，杜绝制假售假行为的发生。

第二，线上线下联动，打造"互联网+监管部门"模式。监管部门联合公安机关迅速响应，建立调查小组，捣毁制假售假窝点，从源头上遏制假冒伪劣商品流入市场。同时，我国政府联合国家知识产权局、中国人民银行等机构建立信用制度，将违反法律、侵犯他人知识产权的行为列入个人信用档案，提高违法成本，从而遏制侵犯知识产权事件的发生。

3. 加强物流合作，海外自建物流

跨境物流运输是制约跨境电子商务发展的重要因素之一。跨境物流是指将商品从一个国家运输到另一个国家，至少要经过两个或两个以上的国家。各个国家的法律规定、语言文化

① AEO 是 Authorized Economic Operator 的简称，即"经认证的经营者"。AEO 制度是世界海关组织倡导的，由海关对信用状况、守法程度和安全水平较高的企业进行认证，并对通过认证的企业给予优惠和便利的一项制度。

不同，这给跨境物流运输带来了巨大的困难。

第一，有能力的大中型跨境电子商务平台可以在目的国自建海外仓，或者与相关物流企业联合建立海外仓。海外仓具有其他物流方式不可比拟的优势，跨境电子商务平台可以通过大数据工具对销售情况做出较准确的预测，提前将货物运至海外仓。这样做一方面摊平了物流成本，使得单位物流成本降低，另一方面运输效率大大提升，使得消费者可以享受到与国内相似的物流服务，而且可以在本地处理退换货问题，从而极大地提高消费者的满意度。通过优化供应链流程，实现物流全流程信息化、线上化、透明化，从而达到降本增效、提高企业利润率的目的，实现买卖双方共赢。

第二，跨境电子商务平台应加强与专业的物流企业合作，在目的国打造一个全方位覆盖的物流网络。资金不充足的跨境电子商务平台可以考虑加大与国外优质的第三方物流企业的合作力度，因为国际知名的物流企业在世界范围内的业务量巨大，利用“共享经济”的原理，通过整合第三方物流企业的业务与跨境电子商务平台的业务，借助其遍布世界的物流网络，一方面可以达到规模经济，降低物流成本，另一方面可以将商品快速送至消费者手中。另外，跨境电子商务平台可以在消费者下单时提供多种物流方案供其选择。如果消费者对物流的时效要求较高，则可以选择费用较高的商业快递；如果消费者对物流的时效要求不太高，则可以选择费用较低的邮政快递等。平台要给予消费者选择权，充分满足消费者的个性化需求。

4. 加强支付合作，推进区块链建设

支付是跨境电子商务流程当中十分重要的一环。跨境电子商务平台不仅要保证支付的安全性，还要保证支付方式的本地化、多元化。

市场上的跨境支付方式很多，每种方式都有优势和劣势，B2C 跨境电子商务平台应为消费者提供便捷的跨境支付方式。例如，俄罗斯的消费者在购物时更倾向现金支付，B2C 跨境电子商务平台一方面应大力宣传线上支付方便、快捷的优势，培养消费者线上支付的习惯，并且针对线上支付出台相关优惠政策（如减免部分商品金额），另一方面应提供多种结算方式供消费者选择。跨境电子商务平台可以与当地知名的第三方支付机构或商业银行深度合作，为消费者提供多元化的支付方式，同时这种深度合作也是对平台的背书，可以证明跨境电子商务平台的可靠性。

由于跨境支付多为线上支付，在方便、快捷的同时更要确保安全性。由于区块链具有去中心化、透明化、隐私度高的特点，可以将其应用于跨境支付领域。区块链是一种去中心化的数据库，只要买卖双方达成交易，就可以完成信用体系的建设，无须第三方机构介入，这就减少了交易链上的环节，从而降低交易的时间成本和实际费用。区块链的每个节点都是透明的，而且不需要公开身份，可以保证交易双方的隐私不被泄露。区块链技术的应用可以优化现有跨境支付体系，跨境电子商务平台应在确保安全性的同时，大力倡导区块链及金融科技创新的发展。

5. 增加盈利方式，打造跨境电子商务生态圈

随着跨境电子商务平台的不断成熟，平台的收入来源不应局限于佣金、保证金和广告费用，而是应借助自身的流量优势，增加盈利方式，打造一个成熟的跨境电子商务生态圈。

第一，增加增值服务类型。一般来说，越成熟的跨境电子商务平台的盈利模式中佣金的比例越低。平台需要不断开发新的增值服务，通过广告、关键词搜索等服务增加收入来源。另外，平台还可以通过为新手商家提供修图、店铺代运营、行业前沿会议等增值服务，一方面快速帮助新手商家入门，了解运营店铺的方法及跨境电子商务运营的底层逻辑，更好地帮助其推销商品，另一方面平台可以获得可观的增值服务收入。

第二，努力打造跨境电子商务生态圈。跨境电子商务平台不能仅仅关注平台本身的运营，因为完整的跨境电子商务交易可以形成一个交易闭环，其中涉及买卖双方、跨境电子商务平台，以及物流、支付、保险服务等一系列中间商，而任何一环出现问题都会导致整个交易无法完成。因此，跨境电子商务平台要将视角扩展至整个跨境电子商务生态圈，通过合作完成资源的共享，从而实现共赢。

6. 提高商家竞争力，打造国际一流品牌

跨境电子商务市场的竞争越来越激烈，在我国从制造大国向制造强国转变的过程中，劳动力优势、资源环境优势逐渐消失，跨境电子商务已经过了野蛮生长期，面临转型升级。跨境电子商务平台不能再以低端廉价的商品取胜，在像速卖通这样的跨境电子商务平台为中小企业打开海外市场后，平台应该努力提升商品的质量，树立自己的品牌，改变消费者对跨境电子商务平台的印象，更好地为海外消费者服务。

第一，跨境电子商务平台要加大对商家资质的审核力度，提高商家的知识产权保护意识。平台在商家申请入驻时就要对其品牌授权证书、营业执照等进行严格的审查，从商品源头抓起，避免发生侵害知识产权的事件。与国内消费者相比，欧美发达国家的消费者更加在意商品的品牌而非价格，更加强调知识产权保护，因此对想要深耕欧美市场的跨境电子商务企业来说，品牌的重要性也就不言而喻了。

第二，跨境电子商务平台应该对优质品牌给予资源倾斜。在跨境电子商务发展初期，为了给海外消费者打造我国商品物美价廉的印象，很多跨境电子商务平台纷纷加入价格战，商品同质化严重，质量参差不齐，售后得不到保障，结果引起了欧美国家消费者的投诉，这对跨境电子商务平台造成了极其恶劣的影响。针对目标国家消费者的特点，无论是跨境电子商务平台还是商家都应该重视品牌建设，注重对商品质量的把控。当平台商品的质量得到保障后，通过平台消费者的评价，平台的口碑会变好，在“羊群效应”的作用下会促进商品的销售，消费者的回购率也会提升，从而会对平台产生积极的影响。

【知识链接】亚马逊与速卖通商业模式的比较

1. 平台盈利模式

亚马逊与速卖通平台的运营收入都包含平台费用、交易佣金、物流仓储费用、广告费用，但二者还是存在差异的。例如，亚马逊有自营体系，其采取会员制，自然比速卖通多一条自营盈利渠道。又如，亚马逊非常重视大数据及云计算的应用，近年来这项业务在整个亚马逊运营管理总收入中所占比重越来越高。在广告费用收入方面，速卖通采用直通车，实现了广

告盈利。虽然二者都有涉及平台费用，但速卖通收取的平台费用比亚马逊收取的多得多。在平台佣金率上，速卖通略低于亚马逊。显然，速卖通主要从平台大方向获得收益，如平台入驻费、广告费用；亚马逊主要从交易大方向获得收益，如佣金收入、会员费收入。

2. 跨境物流体系

亚马逊十分看重自营物流在科技研发上的投入，亚马逊的本土物流运输主要以与 FedEx、UPS、DHL 等国际快递合作为主，这种自营自建的跨境物流体系发展到今天已相当成熟，可以与专业物流企业相媲美。而速卖通在世界各国和地区打造极具特点的专线物流，以降低物流费用和缩短运输时间。

FBA 有两个主要优点：一是基于互联网技术的广泛应用，亚马逊通过智能仓储分拣配送系统，提高了货物仓储分拣配送的效率，降低了发货出错率；二是通过去库存化管理，节约了仓储成本，提高了资金周转率。速卖通则主要与专业的第三方物流企业合作，同时在主要国家站点建立了跨境专线物流、无忧物流及海外仓。2015 年 2 月，速卖通正式推出海外仓，在北美、欧洲、东南亚地区等多个海外点建立海外仓储点。海外仓的投入显著提高了物流运输的效率，降低了仓储配送成本，加强了商品配送统一、系统化管理，进一步提升了消费者的购物体验。

3. 电子支付方式

在第三方电子支付方式及不同国家或站点特有的支付方式上，亚马逊和速卖通是相同的。亚马逊主要采用的是“亚马逊支付”，以及 VISA、万事达卡、JCB 信用卡和中国银联。亚马逊更关注美国、欧洲、日本市场，为其提供了多种资金支付方式；而在欧洲市场，除信用卡支付方式外，其他方式还相对缺乏。速卖通则以欧洲、巴西市场为主，注重支付本地化、多元化，目的是提高交易成功率和消费者满意度。

4.4 总结与启示

对速卖通案例进行总结，有利于为我国 B2C 跨境电子商务的发展提供借鉴，速卖通案例的总结与启示如下。

4.4.1 总结

速卖通在发展过程中，鉴于自身价值主张，其模式是经过一段时间的发展才正式确定为 B2C 的。之前，B 端商家的质量参差不齐，平台上提供的商品大多属于尾部商品，假冒伪劣的情况时有发生，难以保障商家整体的口碑，对此速卖通采取了一系列措施来提高平台商家的竞争力。支撑速卖通业务顺利开展的是其拥有的物流、支付流、信息流的服务商资源，然而这些服务商资源也在不断面临挑战。例如，物流时间太长、运费太高，支付合作商 PayPal 中途突然终止合作，一些国家的网络支付体系欠发达，商家与以非英语为母语国家的消费者之间的沟通存在障碍等。为了完成交易的闭环运作，速卖通出台了一系列措施来完善平台海外商品交易体系。为了顺利实现平台的价值主张，最大限度地利用核心资源和开展关键业务，实现盈利最大化，速卖通布局跨境电子商务生态圈，以使参与各方协同发展。

4.4.2 对 B2C 跨境电子商务发展的启示

1. 提高平台商家的竞争力

用户在选择平台时，不仅注重费用，还注重平台能带来什么样的价值。速卖通平台上的买卖双方都存在"多属"行为，消费者和商家均有多个平台可以选择，为了降低"多属"行为的发生率，增强用户的黏性，平台需要提高商家的竞争力。速卖通在成立之初为了大量铺货，商家基本无门槛准入，产品同质化造成的价格战及自主品牌缺失造成的知识产权问题都较为严重。从速卖通的发展可以看出提高平台商家的竞争力可以从以下三个方面入手。

第一，协助平台商家树立自有品牌，解决知识产权问题。2017 年 1 月，速卖通启动全行业商标化，新发产品的"品牌属性"必须选择商标。B2C 跨境电子商务平台应当帮助商家树立品牌，这是一个多赢的举措。对商家而言，有了自主品牌以后在跨境贸易中将更有辨识度和竞争力，有利于激发自身自主创新、差异化发展，并享受品牌效应带来的回报；对消费者而言，品牌通常意味着强有力的质量和售后保障，能提升消费者的购物体验；对平台而言，当其培养出一批具有自身特色的品牌商家后，其对消费者的吸引力会更强，从而赢得更多商家入驻，形成正循环效应，由此平台可获得更高的收益。

第二，利用平台大数据进行差异化和定制化产品定位。中小企业内部结构简单，运作灵活，更容易抓住大企业无暇顾及的细分市场。大企业由于自身规模和定位的不匹配往往会忽视这一市场，而中小企业可以针对目标群体的个性化和差异化需求，找到一个细分的长尾市场，研发并生产出更多小众的产品，打造受消费者青睐的小众品牌。在选择细分市场时，商家可以通过分析平台收集的数据，实时了解消费者的需求，再决定生产制造，使得差异化产品能找到自身市场，以个性化定制媲美大企业的规模经济优势。

第三，为商家提供全面的服务。速卖通设有速卖通大学，可以帮助商家学习有关跨境电子商务的课程，并进行解惑；设有自己的论坛，商家可以在这里互相学习、分享经验；为方便商家实时管理订单和店铺，速卖通还不断更新、完善商家 App 的功能；不定期举办各种海外促销活动，帮助商家业绩冲锋；为商家提供融资服务，避免商家因回款不及时而致使资金链断裂。

2. 完善平台海外商品交易体系

作为跨境电子商务平台，海外商品交易体系的建设十分重要，消费者从选品到支付再到物流运输，诸多环节很难做到万无一失，一环出现问题便会影响全局。速卖通遇到过消费者信息收集成本过高、文化差异、物流纠纷等问题，在此过程中积累了一些经验。

第一，打造智能化导购系统，有效地筛选和匹配。每个 B2C 跨境电子商务平台的产品种类都不可小觑，而消费者需求和跨境电子商务平台信息做到完全对称是不现实的，因而协助消费者在短时间内找到心仪的产品是重中之重。速卖通的"事前过滤器"和"事后过滤器"便是很好的工具。

第二，因地制宜的系统服务，消除国界差异。跨境电子商务平台面对的消费者来自世界各地，他们有着各自的语言文字、不同的支付习惯、不同的文化。速卖通商家可以通过多种语言编辑产品信息，以此来贴合各国受众。在支付方面，速卖通不仅提供一些全球通用的支付方式，还接入了许多国家本土知名的金融服务商。

第三，不断规范、整合物流体系。物流环节是跨境电子商务面临的极大挑战，如何在降低成本的同时保证时效、如何解决物流纠纷等一系列问题亟待解决。速卖通在物流体系的建设中不断创新，与其他物流服务商合建了国内仓储集运中心和物流信息平台，开展专线物流，并且布局了海外仓储网络体系。

3. 布局跨境电子商务生态圈

B2C 跨境电子商务平台如果只专注平台本身的搭建和运作，其仅仅相当于一个“双边市场”，只是提供了买卖双方接触的场所，却无法顺利完成整个交易。B2C 跨境电子商务需要以平台为核心，拓展支撑层和技术服务层的服务商，实现由平台型企业向平台生态构建的转变，促成各种资源的高效共享，由多赢转变为共赢。平台生态圈相较单独的平台，自我保护能力和抗风险能力更强。

正如速卖通，除了努力提升平台技术层面的功能（如符合各国用户习惯的平台结构和接口设计、适用于各国的语言系统等），还与平台生态圈中的参与各方形成了良性的共生关系（例如，速卖通与阿里巴巴旗下的菜鸟物流合作推出无忧物流，强大的物流信息平台使得信息流通更加顺畅；与各国邮政及当地商业快递共同建立面对不同国家的专线物流，大大提升了运输效率）。同时，速卖通大量的支付订单还带动了国际版支付宝在全球的发展，同时国际版支付宝为速卖通的资金交易保驾护航。此外，速卖通还发展了一批运营服务商和软件服务商，为商家提供整体店铺托管、经销、商品管理、客户管理等服务，既满足了商家的需求，又提升了平台的服务水平。技术服务层的大数据服务中心和云计算服务还能利用数据库的信息为各平台和商家提供咨询服务。

平台生态圈的各方环环相扣、互相支撑，各方需要站在平台生态的角度，在产品开发、推广、售后等方面平等磋商。健康的平台生态体系能够提高各方的盈利能力，未来将不是企业与企业的角逐，而是生态体系之间的较量。

【本章小结】

速卖通是典型的 B2C 跨境电子商务平台，其发展过程中经过不断调整定位取得了不俗的业绩。本章选取速卖通跨境电子商务案例，从产品服务体系、目标客户、盈利模式、支付服务体系和跨境物流体系五个方面分析了速卖通的商业模式，并对速卖通在发展中存在的问题与应对策略进行了探讨。速卖通案例对 B2C 跨境电子商务的发展带来如下启示：提高平台商家的竞争力、完善平台海外商品交易体系、布局跨境电子商务生态圈。

【本章实训】

实训案例：兰亭集势的跨境电子商务自营模式

兰亭集势外贸电子商务网站成立于2007年，经营范围覆盖服装、电子产品、饰品、体育用品、家居用品等。作为国内发展较早的B2C跨境电子商务平台，其极具特色的供应链模式、领先的网络技术、创新的商业模式吸引了大量风投资本，被业界普遍认为是跨境自营模式的典范。

1. 供应链管理

在供应链管理方面，一方面，兰亭集势通过自身采购货物的方式，使平台使用商转换为产品供应商，减少了流通环节，提高了毛利率；另一方面，其定制产品与供应商直接合作，直接参与生产和管理流程，不但能够提高产品质量，改进生产效率，而且保证了订单的履行率，降低了产品滞销的风险，打造了上下游一体化的生态系统。由于采取这种自营式供应链模式，其库存周转速度约为亚马逊的2倍、唯品会的4倍，奠定了兰亭集势的电子商务“领头羊”地位。

2. 营销渠道

兰亭集势的营销渠道主要包括搜索引擎营销、邮件营销、社会化营销及展示广告营销等。根据统计，搜索引擎营销是兰亭集势的主要营销渠道，用户可以通过搜索引擎谷歌搜索兰亭集势提高来访率。在社会化营销方面，兰亭集势考虑到社交媒体在商品推广中的影响力，利用Facebook、Twitter等营销工具提升自身知名度和影响力。同时，兰亭集势通过和其他公司合作，在公司网站上投放展示广告（多以定性销售广告为主），这种联盟营销方式既促使用户快速增长，扩大了消费，又促进了品牌的推广。

3. 物流运作方式

兰亭集势主要采取与第三方物流企业合作的方式。兰亭集势支持的跨境物流服务包括EMS、DHL、FedEx、UPS等。同时，兰亭集势积极探索新的物流模式，启动了物流开放平台“兰亭智通”，并将其和自营B2C业务、第三方开放平台业务列为兰亭集势的三大战略阵地。“兰亭智通”的启动拓宽了兰亭集势的物流渠道，一方面让更多的跨境物流企业和代理商在平台上找到商家，另一方面让出口商家参与跨境电子商务。这种模式能够缩短物流运送时间，提升用户使用体验，从而增强用户黏性。

实训内容：分析兰亭集势跨境电子商务运营模式的特点。

实训要求：补充查阅资料，从跨境电子商务B2C模式的若干方面进行分析，形成一份案例分析报告。

【复习思考】

1. 速卖通的商业模式主要有哪些优势？
2. 速卖通在发展中存在的问题主要有哪些？
3. 速卖通在发展中可以采取哪些策略？
4. 速卖通案例对 B2C 跨境电子商务的发展有哪些启示？

第 5 章

重庆渝欧：垂直型跨境电子商务的 O2O 营销

【学习目标】

- 理解重庆渝欧营销模式的特点；
- 了解重庆渝欧营销中存在的问题；
- 掌握重庆渝欧营销的应对策略；
- 理解重庆渝欧对 O2O 跨境电子商务发展的启示。

【引导案例】顺丰如何玩转跨境电子商务 O2O

顺丰海淘、携程、我国台湾电信运营商“台湾之星”，以及多个台湾本土商家四方合作的跨境电子商务 O2O 项目的具体实现形式是台湾商家将实体店内的部分商品上传到顺丰海淘新上线的“原汁原味”频道内，当大陆游客在这些商家的实体店内体验商品后，可以在顺丰海淘的微信小程序或官网上下单，顺丰负责将商品运回大陆。携程承担的是精准推广的职责，其会向在携程购买了前往台湾机票的用户推荐这一活动。台湾之星则会为这些用户提供一张 5 日不限流量的 SIM 卡，以方便他们在台湾在线购物。

目前，与顺丰海淘达成合作的台湾商家有佳德、糖村、裕珍馨、旧振南等，门店数量超过 100 家，商品包括凤梨酥、台湾茶叶、牛轧糖、奶油酥饼、药妆、面膜等。顺丰海淘在扩充台湾合作的商家、门店和商品数量的同时，也把这一业务快速拓展到我国香港、日本、韩国等亚洲十分受欢迎的旅游景点。

顺丰海淘描述了一个完整的购物场景：如果你在携程上购买了一张前往台湾的机票，那么你会在出发前收到携程发来的一条短信，内容是这一活动的介绍及顺丰海淘的优惠礼包；当你抵达台湾机场后，在机场的特定区域，可以领到台湾之星赠送的 SIM

卡等；最后，借助 LBS（Location Based Services，基于位置的服务）的引导，当你在顺丰海淘的地面联合门店浏览到中意的商品后，可以使用手机在顺丰海淘上下单，而且可以使用优惠券；一周后，商品就会被配送到你所设置的地址。

顺丰海淘创始人兼首席执行官任晓煜表示，这实质上是一个海外移动端扫码结合跨境订购配送的 O2O 服务，其具备以下几大优势：

第一，大陆游客观光时，可以用手机查看中文商品详情介绍；

第二，在台湾购物后不用辛苦提货返回大陆；

第三，回到大陆后，可以通过顺丰海淘移动端和携程“随行购”，长期关注和持续购买台湾商家发布的最新商品。

顺丰海淘是顺丰主导的 B2C 电子商务网站，其有别于顺丰优选和天猫国际，是一个专注跨境进口的直营电子商务平台，主推母婴、个护、日用品、食品等品类，强调全部正品直采。

辩证与思考：顺丰是怎样打造自身跨境电子商务 O2O 模式的？

分析与提示：跨境电子商务 O2O 商业模式、营销模式的特点。

5.1　重庆渝欧营销分析

重庆渝欧跨境电子商务股份有限公司（以下简称“重庆渝欧”）是全国跨境电子商务首批试点企业，创立于 2014 年，是重庆市政府重点扶持的跨境电子商务平台，由重庆对外经贸（集团）有限公司、重庆赛玛特科技有限责任公司等发起组建，是具有国资背景的混合所有制企业。

5.1.1　发展现状

重庆渝欧从成立之初就实行线上+线下的 O2O 营销发展战略，重点打造了“西港全球购”线上商城和“宝妈时光”线下体验连锁门店。其商城所售商品以母婴品类为主体，着力打造以妈妈群为核心的消费服务平台，同时涵盖营养保健、个护美妆、居家生活、食品酒水、全球奢侈品等品类。在发展中，重庆渝欧立足西部，辐射全国，并且在德国、荷兰、新西兰等国家建有分支机构和采购渠道，与众多国际母婴用品品牌建立了战略合作关系，在重庆西永建有自营保税仓，是典型的垂直自营型母婴跨境电子商务平台。

重庆渝欧在完成“西港全球购”跨境电子商务平台的搭建后，打通了跨境电子商务业务的全流程。“西港全球购”作为主打网站平台，而“宝妈时光”作为子品牌布局线下实体保税体验店。在多年的发展中，重庆渝欧形成了以线下体验店引流为核心的 O2O 营销模式，坚持以顾客需求为发展导向，通过精准的市场定位、专业的母婴线下沟通服务等，有效地满足了母婴群体对跨境商品情感、安全、便捷等的需求，塑造了高品质的品牌形象。线下宝妈时光体验店得到了迅猛发展，体验店覆盖全国众多省（自治区、直辖市），是国内发展极快的母婴

O2O 连锁体验品牌。

重庆渝欧的 O2O 跨境电子商务业务流程：线下开设宝妈时光体验店，提供商品展示和购买咨询—顾客进店体验—店内导购介绍商品信息、购物保障等—顾客选好商品后进入西港全球购下单—由公司保税仓将商品快递至顾客手中。在这一过程中，营销是关键。

5.1.2 营销模式

1. 专注母婴垂直化发展道路

在从属主站型跨境零售电子商务市场竞争格局中，天猫国际、京东国际、唯品国际、亚马逊海外购、苏宁国际、聚美极速免税店占整个市场份额的90%以上，市场格局寡头效应明显。对其他跨境电子商务企业而言，做综合型电子商务平台的市场空间狭小，且这些知名电子商务品牌经过多年的积累和发展，在市场中的主体地位不易动摇，新进入行业的企业脱颖而出的难度十分大。但同时，上述企业均属于综合型电子商务平台，虽然均涉及跨境母婴品类，但存在入驻平台的商家资质不齐、母婴专业化水平较低、商品品质难以统一保障等问题。

基于这样的市场基础，重庆渝欧看到了跨境母婴消费市场的专业化需求，其结合自身定位，进一步细分市场，走跨境母婴垂直化发展道路。重庆渝欧的内部架构如图 5-1 所示。

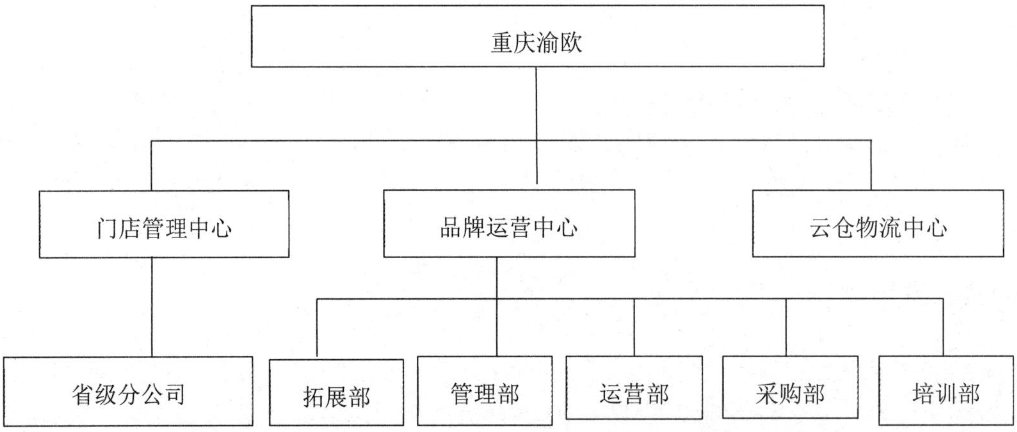

图 5-1 重庆渝欧的内部架构

从重庆渝欧的内部架构可以看出，重庆渝欧下设三个部门，分别是门店管理中心、品牌运营中心和云仓物流中心。其核心部门品牌运营中心下设拓展部、管理部、运营部、采购部、培训部五个部门。其中，培训部专门负责对线上线下营销人员进行有关产品、育婴、营销等知识的培训，并设立《宝妈大学堂》学习平台，重点提升营销人员的母婴专业化水平。门店管理中心下设省级分公司，负责对线下体验店的统一管理。云仓物流中心设立在保税区，负责产品储存和物流分拨等业务。综上所述，重庆渝欧形成了从产品采购、产品存储和运输、线上线下运营到最终销售的一体化垂直发展模式。

2. 线上+线下差异化营销模式

为了进一步分析重庆渝欧 O2O 营销模式的特点，我们收集了当前国内综合型跨境电子商务平台和垂直型母婴跨境电子商务平台的营销模式，并分别进行了对比，具体如表 5-1 和表 5-2 所示。

表 5-1　国内综合型跨境电子商务平台的营销模式对比

名称	运营时间	营销模式	线下体验店开设时间及开设点
天猫国际	2014 年 2 月	线上为主+线下	2018 年 4 月，天猫国际首家国际保税店在杭州银泰百货开业
京东全球购	2015 年 4 月	线上为主+线下	2018 年 1 月，首家线下综合体验店落户上海浦东
网易考拉	2015 年 1 月	线上为主+线下	2018 年 5 月，首家线下实体店在杭州大厦•中央商场内正式开业
唯品国际	2014 年 9 月	线上为主+线下	2018 年 10 月，首家线下实体店落户北京国瑞城购物中心

注：京东全球购已于 2019 年更名为京东国际。

表 5-2　国内垂直型母婴跨境电子商务平台的营销模式对比

名称	主营母婴产品品类	营销模式	营销切入点
蜜芽	国产+跨境进口	线上+线下	主打母婴限时特卖，以尿不湿等高黏性母婴产品为切入点；2016 年 2 月，蜜芽线下首家实体店入驻美中宜和悠游堂
宝贝格子	专注跨境进口（业务主打海外直邮）	线上+线下	主打跨境海外直邮业务，以海外产品“0”差价作为引流优势，2017 年开始布局线下体验店
年糕妈妈	国产+跨境进口	自媒体型	通过科普、教育、喂养等自媒体内容引流，再引导至平台变现
美囤妈妈	国产+跨境进口	社区型	通过社区内容吸引流量
重庆渝欧	专注跨境进口（主打报税进口）	线上+线下	主打跨境保税业务，通过线下体验店引流，2014 年开始布局线下体验店

通过以上对比，可以看出国内母婴跨境电子商务的营销模式有如下特点。一是国内综合型跨境电子商务平台的运营时间集中于 2014 年—2015 年，营销模式在 2018 年以前以线上为主，之后开始线下体验，体验店主要开设在一线、二线城市的大型购物中心内。二是国内垂直型母婴跨境电子商务平台的营销模式呈现多样化，引流的方式也存在较大的差异。其中，采用 O2O 营销模式的蜜芽和宝贝格子的营销切入点不尽相同。蜜芽的线下体验店主要走跨界融合的路线，宝贝格子的营销模式和重庆渝欧相似，但宝贝格子的产品供给端主要以海外直邮为主，重庆渝欧则主要以保税备货模式为主。

综上，相较国内综合型跨境电子商务平台，重庆渝欧的优势在于起步较早，线下体验店多集中在中小城市，初步形成了线下竞争地域化差异。相较国内垂直型母婴跨境电子商务平台，重庆渝欧体验店量多面广且业态相对独立，以保税备货模式为主，能够缩短产品运输周期，配合门店优化线下顾客体验，提高线下引流能力。就现阶段而言，重庆渝欧构筑起了“线上+线下”

O2O 差异化的营销模式。

3. 打造高品质 O2O 线下体验店

1）打造规范化线下体验店

为了打造规范化、标准化线下体验店，重庆渝欧要求下线体验店的门头外观和门店内陈列一致，由公司总部统一进行店铺的设计，统一订制货柜和广告发光字等（见图 5-2 和图 5-3）。

图 5-2 体验店标准化门头

图 5-3 门店内陈列

2）线下体验店布局突出社区化

在重庆渝欧全国线下体验店中，有 80%以上建立在社区，辐射半径为 2 千米。其社区化优势主要体现在以下两个方面。

一是搭建社区妈妈圈交流的平台，及时了解服务需求，形成消费黏性和消费半径。母婴消费群体普遍具有社交化属性，宝妈时光线下体验店的布局重点突出“家门口”概念，这种社区覆盖形式满足了妈妈们随时了解产品的需求，更重要的是可以快速获得售后服务。重庆渝欧通过社区留住顾客并通过口碑来提高顾客对产品的信任度，同时满足了母婴群体的社交属性。很多企业品牌已经逐步往社区延伸，如星巴克在上海开设首家社区体验店。

二是社区体验店开设门槛低。社区体验店具有租金低、服务便捷等优势，可以降低加盟商的资金成本，实现线下体验店迅速扩张，提高品牌曝光率，从而加快占领目标线下市场，提升品牌的影响力和商业价值。

【拓展阅读】跨境电子商务门店的分布模式

1. 机场免税店

以三亚国际免税城官方商城为例，消费者可以在线注册账号，开通或绑定“中免会员”，在网上商城选购商品并填写提货人离岛信息，完成支付后便可在相应的时间前往机场、火车站、港口等提货点提货。

2. 保税区体验店

例如，浦东陆家嘴软件园内开设了上海自贸区首家 O2O 体验店“好外电商”，旗下的“好外电商”网站也同步上线。消费者可在网站注册后选购商品，并在线下店铺完成商品提货。

3. 平台直营实体店

例如，苏宁极物线下体验店内设有与苏宁国际合作的海外购专区，消费者在店铺完成商品体验后可以在线上下单，商品会被直接邮寄至指定的收货地址，消费者也可以选择在苏宁门店自提（需要员工协助操作）。

4. 商超渠道体验店

例如，消费者在一家叫作“孩子王”的门店购物，可在选定商品后登录孩子王线上商城，在全球购板块中下单，商品会被邮寄至指定的收货地址。但由于孩子王门店本身具有商超属性，大多数消费者倾向于直接在门店完成交易。

5.2　重庆渝欧营销中存在的问题与应对策略

重庆渝欧在营销中遇到了一系列问题，可以采取相应的策略来应对，现分析如下。

5.2.1　存在的问题

1. 线下体验店建设问题

1）知觉营销和行为营销存在的问题

知觉营销和行为营销主要是体验店对母婴消费者在视觉、听觉、嗅觉等感官方面的刺激，是消费者在线下对重庆渝欧 O2O 营销模式第一层次的价值感知，能够直接影响消费者对线下体验价值的感知和评价。在知觉营销方面，针对保税商品的特殊性，体验店氛围营造、装饰装修、商品陈列、商品介绍等是先导，体验店内消费者虽然能直观地看到实物展示，但由于跨境商品没有中文介绍，部分线下体验店商品陈列不规范，没有使用标识、标牌来展示进口商品的优点与特征，消费者难以在第一时间获得全面的商品信息，从而难以产生价值认同。在行为营销方面，线下体验店较少提供自助智能购买设备，消费者进店后通常使用自己的手机扫描二维码了解和购买商品，这在一定程度上影响了消费者的购物体验。同时，母婴消费者通常较注重商品的味觉体验，而体验店内能提供给消费者试吃的商品较少，消费者只能看到货架上陈列的商品，难以进一步激发购买欲望。

2）思维营销和情感营销存在的问题

思维营销和情感营销的目的是激发消费者对体验店认知的好奇心，通过线下服务拉近与消费者之间的距离，让消费者在实际接触商品的过程中，认可重庆渝欧的商品和品牌价值，形成情感共鸣，使消费者对重庆渝欧 O2O 营销模式有更深层次的价值感知，这对消费者体验价值感知的影响更为深刻和久远。在对进店消费者购买偏好的调查中，通过母婴店介绍购买商品的消费者不多，这与母婴跨境电子商务商品同质化严重有一定的关系，同时反映出线下营销中将宝妈时光品牌价值传递给消费者的不足。体验店内普遍缺乏对重庆渝欧品牌文化、管理建设，以及母婴群体普遍关注的保税进口商品与海淘代购商品区别的直观介绍，加之服务行业员工流动频繁，部分体验店员工专业化水平较低，对O2O模式、商品特点了解不够，当与消费者沟通时，不能准确地将商品、品牌的价值传递给消费者，无法激发消费者对品牌价值的良好联想，难以形成价值认同和情感共鸣。

3）关联营销存在的问题

关联营销是指企业依据消费者的行为和需求，创造与业态本身相关的消费与服务，是提高消费者在线下体验店体验价值的重要载体。在企业线下体验店服务评价中，有33%的消费者表示体验店内婴幼儿游乐配套设施较差，不具备吸引力。一直以来，重庆渝欧线下体验店的定位是商品展示和体验，与婴幼儿游乐、早教等关联业态结合较少，消费者关联体验较差。表5-3所示为国内两家垂直型母婴跨境电子商务平台的线下关联营销与重庆渝欧的对比。

表5-3　国内两家垂直型母婴跨境电子商务平台的线下关联营销与重庆渝欧的对比

名称	线下关联营销的内容
蜜芽	重点打造线下母婴全生态产业营销模式，跨行业融合医疗、早教、儿童乐园等。 与高端妇儿医院美中宜和达成战略合作，共同开设跨境母婴店；与早教机构红黄蓝合作，蜜芽提供供应链，而红黄蓝借助线下渠道进行线下商品展示。同时，蜜芽还投资了室内儿童乐园悠游堂，布局线下蜜芽乐园
宝贝格子	线下打造“1+X”母婴综合业态，其中“1”指宝贝格子的供应链，“X”是母婴家庭消费线下业态的整合，为用户提供集母婴零售、儿童游乐、游泳、早教等多种消费业态于一体的场景化消费体验，打造母婴综合消费闭环
重庆渝欧	线下营销主要通过加快建立标准化线下体验店，提高品牌知名度和知晓率进行

由此可以看出，蜜芽线下营销通过与知名的医疗、早教、儿童乐园等机构合作，借助第三方品牌的影响力和成熟的线下渠道，在实现商品销售的同时，布局母婴全生态产业链；宝贝格子线下营销主要将线下母婴零售与儿童游乐、游泳、早教等业态结合，使母婴体验店线下消费多场景化，提供相关业态的关联服务，从而提高消费者的体验价值；而重庆渝欧的线下营销渠道相对单一，在实现场景消费及跨行业合作、业态互补等方面相对薄弱。在跨境电子商务O2O模式下，消费者在体验店内只能体验商品，不能直接购买商品，这在一定程度上影响了消费者的体验价值。在未来的市场竞争中，单一的线下营销渠道不利于提升品牌的影响力和公司的综合实力。

2. 线上平台建设问题

1）平台知名度不高

重庆渝欧采取线上线下双品牌发展战略，一直以来存在“重线下、轻线上”的问题。由于重庆渝欧的线下体验店商品展示量受时间、空间的限制，将消费者引流至线上提升更多商品的曝光率和销售量是开设线下体验店的目的，而线上品牌“西港全球购”的消费者知晓率偏低，这在一定程度上影响了公司未来的发展。

2）网站建设存在的问题

重庆渝欧的网站建设水平有待提高。对跨境电子商务来说，网站建设是营销的窗口，是消费者了解商品信息必不可少的渠道。重庆渝欧自成立以来，网站建设自身纵向对比取得了较大的进步，但与天猫、京东等国内知名平台相比，其网站建设水平有待提高。例如，重庆渝欧的网站首页主题更新较慢，活动推送较少，部分商品图片显示不全，商品的推介说明不够详细，线上线下活动没有同步推广和跟进，并且商品品类需要进一步丰富。重庆渝欧的线上商城“西港全球购”主要涵盖宝宝食品、宝宝用品、孕产宝妈、美妆个护、营养保健、童装童鞋、全球奢品、居家生活、食品酒水板块。就商品品类来看，宝宝食品、宝宝用品、营养保健涵盖的品类较丰富，其他板块涵盖的品类均较少，且很多商品处于缺货状态。由于宝宝食品、宝宝用品等商品消费周期较短，如果不配合美妆个护、居家生活等日常消费品，消费者对品牌的消费周期就会大大缩短。

5.2.2　应对策略

1. 巩固线下优势，提高消费者的体验价值

重庆渝欧 O2O 营销模式的优势在于“独立 B2C+线下门店”，其在市场中赢得了消费者的信任，通过引流获得了流量。因此，进一步提升消费者在线下的消费体验价值，是实现母婴群体感官、情感、社交等多维度消费需求的核心。

（1）加强线下体验店的管理和建设。首先，重庆渝欧要做好体验店的有形展示，良好的有形展示能激发消费者的感官体验，给消费者留下良好的印象。重庆渝欧通过统一的体验店形象设计有效地提升了消费者的视觉、触觉等体验，但在氛围营造、陈列设计、空间布局等方面需要进一步提升，要通过设立商品标识、标牌更加直观地向消费者展示商品的特点，为母婴消费群体打造便捷、温馨的购物体验，让消费者更加乐意光顾体验店。其次，要提供更多的体验服务，尽可能多地向消费者提供商品的试吃、试用，让消费者不仅能看到商品，还能从味觉、触觉等方面体验商品；同时，应尽可能在体验店内提供购物所需的平板电脑等设备，以为消费者购物提供方便，从知觉、行为等方面激发消费者的购买欲望。最后，要提升体验店员工的母婴专业化水平，员工的言行举止、工作态度等会直接影响消费者的情感体验和思维体验。重庆渝欧要定期开展团队建设活动，激发员工的工作热情和激情；要经常开展母婴从业人员专业化培训，让员工熟练掌握商品的信息及售后服务流程，能够及时满足消费者的需求，为消费者提供有价值的购物指导和育儿知识；要通过广告、灯箱等积极宣传重庆渝欧的品牌文化，以及保税商品和已完税商品的区别等，积极向消费者传递重庆渝欧的品牌价值，形成情感共鸣和价值认同。

（2）创新线下消费场景和服务。体验营销的目的在于创建一系列场景或事件，满足消费者的情感和感官体验，提升消费者的购买欲望。而重庆渝欧线下体验店主要构筑商品展示的消费场景，不能满足母婴行业多元化的消费需求。结合重庆渝欧线下体验店面积小、消费场景配套不完善等实际情况，其主要应从以下两个方面优化消费场景和服务渠道。

一是要构建以体验跨境商品为主，游乐消费、游泳、小儿推拿、在线医疗、早教等母婴关联业态为辅的线下消费场景。重庆渝欧对直营店要积极探索“1+N”模式的线下业态，为加盟

的体验店传授经验和样本。有条件的体验店可以把儿童游乐、游泳、推拿等关联业态直接嵌入门店，实现线下消费场景的多元化，以提高体验店的服务价值和综合效益。

二是实现自主购物更加便捷化。因体验店线下展示空间有限，体验店内只能展示一小部分商品，除对照体验店内展示的商品扫码购买之外，更多的商品需要消费者自行搜索进行购买。结合当下新零售的消费趋势，重庆渝欧可以借鉴“无人体验店”的消费模式，弱化人工导购，强化店内电子导购等自助购物方式，让消费者了解和发现更多的线下商品。同时，重庆渝欧可以将学习平台《宝妈大学堂》的学习内容向进店消费者开放，消费者可以按照自己的需求更加精准地获取商品信息，从而使自主购物更加便捷化，提升体验店的服务效率和消费者的体验。

（3）拓展线下营销渠道。重庆渝欧线下营销主要是通过体验店引流，获客成本较高，不利于扩大区域品牌的宣传。重庆渝欧可以借鉴蜜芽的线下营销方式，进行跨行业、多渠道的业态整合，共享客户信息，在降低获客成本的同时，提高品牌影响力。

（4）提升物流运输效率。保税商品最终需要通过快递运输至消费者手中，物流运输是关系到消费者购物体验的重要环节。当前，重庆渝欧主要采用保税备货模式，消费者在线上完成支付后，商品需要在保税区经海关检验、征收关税后再进行发货及配送。在这一过程中，海关清关时效不可控，唯有提升物流运输效率才能缩短货物周转期，从而提升消费者的体验。具体实施建议包括两个方面：一是与国内领先的快递企业合作，将不同区域之间的运输时间以协议形式约定，在确保物流运输效率的同时降低运输成本；二是积极布局重庆以外区域的自建保税仓，缩短时空差距，以当日达、次日达等方式提升消费者的体验。

2. 强化线上平台，形成 O2O 营销闭环

跨境电子商务 O2O 营销的最终目的是将线下流量导入线上，实现线上消费。同时，通过线上平台将消费者预览、消费、交易、评价等形成数据与线下体验店共享，线上线下可根据消费者的购买习惯、偏好等共同优化消费者的购物体验，形成 O2O 营销闭环。

（1）提高线下至线上的转化率。在线下体验店中，除常规购买、获取商品信息时让消费者进入线上商城外，体验店还应该通过一些激励措施和手段让消费者主动了解线上商城。例如，如果消费者关注线上商城公众号或下载 App，参与线上商品的宣传、推广、评价，或者在朋友圈分享购物体验等，就可以获得优惠券、积分等，所获得的优惠券和积分可以直接用于购买某些商品。当消费者关注线上商城公众号或下载 App 之后，才算完成了线下至线上的初步引流。

（2）提高线上平台运营质量。与平台运营质量相关的内容包括平台的导购搜索是否直观、方便，商品种类是否齐全，商品介绍是否全面，商品图片是否美观等。当消费者由线下引至线上后，线上平台运营质量直接关系着消费者的购物体验。结合重庆渝欧线上建设存在的问题，其应重点完善商品信息介绍、提高浏览页面的美观度等。同时，重庆渝欧应提高自身大数据信息的处理能力，为下一步实现 O2O 营销闭环提供技术及数据支持。

（3）构筑 O2O 营销闭环。对重庆渝欧来讲，构筑 O2O 营销闭环是 O2O 营销成功与否的关键。通过建立消费者对品牌的信任，形成自下而上的购买渠道，让消费者享受到自上而下的售后服务，形成消费闭环，实现重复购买。自下而上的途径为：消费者进入线下体验店—

体验店初次引流进店—为消费者介绍品牌、商品信息、服务保障等—引流至线上购买或引导消费者关注线上商城公众号、下载 App 等—线上购买完成。自上而下的途径有两条。第一条：线上电子商务平台及时将商城活动、购买商品物流信息等推送给消费者—提供七天无理由退换货服务—回访商品使用情况，指导商品使用方法—在回访中增强消费者黏性，建立信任—实现二次消费（自主线上购买）。第二条：消费者被引至线上注册会员—线上平台运用大数据前端建立消费者信息数据库—根据消费者购买偏好进行商品精准推送—向消费者推送附近的线下体验店等。概括来说，重庆渝欧 O2O 营销闭环如图 5-4 所示。

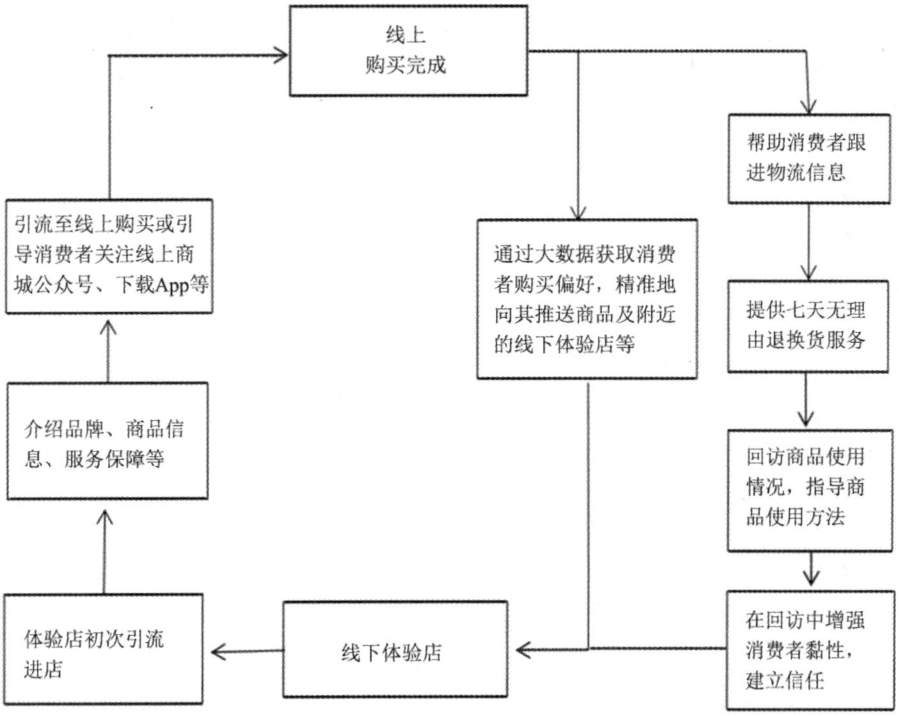

图 5-4　重庆渝欧 O2O 营销闭环

3. 实现差异化营销，提升核心竞争力

随着同行业持续加码布局线下市场，母婴跨境电子商务 O2O 市场竞争不断加剧。针对跨境母婴商品同质化严重、重庆渝欧商品定价处于市场弱势地位等问题，提高企业核心竞争力是关键。

（1）构建自有运营商品品牌。重庆渝欧 O2O 营销模式有效地拓展了进口母婴商品线下市场，但与其他母婴电子商务商品的同质化问题会削弱其线下营销优势。构建自有品牌作为传统零售行业中被广泛实践的一种商业模式，是零售业企业应对市场激烈竞争的有效手段。重庆渝欧应在营销中尽量避开同质化商品的价格竞争，借助 O2O 线下营销的规模优势及服务优势，以母婴商品中消耗量大、具备利润空间、消费黏性高的婴幼儿奶粉和尿不湿为主，深度挖掘海外优质的商品资源，争取品牌独家授权和独家代理销售，构建跨境母婴自有运营商品品牌，形成与区域内竞争对手营销内容的差异化，在为消费者提供更多选择的同时，提高销售利润，促进线下体验店健康、持续发展。

（2）巩固 O2O 线下营销市场基础。巴菲特曾说过："资本通常是进入一个行业的屏障，因此行业进入所需的资本是帮助企业维持竞争优势的保证之一。"重庆渝欧 O2O 营销模式属于重资产运营模式，相对于纯电子商务运营模式资本风险较高，但同时为其构筑起了一定的行业壁垒。通常，中小微跨境电子商务平台受制于资金规模，很少采用 O2O 线下营销模式，更难以形成线下营销规模优势，而实力较强的综合跨境电子商务平台更注重商品品类的多样和受众群体的广泛，母婴专业化服务水平不及垂直型电子商务平台，因此进一步巩固线下营销有利于提升重庆渝欧在市场中的主体地位。同时，母婴行业属于重营销行业，移动互联网促使母婴线上的市场规模有较明显的提升，但相当一部分母婴消费者还是选择线下真实、便捷、可靠的购物渠道。重庆渝欧应在今后的发展中坚持线上线下相结合的 O2O 营销定位，通过拓展线下体验店覆盖区域、提升门店整体专业化服务水平，打造更加契合未来母婴消费市场需求的营销模式。

（3）加强供应链建设。供应链建设是跨境电子商务的核心环节，是商品品质的重要保证，是提升运营效率的重要环节，更是企业在上下游产业链中是否有话语权的重要体现。当前，重庆渝欧已与达能、上海英雄（集团）、雀巢等公司达成了母婴商品品牌战略直供协议，但仍然有很多商品在上游采购时，主要从零售商、经销商处拿货。重庆渝欧应进一步加快供应链体系建设，让更多的商品实现海外品牌直供。一方面，重庆渝欧便于完善和升级商品生产、进口、物流、仓储、海关、售卖等全程溯源体系，结合 O2O 模式线下体验店，让进口商品看得见、摸得着、读得懂，在确保商品质量的同时提升消费者的购物体验和企业品牌的感知价值；另一方面，重庆渝欧可以通过供应链建设减少中间环节对资金的耗损，节约销售成本，提高企业对商品销售价格的把控能力，缩小与其他母婴电子商务平台之间的价格差距，不断提升企业的市场竞争力。

【知识链接】跨境电子商务供应链建设思路

1. 区块链技术正品保证

在跨境电子商务进口中，海关通过抽检加企业诚信背书的方式为进口商品发放防伪溯源码，但仍不能排除未经抽检的商品为非正品的可能性。由于区块链技术具备去中心化、数据公开透明、数据不可篡改等特性，进一步推广此技术在跨境物流、通关、商检、分销等流程的应用，将真正实现商品溯源，进而消除部分消费者对进口商品是否为正品的疑虑。

2. 优化供应链体系

跨境电子商务进口一直存在物流成本高、供应链库存周转率低、通关流程复杂且周期不稳定等问题。虽然使用保税仓能在一定程度上改善这种情况，但往往会使企业付出更高的仓储成本和更多的管理精力。因此，优化供应链体系尤为重要。一方面，跨境电子商务企业可以通过整合物流、仓储、供应链等进口生态环境建设提高运转效率；另一方面，其可以进行平台信息整合，实现支付机构、物流公司、通关平台三单合一集中申报和审批，优化运作流程。

3. 探索新零售业态

如今，跨境电子商务市场竞争愈发激烈，如何满足消费者的个性化需求成为各大商家的竞争重点。精准定位目标客户群的核心需求，打造多元化消费场景及高品质增值服务，有效地提升消费者的购物体验，不仅可以实现消费者黏性的增强，还有助于进一步的营销推广工作。商家应积极推动数字化转型，物联网、人工智能、虚拟现实/增强现实、自动驾驶、无人机、5G 应用即将迎来快速融合发展，在一个智能连接的世界构建令人耳目一新的新零售业态，打造更加开放的发展模式。

5.3 总结与启示

对重庆渝欧案例进行总结，有利于为我国 O2O 跨境电子商务的发展提供借鉴，案例的总结与启示如下。

5.3.1 总结

重庆渝欧抓住了国家支持跨境电子商务发展及“全面二孩”等政策红利，面对激烈的市场竞争，通过线上+线下的 O2O 营销组合，结合母婴消费者的行为习惯，开拓了跨境母婴线下消费市场，使企业得到了快速发展。

首先，重庆渝欧 O2O 营销模式弥补了线上营销消费者缺乏亲身体验的不足。跨境电子商务的蓬勃发展为国内消费者提供了购买进口商品的便捷渠道。但就跨境母婴行业而言，一方面，由于“80 后”“90 后”消费观念升级，他们对海外高品质母婴用品的需求巨大，催生了千亿级母婴跨境电子商务市场；另一方面，母婴消费群体对母婴用品有着谨慎的选择态度，互联网电子商务平台的鱼龙混杂让部分消费者对通过网络平台购买跨境母婴用品望而生畏。基于这样的市场状况，重庆渝欧通过 O2O 营销模式，建立跨境母婴线下体验店宝妈时光，通过统一的门店规划设计、面对面的售前咨询和售后服务、直观的商品溯源机制、便捷的扫码购等，为跨境母婴消费者提供了更加便捷、安全、合规的购买渠道，有效地提升了消费者对跨境母婴用品的购买体验，弥补了单纯线上营销消费者缺乏亲身体验的不足，这契合母婴消费市场的需求。

其次，重庆渝欧 O2O 营销模式形成了与同行业的差异化竞争。基于 O2O 营销模式更能得到线下消费群体的信任，重庆渝欧得到了快速发展，线下体验店数量不断增加，重资产的 O2O 营销方式增加了企业运营风险，但也构筑了一定程度的行业壁垒。在发展过程中，重庆渝欧专注于垂直型跨境母婴电子商务发展道路，母婴运营专业化程度较高。其线下门店以社区体验店为主，点多面广的分布格局让品牌的曝光率和知晓率得到了快速提升。同时，通过线下社区体验店能及时了解消费者的需求，更易于形成母婴消费黏性和消费半径，引流优势明显。

但同时，重庆渝欧也面临许多发展问题。一方面，其内部建设重线下轻线上，没有很好地形成 O2O 营销闭环；另一方面，其在外部市场中同行业加码 O2O 线下营销，线下市场竞争不断加剧。面对这些困难和挑战，重庆渝欧要进一步提升线下门店规范化管理和服务水平，积极构筑多样化的线下消费服务场景，注重线上平台建设，进一步提升消费者体验，努力形成 O2O 营销闭环。重庆渝欧可以通过拓展门店、构建自有运营品牌、提升母婴专业化水平等方式，巩固自身在市场中形成的 O2O 营销优势，实现与同行业间的差异化竞争。

5.3.2 对 O2O 跨境电子商务发展的启示

1. 加快信息化发展

对跨境电子商务平台而言，多个国家和地区的市场销售需求和环境差异化非常明显，本地零售商对市场需求信息的了解更为准确和及时，然而对外界市场的变化和信息的了解常常处于滞后状态。在此背景下，要想推动跨境电子商务平台 O2O 的发展，应加快信息化建设与发展，从大数据技术角度入手，挖掘全球范围内的市场消费信息，与多个本地零售商共享相关信息，这样一方面有助于提高市场需求预测的准确性，另一方面有助于避免市场风险。跨境电子商务平台可以根据与本地零售商共享的信息，预测市场需求，设计、开发并销售具有竞争力和符合市场需求的商品，协调 O2O 线上线下营销策略，利用数据信息开展具有针对性的营销活动。

2. 保持线上线下的一致性与差异性

O2O 电子商务模式的优势体现在多个方面，但是其劣势也很突出，主要体现为价格策略不同步。跨境电子商务平台应将海外零售的线下价格与线上价格维持在合理范围内，避免价格冲突。在商品策略上，要保持差异性策略（线上商品与线下商品的差异性），避免过多商品重复，确保客流量的稳定性和集中度。在促销方式的选择上，在不同的时间节点，针对不同的消费者群体，采取符合 O2O 电子商务模式的促销策略。若某地区的消费者存在同类性，则可以在该地区采取线上线下一致的促销策略。

3. 布局与升级海外仓

纵观我国跨境电子商务平台的 O2O 发展趋势，海外仓的建设趋于普遍性，但大多数海外仓的功能仅限于收货与发货。作为海外市场的“桥头堡”，跨境电子商务的海外仓应该具备更多功能，应该通过合理布局与转型升级，强化服务能力。事实上，很多平台已经开始重视这一问题。例如，大龙网采取“前仓后馆”方式，将海外仓打造成商品展示中心，以展销会营销的方式，吸引了一大批本地零售商体验国内出口商品，并借助大数据与物联网等现代科学技术，实时分析零售商对商品的评价，再综合各类意见与建议，反馈给生产厂家，调整营销策略。通过完善海外仓的市场布局，可以有效地降低跨境电子商务的物流成本，满足海外零售商的补货需求。客观而言，企业独立租用海外仓的成本偏高，并且跨境电子商务平台的物流经验、仓储经验不足，因此建议与专业的第三方物流企业合作，利用现代化物流设备与公共仓库，降低物流运营成本。行业专家的统计结果显示，租用第三方海外仓的成本比自建海外仓的成本大约低五分之一，并且通过信息分享的方式，还有助于企业对库存信息的掌控。

【本章小结】

重庆渝欧是典型的 O2O 垂直型跨境电子商务平台，其将线下实体店和线上电子商务平台进行了有机结合。本章选取重庆渝欧跨境电子商务案例，从发展现状、营销模式两个方面对重庆渝欧母婴用品跨境电子商务 O2O 营销进行分析，并对重庆渝欧营销中存在的问题与应对策略进行了探讨。重庆渝欧案例对 O2O 跨境电子商务的发展带来如下启示：加快信息化发展、保持线上线下的一致性与差异性、布局与升级海外仓。

【本章实训】

实训案例：宝贝格子的“1+X”跨境电子商务运营模式

宝贝格子是成立于 2012 年的跨境母婴零售平台，在全国累计整合门店的数量已突破 10 000 家，新零售云仓店是其重要组成部分。

虽然面临出生人口数量下滑的影响，但在目标客户消费能力提升、对高品质商品需求增加的情况下，母婴行业客单价有明显的提升。母婴行业是一个跨行业、跨部门的综合行业，近年来，母婴行业逐步渗透至家庭日常消费中。同时，随着大众育儿观念及标准的升级，家庭成员的育儿参与度在逐渐提升，母婴行业的边界在不断拓展，行业中的厂商也在不断向外赋能，继而形成新母婴生态布局。因此，我国母婴行业具有较大的发展潜力。

宝贝格子的高速成长得益于其线上线下打通的新零售平台。相比而言，传统的母婴连锁店客户基本来自门店附近相对固定的客户群，以及途经门店的随机客户群。大多数门店与互联网相关的业务主要集中在以下几个方面：建立微信群维护客户关系，定期更新公众号、朋友圈信息以触达客户，通过将会员的手机号导入短信群发平台进行商品、活动信息的推广，在本地网站或公众号上进行店铺宣传。由于没有线上业务的支撑，线下门店无法有效地获取来自线上的流量，这使得门店扩展客户群的工作难度较大，难以实现业务的快速增长。

另外，传统母婴连锁店的供应链体系基本依靠线下，进货的品类、数量、时间节点等在很多时候主要依靠店长的经验，缺乏科学依据和规范流程。而在面对客户有需求但门店中没有实物商品的情况时，门店也通常没有很好的解决方案，这往往意味着销售机会的流失。同时，主流的跨境电子商务平台在线下开店会受到诸多方面的限制。在它们的线下门店中，通常会采用在门店进行实物商品的展示，然后引导客户在线上进行交易的模式。这种模式虽然解决了跨境电子商务业务向线下延伸的问题，但客户无法进行实时交易，无法实现“所见即所得”，这一直是客户的痛点之一。宝贝格子的“1+X”运营模式采取与上述模式都有所区别的方法，较好地解决了上述模式中的难点和痛点。

“1+X”模式中的“1”指宝贝格子的供应链，它覆盖母婴消费人群在各个阶段所能用到的商品，客户群较宽泛；“1+X”模式中的“X”指各类型业态的服务项目，而且不同项目覆盖的人群有较大的差别。该模式中的“1”与“X”可以相互转化，从而达到利润最大化。例如，服务业态中的水育、游乐、亲子互动等项目，以及零售业态中的纸尿裤、奶粉等商品，虽然利润率不高，甚至在大促等时间节点还有可能出现亏损，但因为有相关需求的人群广泛，需求弹性较小，所以能吸引大量目标客户到店消费，是门店中非常重要的引流工具。在客户到店消费之后，最为关键的是如何进行有效的转化，尤其是进行长期的转化。

实训内容：宝贝格子的“1+X”跨境电子商务运营模式有什么特点？

实训要求：补充查阅资料，从跨境电子商务 O2O 模式的若干方面进行分析，形成一份案例分析报告。

【复习思考】

1. 重庆渝欧的营销模式有何特点？
2. 重庆渝欧营销中存在的问题主要有哪些？
3. 重庆渝欧可以采取哪些策略解决营销中存在的问题？
4. 重庆渝欧案例对 O2O 跨境电子商务的发展有哪些启示？

第6章

亚马逊：跨境电子商务“鼻祖”的成功之道

【学习目标】

- 理解亚马逊商业模式的特点；
- 能够分析亚马逊在发展中存在的问题；
- 掌握亚马逊发展的应对策略；
- 了解亚马逊对跨境电子商务平台发展的启示。

【引导案例】跨境电子商务平台亚马逊的发展历程

亚马逊是从网上书店起步的。1995年，亚马逊正式开业，通过网络向消费者直销商品和服务，与线下传统图书销售行业展开竞争。开业不到一个月的时间，亚马逊的营业额达到1万美元，此后，亚马逊突飞猛进地发展。1998年，亚马逊的网上书店规模达到世界第一，并使得网上购书成了人们的主要购书方式。

从1997年开始，亚马逊的创始人贝佐斯决定向其他领域拓展经营业务。1998年4月，亚马逊收购了互联网电影资料库；同年6月，亚马逊开辟了新的线上市场——音乐商店，并在4个月内使其规模迅速壮大。此外，亚马逊不断地扩张商品种类和出口目的地。亚马逊经营的市场不仅涵盖传统的书店，还涵盖影视、数码、服装、日用品等行业。到2000年，其宣传口号已经改为“最大的网络零售商”。

随着业务的扩展，亚马逊开始构建仓储物流体系。1999年至2003年，亚马逊构建了自己的仓储物流体系，使“订单执行成本”占销售收入的比重从15%降到9.1%，并将配送环节全部外包，其中美国国内外包给UPS和USPS，国际部分外包给CEVA、FedEx等。2009年年底，亚马逊在美国国内的物流仓储中心达到110万平方米，在海外的仓储物流中心达到 53 万平方米。这些仓储物流中心为亚马逊自身及在亚马逊上开店的卖家提供了有效的仓储物流和收发货服务。

但是，过快的扩张也曾给亚马逊带来一系列挑战。2000 年，亚马逊面临破产或被收购的危机，这源于华尔街的工作人员指责亚马逊快速扩张，并警告投资者要控制其股票数量。此负面新闻导致亚马逊股市大幅度下跌。随后，贝佐斯安抚公司股东，明确其创业的正确性和合理性，帮助亚马逊渡过难关。2002 年，亚马逊净盈利达到 500 万美元，这预示着亚马逊摆脱了此次危机并积极拓展业务领域。2012 年，亚马逊推出了 AmazonSupply，从此将消费对象拓展到了企业。AmazonSupply 在订单和配送系统上与亚马逊保持一致，但与亚马逊的区别在于，AmazonSupply 提供工业原料和维护服务，并增加了清洁卫生、液压系统等商品。除了亚马逊的自营商品，亚马逊还融合 C2C 商务模式，拥有作为第三方平台的功能。

后来，亚马逊成为国际上电子商务领域的巨头，迄今为止，亚马逊一直是在线零售领域的先驱和全球知名的在线零售商。

辩证与思考： 亚马逊的跨境电子商务业务发展有何特点？

分析与提示： 跨境电子商务价值主张、资产、客户和财务管理的特点。

6.1 亚马逊商业模式分析

亚马逊的商业模式曾经历过网上书店向在线零售商城再向以客户为中心的全面服务的转变。截至 2017 年，亚马逊的商业版图里主要包括三大板块：传统的电子商务——在线零售商城、AWS（Amazon Web Services）云计算服务、以 Kindle 为代表的数字媒体（截至 2022 年，亚马逊的业务包括电商、实体店零售、第三方卖家服务、订阅服务、广告服务、AWS 及其他）。

6.1.1 价值主张

1. 在线零售商城

随着互联网的普及，依托电子商务平台开展商务活动已是大势所趋，在过去 20 年间，电子商务始终保持着强大的活力。亚马逊官方网站各式商品一应俱全，具体包括服饰/鞋靴/箱包、电脑/办公、美居/厨具、Kindle、运动/户外、食品/营养、玩具/母婴、手机/数码、钟表/首饰、家电/家装、游戏/娱乐、乐器、摄影/摄像。亚马逊通过并购与扩张不断拓展其在线商城的商品范围，全品类发展，价格比线下低，由于其经营多为品牌商品，在质量参差不齐的线上销售行业树立了良好的口碑。

2. AWS 云计算服务

亚马逊推出的第一个主要存储服务 AWS 云计算服务，以 Web 服务的形式向企业提供 IT 基础设施服务，使亚马逊成为第一个进军云计算市场的电子商务企业，并取得了显著的先发优势。其产品包括计算、存储、数据库、分析、移动产品、开发人员工具、管理工具、物联网、安全性和企业级应用程序等；其客户众多，既有初创公司也有成熟的公司，覆盖医疗、信息等行业。

亚马逊依靠自身网站收集的大量数据，加强基础设施建设，将自身流程、业务等处理成标准模块，并且依靠 AWS 以低廉的价格获得高度可靠的前期基础设施。AWS 是亚马逊盈利的支柱之一。随着时间的推移，云计算技术因高效、便捷将被应用到更加广泛的领域，越来越多的科技巨头会逐渐重视这一市场。亚马逊和高科技公司相比，既有介入电子商务平台先发制人的天然优势，又有薄利多销的传统战略，主导地位似乎在短时间内难以撼动，但微软（Windows Azure Services）、谷歌（Google App Engine）、阿里巴巴（阿里云）都在奋力追赶，开发各自的云计算业务。

【拓展阅读】全球云计算服务市场的四大公司

全球云计算市场的佼佼者有亚马逊、微软、阿里巴巴、谷歌。其中，阿里巴巴和谷歌的势头强劲，正以超过 100%的年增长率追赶亚马逊。

亚马逊无疑是云计算市场的开拓者。早在 2002 年，亚马逊的工程师就搭建起 AWS 的雏形，2006 年亚马逊 AWS 的核心产品已经上线。贝佐斯不断被董事们质疑，这项被定义为未来商业基础设施的业务，投入了大量的人力和财力，是否会有回报？贝佐斯给出的答案是：这项业务将会成为社会的基础设施，必须投入技术研发。

微软也一样，这个 IT 巨头一直以 Office 和 Windows 业务为主，为这两项王牌业务服务的计算平台 Spark 完全自己搭建，早期服务于微软内部，后期微软转型云计算，其也成了微软手里的武器。

阿里巴巴最早希望解决的也是在电子商务中遇到的问题，不过它的问题比亚马逊来得急促。在不断的电子商务大促活动中，阿里巴巴的工程师发现已有的技术无法满足商业需求。“去 IOE”①在阿里巴巴内部被提了出来，并通过创建阿里云，自主研发了大规模计算操作系统、数据库、中间件等。

谷歌是云计算技术口碑极好，但商用较晚的一家企业。谷歌虽然早在 2004 年就发表了著名的 MapReduce 论文，该论文对全球技术圈有极大的影响，但谷歌直到 2017 年才真正进入云计算行业。

3. 数字媒体

亚马逊最初凭借网上书店发展起来，因此选定数字媒体作为其软硬件结合模式的尝试。亚马逊发布的 Kindle，迅速被市场认定为电子书的代名词。亚马逊凭借高超的技术和多年累积的客户资源，在该领域形成强势垄断。三星、索尼、美国 Oyster 公司及英国书店 Waterstone

① IBM 是服务器提供商，Oracle 是数据库软件提供商，EMC 是存储设备提供商，三者构成了一个从软件到硬件的企业数据库系统。阿里巴巴的“去 IOE”运动就是用成本更低的软件 MySQL 替代 Oracle，用 PC Server 替代 EMC2、IBM 小型机等设备，以消除“IOE”对自己数据库系统的垄断。

都因无力与其竞争而关闭了数字图书业务。

亚马逊在数字媒体硬件领域不断推陈出新。平板电脑、电视盒子、手机、智能支付系统等产品的推出，都是亚马逊在数字业务领域寻求突破的尝试。Echo 音箱的推出，是亚马逊在智能硬件领域的尝试，其悄无声息地将 Echo 融入智能家居，这种方式引起了许多消费者的注意。

亚马逊在这三大领域已占据一席之地。然而，如它对自身“以客户为先”的定位一样，其从不局限于某一行业，其商品和服务渗透生活的各个方面。例如，亚马逊借助基础设施业务推出电子邮件、企业桌面等商务软件，并且有意介入企业资源规划领域；进军手工艺市场，Handmade at Amazon 在欧洲多个国家发布，手工艺品十分畅销；收购传统媒体《华盛顿邮报》，向新闻出版业拓展，力图实现电子新闻和传统媒体的对接等。亚马逊为实现其定位，不断拓展着产业链条，构建起全产业链的生态系统。

6.1.2 资产管理

亚马逊的资产管理主要涵盖三个方面：核心资源、关键业务和重要合作。核心资源是一家企业在激烈竞争中战胜竞争对手，不可复制的关键要素；关键业务是支撑企业长久经营与发展的基础；合作伙伴之间互相提供对方所需，形成互惠互利的利益网。

1. 核心资源

亚马逊的核心资源包括物质资源、知识资源和人力资源。亚马逊拥有全球最大的客户数据库之一，通过分析客户数据，可以充分了解客户的喜好，从而向特定客户推荐特定的商品，亚马逊称这种技术为“逐项协同过滤”。

依靠电子商务平台，亚马逊积累了大量的忠实客户，并通过大量投资加强其基础设施建设，以提升客户体验。事实证明，无论是客户数据，还是前期的基础设施投入，后来都为亚马逊带来了真实的收益——AWS 云计算服务将亚马逊的组织流程、业务模式和数据收集都处理成标准化的模块，方便其他公司使用。而在出售基础设施服务时，亚马逊复制了其在电子商务领域采取的方法，用廉价而健全的服务吸引客户。电子商务是 AWS 发展的基础，持续地为 AWS 扩大规模。

如今，云计算、大数据的广泛应用，正掀起这个时代的又一次技术革命。亚马逊和其他企业相比，在云计算领域的核心竞争力主要表现在以下几个方面：第一，亚马逊在电子商务领域占据主导地位、品牌认可度高，发展平台业务有着天然优势；第二，长期以来对基础设施的人力、物力投入让亚马逊有着可以匹敌高科技公司的存储和计算能力；第三，亚马逊的零售业务可以为 AWS 的低廉价格提供支撑，并且亚马逊一直以来都习惯于以低廉的价格打开市场，价格优势明显。此外，AWS 已开展多年，已经建立起了比较完整的服务体系，值得客户信赖；亚马逊还将数据与云计算方式应用于其订单处理系统，从货物分仓、调拨、测量、入库、拣货到客户浏览、便捷下单、仓储配送、售后服务，全过程均基于大数据应用及智能算法，通过精准的预测，优化商品存储，从而实现高效运转。亚马逊的仓储中心已经遍布世界，其稳定的智能化订单系统也是其他企业难以比拟的。

2. 关键业务

1）基于云计算的 AWS

企业可以利用云计算技术开展基础设施即服务（IaaS）、平台即服务（PaaS）和软件即服务（SaaS）业务。AWS 可以为各式组织提供全球计算、存储、数据库分析与应用等服务，这些服务为客户提供替代其重金构建自身数据中心和服务器的方案，按其资源使用量付费，将前期投入转变为可变成本，避免浪费，提高了工作效率。AWS 作为亚马逊长期看好的关键业务，其优点主要包括：第一，利用亚马逊的平台优势，汇集大量客户，使客户以相对较低的可变成本享受大范围规模经济的效益；第二，客户可在部署其应用程序前利用云计算确定其固定的容量需求，避免资源浪费或容量不足；第三，客户无须开发新的 IT 资源，既节省了时间，又提高了组织的灵活性；第四，AWS 除前期基础设施建设外，还提供数据库后续的运行和维护服务（如 AWS 解决方案服务），业务种类齐全；第五，AWS 在全球多个区域紧密部署，比其他企业推出的同类服务覆盖范围更广，可以更便捷地帮助企业在全世界范围内部署其应用程序。在 AWS 官网上可以看到其帮助其他企业完成数字化的成功案例，我国的传统乳制品生产厂商蒙牛、韩国电子企业 LG、美国麦当劳等都通过 AWS 搭建了自己的数字化体系。以麦当劳为例，其在数字化转型过程中使用了弹性云计算（EC2）、均衡负载器（ELB）、弹性可持续存储（EBS）、云缓存（ElastiCache）等多项服务，支撑起自身的 POS 系统。麦当劳的 POS 系统含 20 万台收银机和 30 万台 POS 设备，POS 终端系统每秒可以完成 8600 笔交易。

2）亚马逊物流（FBA）服务

亚马逊物流（FBA）服务是 2007 年亚马逊推出的，主要针对第三方卖家提供运输、代清关、退换标、短期仓储等在内的头程服务。亚马逊一直以来坚持的持续低价策略要求必须有强大的成本控制能力，它抛弃了互联网企业的轻资产传统，创造性地建立了重资产物流体系，这一体系成为其发展物流服务的基础。第三方卖家利用 FBA 这种可靠、稳定的仓储配送渠道，可以更专注于产品开发和自身业务的开展，亚马逊则通过这项服务摊薄了自身的物流成本，并吸引了更多卖家入驻。

亚马逊发展物流的一个突出优势体现在其有二十余年的电子商务物流经验。亚马逊在全球有着数以亿计的活跃用户，其物流体系也遍布全球，配送中心横跨亚、美、欧大陆，并且完善的仓配一体化网络是其发展物流业务的坚实后盾。作为最了解电子商务物流运作的企业之一，亚马逊依托其自建的重资产物流体系，打通了境内境外物流网络，FBA 更是打造了多种物流产品和解决方案，助力其他电子商务企业拓展本国甚至全球的板块。丰富的电子商务经验、完善的物流体系和国际水平的运营团队使得越来越多的电子商务企业选择成为 FBA 的客户。

亚马逊发展物流的另一个突出优势是其国际领先且仍在不断创新的高科技智能系统。亚马逊仓库在包括客户浏览、下单、打包、配送及客服在内的处理订单的仓储、运输、交付全过程推广大数据应用和智能技术，试图打造一个全方位的智能物流系统，以提高订单管理效率。

3）数字媒体业务

亚马逊利用 Kindle 和平板电脑成功在苹果手中分得了市场份额，而此后推出的电视盒子和智能手机却似乎难以与之抗衡。后来，亚马逊将目光投向了另一个领域——语音控制，并将其视作继个人计算机、智能手机后崛起的又一大市场。亚马逊已经基于Echo推出智能语音助手Alexa，无交互屏幕使Alexa更专注于播放音乐、提供新闻和天气信息、查找食谱等便利的服务，并悄然在这一新兴市场上占据了一席之地：按照亚马逊的打算，Alexa将与其竞争对手拉开很大距离，成为未来智能家居的一个中心点。当然，这一市场的竞争者不止一个，苹果的Siri、微软的Cortana都是对智能语音的尝试，亚马逊已经推出包括阅读、健身、控制在内的多个App，试图建立一个基于Alexa完善的生态系统，以吸引更多的消费者。

3. 重要合作

随着互联网的不断普及，包括电子商务在内的商务模式不断创新，仅凭借自身力量寻求发展已经不现实，亚马逊在创立以来便不断通过并购和战略合作的方式扩充自身产业链条，拓展市场。

1）附属公司

亚马逊刚刚成立时并不急于盈利，而是进行了一系列收购。例如，收购Planet All，利用其网络信息管理器，建立自动更新的客户信息数据库；收购Junglee在线虚拟数据库，并将其建立为方便快捷、适用于购物网站的搜索引擎，发展“比较购物”服务。正是由于亚马逊积极收购这些高科技企业，并根据客户需求建设自身网络基础设施，才使得其在众多电子商务企业中脱颖而出。近年来，亚马逊也从未停止扩张的脚步，其收购时尚购物平台Shopbop，投资药店DrugStore，收购竞争对手Quidsi，其旗下的Diapers弥补了其在母婴用品市场上的不足。如今，亚马逊旗下的AWS、亚马逊物流+、Shopbop及Diapers主要是通过收购其他企业而来的。

除通过收购其他企业抢占市场外，亚马逊在拓展某一业务的国际版图时，往往会选择投资当地企业，以打开市场。最突出的一个例子是其在我国生鲜电子商务市场投资。之前，生鲜电子商务市场是有待开发的市场，由于生鲜仓储、运输难度大，在这一领域真正获得成功的企业并不多，亚马逊总结了早期生鲜电子商务Webvan的教训，认为集中配送范围、提升仓储效率是重点，为此其选择投资我国电子商务生鲜供应商美味七七，在亚马逊管理理念的指导下，美味七七坚持直采、自建冷链物流，提升服务质量，这与传统的不碰冷链的“轻”生鲜模式明显不同。亚马逊投资国内供应商，美味七七等企业获得了资金和先进的管理理念，亚马逊也借此打开了我国市场（但2016年4月，美味七七暂停营业）。

亚马逊的收购项目有的是为了渠道整合，提供涵盖更广、价格更低的商品，以吸引更多的消费者；有的则是为了引进先进的IT、智能技术，提升效率和服务质量。无论出于何种目的，亚马逊都不断在收购与扩张中成长，最终完成了从一个纯粹的网上书店到线上综合零售商的蜕变。

2）战略合作

亚马逊的战略合作主要包括与供应商的合作、宣传合作和深度的合作伙伴关系。

首先，与供应商的合作。一直以来，亚马逊为了最大限度地降低成本，不断地向供应链上游探索。除投资供应商使其成为附属公司外，与供应商达成战略合作寻求双赢也是亚马逊开展战略合作的主要方式之一。以图书商品为例，亚马逊在美国与英格拉姆（Ingram）、贝克与泰勒（Baker&Taylor）两家图书批发企业结为合作伙伴关系。亚马逊图书在备货时摒弃了电子商务企业一向推崇的零库存模式，也不为保证商品种类盲目扩大库存，而是选择了一种混合模式：畅销类图书由亚马逊常备库存，直接从其仓库发货；其他种类的图书由两家合作伙伴在美国各地的物流中心进行配送。这样的模式对亚马逊而言有利于提升库存周转率、降低库存压力，同时能为合作伙伴带来可观的业务量，双方原本线下线上存在竞争，却也达成了合作。

其次，宣传合作。亚马逊注重客户体验，其发展过程中十分重视客户口碑。其营销及宣传活动除传统的折扣、会员制外，还极其重视发展合作伙伴，进行宣传合作。例如，亚马逊书店为推销自身网点，做出了一项承诺：亚马逊宣传合作伙伴的网站为亚马逊图书所带来的客户流量，无论是否达到一定的额度，亚马逊均会支付最高达 7%的佣金。这项政策使得包括曾经的雅虎（Yahoo!）和 Excite 搜索引擎在内的五个最常受访的网站成为其宣传合作伙伴。

最后，深度的合作伙伴关系。亚马逊十分被外界看好的 AWS 业务也推出了全球合作伙伴计划。这项计划包含咨询合作和技术合作两大方面，为其整个 AWS 生态系统提供业务、技术、营销及上市支持，针对新项目、技术进行培训，吸引了各类企业和机构，更多客户依赖其解决方案和服务满足自身业务需求。亚马逊还有许多其他战略合作伙伴，其对象并未局限于电子商务企业，还包括各类机构。

无论是兼并还是战略合作，都是亚马逊拓展产业链、提升技术水平、发掘新的利润增长点的方式，它们在为亚马逊带来营业收入的同时提升了品牌认可度；同时，得到亚马逊这一老牌电子商务巨头的资金、技术或渠道支持，对其合作伙伴而言也是十分难得的，从这个角度看可谓双赢。

6.1.3　客户管理

客户界面主要描述企业的目标客户是谁，如何与目标客户建立关系并长期维系这种关系，以及如何销售企业的商品和服务。

1. 客户细分

亚马逊在其发展中逐渐明确了其客户群体：全球消费者、第三方卖家、AWS 的企业和个人用户。其一，全球消费者。亚马逊通过零售网站和实体店为全球消费者提供服务，并注重商品和服务的选择多样性、低价和便利。亚马逊自转变定位以来，不断扩大自身规模，增添商品种类，以中高档商品为主，价格比实体店低，品种齐全，从母婴用品到中老年保健品，横跨各个年龄层和各种职业，消费者只要具有购买力，就可以在亚马逊网站上一站式购买所需要的各式商品。其二，第三方卖家。亚马逊作为电子商务平台，在由商品和服务的生产者转至消费者的过程中，全程参与分销、广告投放、在线评论、售后服务等环节。亚马逊拥有众多第三方卖家，为与这些卖家达成长期合作，亚马逊为其打造了专属服务——FBA。FBA 向卖家提供仓储物流整合、运输配送、仓储运营等一系列服务，解决了第三方卖家的存货储藏、物流配送等问题，同时降低了其运营成本。这种网店出租收取流量费用、分仓租赁、代收代包代发货物及代收款的模式不仅提升了服务质量，在为第三方卖家提供便利的同时也为亚马逊带来了利润增长，可谓双赢。其三，AWS 的企业和个人用户。亚马逊以 Web 服务的形式向诸如初创企业、政府机构和学术机构等提供 IT 基础设施服务，包括广泛的全球计算、存储、数据库和其他服务产品。这一服务主要针对基础设施不够完善的企业、初创公司及公共部门，支持大多数国家和地区活跃用户的大部分工作负载。AWS 率先在云计算领域发起冲击，目前其可用区涵盖美国东西部、加拿大、南美洲、欧洲及亚太地区，并且仍在不断建设之中，这已经成为亚马逊极具发展潜力的市场。

2. 渠道通路

企业确定自己的价值主张、客户定位后，在将自身推向市场的过程中，面临的一个重要问题是如何接触客户进而将自身的价值主张传递给客户，也就是企业的渠道通路。亚马逊的渠道通路主要有以下几种。

第一，亚马逊有多种渠道终端，其旗下有多个国家的官网站点，以及提供云服务的 AWS、母婴用品商城 Diapers、时尚购物网站 Shopbop、亚马逊物流与四个家族网站，这些网站链接均显示在亚马逊旗下各个网站的下方，客户可以通过各种渠道随时点开亚马逊旗下的任意购物网站。

第二，实时动态的广告宣传。亚马逊会在自身平台上发布某些商品的广告，位置合理且实时更新。以图书为例，最显眼的位置留给当日最佳书，紧随其后的是近期畅销书、读书俱乐部推荐书等，每日更新的版面可以让客户了解近期高品质的出版物，如果客户不满足于每日更新的节奏，还有每小时更新的消息入口。

除在自身网站上发布广告外，亚马逊还在相关网络站点投放广告，并按其所带来的客户流量支付一定比例的佣金，如利用雅虎搜索引擎查询图书时即可看到亚马逊的购买链接。

第三，以低价及折扣策略吸引客户。亚马逊为刺激客户购买商品，定价比实体店甚至大多数网络零售商低，并且有针对性地在某类商品的原价基础上予以一定的折扣及购物券优惠、满减、免运费等。以其我国官网为例，长期活动有自营图书“满 100 减 30”“满 200 减 80”优惠（2019 年，亚马逊已经在我国完全停止了图书业务），短期活动有“年货精选酒水下单五折”“热销手机领券立减最高 400 元”等，不同种类的商品有着不同的折扣。不同于某些企业为抢占市场而恶意降低价格甚至出售劣质商品的行为，亚马逊让出自己的部分利益，以物美价廉的优势打开市场，既增加了客户流量，又吸引了众多商家，用经营效率的提升支撑其形成薄利多销的良性循环。

第四，Prime 会员服务。2005 年，亚马逊推出了 Prime 会员服务，缴纳会员费即可享受两日内到达的服务。当时，美国的物流行业并不像现在这般成熟，客户只要缴纳较低的会员费便可获得便捷的服务，消除关于运费的顾虑，这促使亚马逊在线消费额猛增，其不必支付高昂的广告费用便吸引了大量客户，与客户达成共赢。

此外，作为电子商务平台，亚马逊对第三方卖家而言本身就是一个强大的渠道通路。企业想要发展线上贸易，通过自有渠道运营的成本显然很高，亚马逊为其提供了一个前期投入低、客户满意度高、风险小的平台。因此，许多企业选择入驻亚马逊发展线上业务。亚马逊商品主要分为自营和第三方经营，而第三方经营又分为与亚马逊在仓储物流领域有合作和无合作的企业，亚马逊通过向第三方卖家收取佣金盈利。

相比较自营，具有强大销售渠道的亚马逊作为第三方平台，对卖家而言更具吸引力。亚马逊物流的运营，也是其与卖家寻求更深层次合作的结果。

3. 客户关系

客户关系是指企业依据其经营目标，主动与客户建立联系，这种联系可能是买卖关系（单纯的一次性公平交易）、优先供应关系（信息共享扩大，客户对企业有所偏爱）、合作伙伴关系（长期化交易，垂直整合关系）、战略联盟关系（通过合作争取更大的市场份额）。亚马逊一直致力于打造低价、高效、高品质的电子商务平台，而其与客户的关系，则主要以“优先供应关系”和“合作伙伴关系”为主。

1）优先供应关系

亚马逊最初打出“最以客户为中心”的标语，提升了其在客户心中的好感度，而其持续低价的策略及借助自身庞大的数据库和超强的技术为客户定制个性化的服务，也获得了客户的一致好评，并提高了客户忠实度。因此，亚马逊与在其平台上进行在线购物的客户大多属于优先供应关系，具体分析如下。

第一，亚马逊的电子化客户关系管理系统掌握着客户在其网站上留下的所有痕迹，可以帮助供应商做出决策。具体来说，当客户请求服务后，亚马逊可以调阅其背景资料及历史交易数据，分析客户的偏好，据此为客户提供一对一的个性化服务，客户一旦接受这一服务，一键式购物就会调动客户信息，帮助其完成接下来的网购流程，便捷地生成交易订单。本次购物的数据将作为客户信息记录在其背景数据库中，以供下次为客户提供定制服务使用。这种基于大数据的处理方式为供应商分析市场、制定营销策略提供了数据支持，越来越多的卖家入驻这一平台，为客户提供更多符合其需求的商品，提高了客户对品牌的认可度。

第二，亚马逊作为平台方，极力构建卖家与客户之间顺畅的沟通渠道。亚马逊有订单缺失率、出货前取消率、出货延迟率、完美订单率、退货不满意率、违反亚马逊政策率、准时到货率、有效追踪率、卖家恢复时间、订单退款率、客服不满意率等卖家评价指标。这些指标均从客户的角度出发，有一定的达标线或控制线，可以保持卖家与客户之间的双向沟通，以此检视卖家自身是否有值得改进的地方。亚马逊建立在线评论及客户回评体系，客户通过打分评级、回评相互交流，为需求相似的潜在消费群体购买商品提供依据，在提升商品口碑的同时提高了销量。此外，亚马逊专门的礼物界面，为各个年龄段的客户提供小礼品及折扣券，这不仅是推广的好渠道，更是企业的公共关系活动。

这些行为都以提升客户体验为原则，为亚马逊带来了大量的客户，提升了品牌知名度，双方达成优先供应关系。在同等条件甚至竞争对手有一定优势的情况下，客户仍愿意通过亚马逊购买商品。

2）合作伙伴关系

这种关系存在于双方的管理层之间，企业对客户需求的了解加深，以客户需求为导向，双方共同摸索行动和计划，客户忠诚度很高，竞争对手难以介入。亚马逊与在其平台上销售商品的第三方卖家、享受 AWS 的客户大多为这种关系。

近年来，随着 FBA 服务的推出，亚马逊加大力度邀请第三方卖家入驻自身网站。2021 年，其主页上一半以上商品来自第三方，第三方卖家与亚马逊达成一种深度的合作伙伴关系。第三方卖家利用亚马逊平台及其遍布全球的物流网络将自己的商品销售出去，这一平台品牌认可度高、配送体系完备，为中小卖家进入市场提供了一个交易入口，亚马逊则通过收取佣金、

FBA 服务费用的形式盈利。

亚马逊的 AWS 则直接推出全球合作伙伴计划，即 AWS 合作伙伴网络，亚马逊并不单纯地将其与 AWS 客户的交易视为一次性活动，而是寻求服务认知上的高度一致，从而达成合作伙伴关系。AWS 为客户提供公有云服务，使新创企业节省了大量的前期 IT 基础设施建设费用，客户一旦选择 AWS 建设其网站，后期想要改用其他云服务则需要承担较高的对接成本。因此，亚马逊与客户之间就该服务需要以合作伙伴的关系保持长久合作，以客户需求为导向不断完善自身服务，这样对双方都有所裨益。

【知识链接】亚马逊平台中小卖家的选品策略

1. 根据亚马逊平台的特点和市场趋势选品

首先，亚马逊平台具有独特性。亚马逊平台产品品类齐全，差异化明显，质量有保障，价格比一般平台低，并且平台重视品牌，注重店铺质量，对产品质量的把控十分严格。因此，亚马逊中小卖家应该立足平台本身选品，选择体积小、质量好、包装精美、价值相对高的产品。其次，亚马逊平台产品的市场趋势反映产品的生命周期。卖家可以根据亚马逊官方公布的数据选品，中小卖家应该重点选择客户有需求，卖家参与度低，竞争相对不激烈的类目。当然，通过谷歌趋势也可以分析产品的市场趋势，从近 5 年的数据中可以直观地看出产品的生命周期，卖家可以根据趋势数据判断产品处于哪个阶段，以制定选品规划。

2. 根据不同站点的客户需求选品

不同国家的客户有不同的消费习惯与消费需求，亚马逊中小卖家需要根据目标市场的情况选品。以美国为例，人们比较喜欢听音乐、运动、养宠物、玩电子游戏、看电影、购物等，当然也喜欢在网上购买日常用品。据此，卖家可以在居家产品、美妆个护、电子周边、户外健身、宠物用品等方面进行选品。再以欧洲站流量最大的德国和英国为例，德国站数据显示，美妆个护类目深受德国人欢迎，紧接着是厨房家具类目和家庭装饰类目，运动户外及电子产品类目在德国市场也占据着不小的市场份额，以上类目的市场份额均超过 10%；英国站数据显示，英国人最喜欢厨房家具类目，美妆个护类目次之，电子产品类目的占比也在不断提高，以上类目的市场份额均超过 10%。中小卖家可参考这些进行选品。

3. 优化供应链，进行创新性选品

缺乏稳定供应链的中小卖家应该根据亚马逊类目信息选择竞争较小的产品，可以在近几年需求量增加的垂直类目区寻找供应商。其中，中小卖家可以通过 1688 平台或者其他渠道寻找合适的供应链，对比多家供应商并进行实地考察，选择相对具有竞争优势的供应链，从而开发相对稳定的供应链。进而，中小卖家可以选择厂家最新开发的产品，也可以结合客户反馈进行微创新。有稳定供应链的中小卖家需要不断推出差异化创新型产品，这样能够稳定客户群体，提升客户体验。中小卖家应密切关注市场类目的新品趋势，通过 TOP 100 新品榜获取数据，再与厂家合作，不断优化和升级产品，打造符合市场需求的创新型产品，从而占据更高的市场份额。

4. 结合企业资金实力选品

由于不少中小卖家运营资金有限，可以承受最长的资金周转时间是6个月左右，因此中小卖家应充分结合自身运营资金进行选品。为了降低库存压力和运输成本，中小卖家所选产品的重量最好不要超过一千克，也最好符合亚马逊要求的标准尺寸，这样可以大幅降低前期的运输成本。为了有效地规避滞销、压货风险，中小卖家应充分分析产品的特点，尽量选择价格相对较低、退货率较低的产品。中小卖家在选品时要尽量寻找竞争小且有一定需求的类目，如可以选择新产品评价数量在三位数以内的类目，以减轻竞争压力，降低推广成本。

6.1.4 财务管理

成本结构与收入来源构成了一家企业的财政界面。成本结构描述了企业运营所产生的所有成本，而收入来源表示企业从每个客户群体中获取的现金收入。接下来对亚马逊的收入来源和成本结构进行详细分析。

1. 收入来源

由于广泛的差异化和价值环节的变动，亚马逊拥有多元化的收入来源，其主要收入来源是关键业务的产品和服务销售额。产品销售额来自销售产品的收入、物流费用和数字媒体收入；服务销售额包括所赚取的第三方卖家费（包括佣金）和相关运费，以及AWS销售、某些数字内容订阅、某些广告服务和亚马逊的联合品牌信用卡协议费用。

2. 成本结构

亚马逊的成本结构主要由六个部分组成，包括销售成本、物流成本、营销成本、内容研发成本、综合开销及行政管理成本、其他成本。其中，物流成本和内容研发成本占比较大。物流成本主要包括北美和国际业务运输部门的运营及人员配备的成本，客服中心和实体店所产生的成本；内容研发成本包括参与研究工作的员工的工资，用于开发、管理新的及现有的产品和服务，开发、设计和维护平台的相关费用，以及基础设施成本。

6.2 亚马逊在发展中存在的问题与应对策略

亚马逊在其跨境电子商务业务发展过程中遇到了一系列问题，可以采取相应的策略来应对，现分析如下。

6.2.1 存在的问题

1. 第三方平台货物质量问题

亚马逊网站上销售的产品大致分为三类：一是自营品牌，亚马逊重视自身品牌形象，自营商品很少有假货，十分可靠；二是第三方销售亚马逊配送，虽然由亚马逊提供质量保障、物流服务、售后服务，但亚马逊很难对这部分产品进行全面检查，真假混卖现象时有发生；三是第三方销售并配送，亚马逊只为这部分商品提供交易平台，不经手产品，保障程度低。亚马逊为扩充产品线，实现合作共赢，一直在大力推进第三方卖家入驻自身平台。亚马逊在全球市场有极高的品牌认可度，卖家利用这一平台销售产品，能够节约大量的前期建设和推广费用，并且注册简单，随时可以开店、撤出。一些售卖假货的卖家抓住这一点，在亚马逊网站上出售假货，当被投诉、追责时则迅速撤出。因此，亚马逊的货物质量问题日益突出，这影响了客户及卖家对亚马逊的信任度。苹果公司起诉亚马逊平台卖家销售假充电器，德国知名鞋品制造商勃肯从2017年停止向亚马逊供货，并且不允许第三方卖家在这一平台销售其品牌商品。一些知名企业尤其是奢侈品品牌，为维护自身权益和形象，选择与亚马逊终止合作关系。

亚马逊针对货物质量问题也有自己的惩治方式，其中最主要的惩治方式是当客户进行假货投诉时，返还资金并通过专门的假货曝光网站提醒客户。一旦卖家被证实销售假货，亚马逊就对其进行封店，甚至借助司法手段对销售假货的卖家提起诉讼。这样的惩治方式看似严厉，但实际上作用有限：第一，该惩治方式虽然对客户投诉反应较为迅速，但对正版卖家保护不力，属于一种事后打假措施，预防作用很小；第二，该惩治方式十分依赖客户投诉，亚马逊将举证的责任推至客户身上，这并不合理，并且客户积极维权未必会得到应有的回应；第三，即便客户维权成功，亚马逊将卖家清除掉，卖家依然可以重新注册账号继续销售假货。

亚马逊缺乏对第三方卖家产品的质量审核，与大多数电子商务平台一样，一系列的打假流程、政策流于形式，界定模糊。仅依靠客户投诉并不能解决问题，假货问题突出的亚马逊承受着来自客户、企业和政府的多重压力，客户信赖度下降，众多知名品牌被假货吓退，美国政府也要求其在治假问题上更为透明，分享销售假货卖家的线上线下信息。近年来，受到假货困扰的亚马逊痛下决心打假。2020年6月，亚马逊宣布成立全球打假团队，严厉打击售假行为：起诉在其平台上销售假货的卖家；要求在其网站注册的卖家提供相应的授权许可，对非授权卖家收取非归还性保证金；加大对第三方卖家产品的检查力度等。

电子商务这种模式在线上线下转移的过程中助长了假货的泛滥，这一问题是全球电子商务都存在的顽疾。尽管各家电子商务企业一直强调对假货持零容忍态度，但包括亚马逊、阿里巴巴在内的许多电子商务巨头不堪其扰却又无可奈何。随着第三方卖家的不断涌入，亚马逊打击假货的压力越来越大，售假行为更让其品牌信赖度的维护面临严峻的挑战。

2. 国际市场营销问题

亚马逊作为全球知名的电子商务企业，在美国、欧洲等地，由于相似的文化背景，许多经营模式可以直接套用。但是，东西方之间存在着巨大的经济、文化差异，这成为亚马逊进军国际市场的阻碍。

以亚马逊中国为例，亚马逊将有些在美国卓有成效的营销策略直接复制至中国，结果效果并不理想。例如，亚马逊图书在美国有一整套成功的备货模式：与实体书店合作，畅销类图书由亚马逊仓储中心备货并直接发货，而相对冷门的图书由供应商仓库发货，互利共赢。亚马逊试图在中国推广这种备货模式，其与浙江新华书店合作，借用该店的库存网，为长三角地区供货，但未能获得成功，亚马逊中国最终在苏州库房进行全品种存货。究其原因，一是中国图书业并不存在能够辐射全国的中盘商，大多数信息和物流只停留在省级范围，配送体系并不完善；二是双方信息对接不到位，如亚马逊将在欧美地区反响极好的 Prime 制度引入中国，但习惯了“包邮”和免费影视资源的消费者们似乎并不认可这项制度。

战略可以全球化，但是消费者不能全球化，电子商务企业要根据各个市场的经济、文化背景调整自身策略，亚马逊在这一点上做得还不够。亚马逊在中国起步很早，却被后来者阿里巴巴、京东等中国本土电子商务企业超越。当前，亚马逊在中国云服务市场上占据了一定的份额。

▶▶ 6.2.2 应对策略

1. 提升消费者体验与加强品牌建设并重

亚马逊本质上一直是以消费者为导向、综合发展的在线零售平台，这种定位决定了其不断扩充产品线、满足消费者日益多样化的需求。在这一核心价值观的指导下，其将消费者体验摆在第一位，从网页个性化推荐到包装运输再到售后服务，全方位满足消费者的需求，持续的低价，辅以自建的重资产物流体系和 Prime 制度，吸引了大批消费者，并形成良性循环，多次在各种机构的品牌价值排行榜中名列前茅。我国电子商务企业从亚马逊身上得到的第一个启示就是提升消费者体验，加强品牌建设，具体来说包含以下两点。

1）采取以消费者为导向的核心竞争策略，找准品牌定位

品牌代表消费者对某一企业的认可度，具体表现在消费者忠实度、市场占有率、市场信誉等方面。与传统企业不同，电子商务企业不参与产品制造，并且以网络为载体，品牌形象对这类企业来说尤为重要。如今，传统的以产品为中心的营销理念已经难以满足消费者日益个性化的需求，“以消费者（客户）为中心”的理念被频繁提及，特别是电子商务企业各种交易均在线完成，以消费者为导向、重视他们的购物体验便成为电子商务企业长久发展的重中之重。

我国电子商务经历过快速发展，进入市场的消费者和商家都在大规模扩张，日益加剧的竞争使得整个行业存在盲目扩张的通病——长期注重“价格战”，而对产品质量、物流体系、服务能力等自身核心竞争力缺乏关注。一些电子商务企业发现国内一些地区产品较为匮乏，许多人追求渠道上的低价，而低价策略确实为许多电子商务企业带来了数量庞大的客户群。但是，电子商务企业也应看到国内的中产阶级正在崛起，这部分人追求的是品牌和品质，因此应尽快从“价格战”中抽身，以长远的目光看待市场，以消费者为导向，脚踏实地地提升消费者体验，这样才能打造自身市场竞争优势。

2）坚持打假，保障产品质量

销售假货是一个全球性问题，经济合作与发展组织曾发布报告指出，电子商务模式因天生具有局限性，在从线下向线上转移的过程中，给了许多卖家可乘之机。亚马逊第三方平台的开放使其难以严格地把控产品质量，许多卖家选择这个十分受消费者信赖的电子商务平台作为销售假货的场所。亚马逊对假货的态度一直是零容忍，为此也采取过许多措施。例如，通过多渠道布局保障产品质量，其中曾经的亚马逊（中国）“海外购”实现了与美国、英国站

点的全面对接，以跨境直邮的方式提供来自国外的原装正品；加大对卖家账号及其产品整个上线流程的审核力度，要求卖家提供相应的品牌授权许可等。这些措施都表明了亚马逊对打假坚定不移的立场，也给我国电子商务企业提供了一些打假思路。

打假是维持品牌形象、促进电子商务企业发展绕不开的一个问题。与亚马逊不同，国内很多电子商务企业（如阿里巴巴）对售假行为“直言不讳”，定期发布打假数据，利用大数据协助执法部门查处假货卖家及制造商，这一点值得肯定。此外，亚马逊的某些措施，如起诉在其平台开展售假活动的卖家、利用网络技术加强对进货渠道的审查、要求第三方卖家出示品牌授权许可等，也值得国内电子商务企业学习。

2. 重视技术创新并大力发展云计算业务

电子商务企业要想在这一飞速发展的领域保持竞争优势，需要加强技术创新。

其一，加快技术转型，打造智能商业体。亚马逊商业理念的核心，除以客户为中心外，便是重视技术革新，近年来仅“内容研发成本”就占其总成本的10%以上，而其在人工智能领域的雄心也十分明显：亚马逊物流领域率先引用智能机器人系统，利用人工智能分仓、存储、拣货、追踪；大力推进自动驾驶货车技术的发展等。亚马逊很早就预测到人工智能在未来社会的重要地位，并积极将这一技术融入企业发展的方方面面。许多电子商务企业跃跃欲试，而加大技术投入和加强创新是一切智能化改变的基础。技术创新不同于营销模式革新，其投入大、回收周期长。我国电子商务市场竞争激烈，许多企业为了抢占市场份额，不惜在广告、营销上砸重金，甚至打起了价格战，而忽略了服务与技术——电子商务企业真正的核心竞争力。

在亚马逊推行智能化的过程中，许多设想让人觉得异想天开，其却成为技术进步的先驱，技术不断创新，推行全面智能化似乎有可能了。京东试水“无人仓”“无人机”“无人配送”服务，亚马逊的许多设想如今已非天方夜谭。随着智能化逐渐成为趋势，电子商务企业迎来新一轮转型和洗牌，我国电子商务企业在技术创新应用方面应该更具前瞻性。

其二，大力发展云计算业务。与人工智能遥相呼应的另一项重要技术是云计算，亚马逊AWS 业务起步早，先发优势明显。云计算的本质是为企业提供标准化的 IT 基础设施资源，对许多新创建、规模小的电子商务企业而言，搭建网站及后期维护的成本高，并且利用率低。在这种情况下，对大型电子商务企业而言，开展云计算业务，将其包括供应链、海量数据及物流平台在内的隐性基础设施资源转换为真正的利润，摊薄了技术投入；对利用云服务的其他企业而言，则可以以较低的成本获得高效、便捷的网络基建服务；从全社会范围来看，云服务业务带来的资源共享可以避免浪费，提高整体资源利用率。

在许多人的认知中，云计算这种技术性较高的业务应以谷歌、微软为主导，亚马逊成为全球最大的云计算供应商，打破了这种固有认知。电子商务企业发展云计算业务，既有依靠低价打开市场、迅速形成规模效应的传统策略，又有多年累积的客户资源这种核心资产。如今，我国云计算已进入创新活跃、广泛普及、应用繁荣的新阶段，具有巨大的发展潜力。AWS的成功使得电子商务企业有例可援，各个电子商务巨头纷纷布局云计算。除基本的存储服务外，电子商务企业还可以依据沉淀的数据发展多条产品线，包含生产、推广、渠道通路、企业运营等方方面面。云服务市场潜力巨大，但绝非零和博弈，它具有开放性，因此合作共赢将是趋势。

3. 加强基础设施建设以完善物流体系

在电子商务活动中，大量步骤都是通过互联网完成的，但是物流链需要真实的操作，完善的物流配送体系是长期发展在线销售的必备前提。亚马逊在其发展线上零售业务的国家建立了大型仓储中心和配送网络，不仅可以配送其自营店的商品，还可以为第三方卖家提供包括售前分仓、售后退换货等在内的物流服务。在分仓入库时，亚马逊将商品进行智能优化排列，以规范化管理；在打包配送时，享有亚马逊物流服务的第三方卖家统一对商品进行包装，并利用亚马逊高效的物流网络，提供优质的配送服务；在配送途中，亚马逊的订单追踪系统会为客户提供发运时间、预计送达时间等跟踪信息，以便为客户提供更为周到的服务。

作为我国电子商务行业的头部企业，阿里巴巴在其主营业务上一路高歌猛进：不断吸引新的商业伙伴，无论是 B2B、B2C、C2C、O2O 还是支付领域，阿里巴巴都颇有建树。但在高速发展的同时，其瓶颈也显现出来，其中一个突出问题是没有自己的物流体系。阿里巴巴很快意识到这个问题，并据自身情况建立起新的物流策略，启动“中国智能物流骨干网”项目，与多方共同成立“菜鸟网络科技有限公司”，致力于打造开放的社会化物流平台。与阿里巴巴所走的路线不同，京东从一开始就意识到物流是电子商务行业的一个重要环节，其不局限于做交易平台，将自身业务延伸至仓储配送领域，投入大量资金在国内建设大量仓储中心，打造了自己的物流体系。这一战略虽然冒险，但最终“211 限时达”的效率和高品质的服务为京东锁定了大量消费者，这也成为其核心竞争力。

阿里巴巴与京东在物流领域采取了完全不同的战略，但最终殊途同归：阿里巴巴为维持高速发展、不被物流行业掣肘而与其他企业共同建立了一个物流资源整合平台；京东则与亚马逊的做法类似，利用其多年搭建起的基础设施发展自身物流产品及服务。电子商务企业要想加强对供应链的管理，降低各个环节的成本，就绕不开物流体系，无论是自建、整合还是完全外包给第三方物流公司，都各有其优劣势。对电子商务巨头而言，自建或整合显然是最好的选择，无论是京东还是阿里巴巴，都不能放任自己的生态系统在物流这一关键环节被断开；而对小型电子商务企业而言，利用菜鸟物流或京东物流已经搭建好的平台，集中财力、物力和人力发展主营业务，以较低的成本换取更为高效的物流，也不失为一种良好的选择。

亚马逊物流除自建这一特色外，还有一个突出的特色——智能化。大量仓储中心和配送链条为亚马逊发展物流行业奠定了基础，而维持其物流体系高效运转的是不断完善的高科技智能体系。尽管与电子商务有着千丝万缕的联系，但物流行业依旧是劳动力密集型产业。人力成本攀升、管理困难已经成为物流行业的一大瓶颈，在此背景下，亚马逊首先迈出了智能化的步伐，在产品流转各个环节逐步用机器和智能计算取代人工活动。而国内的电子商务企业也不甘落后：阿里巴巴旗下的天猫超市仓库中开始运用“曹操”智能机器人分拣商品；京东打造智能商业体，开展无人机送货，并推进无人卡车、无人快递、无人仓等业务。亚马逊借助这些技术，已相当高效地处理了各式订单，我国的电子商务企业只有抓住数字化浪潮及人工智能技术革命的机会，提升物流速度和质量，才能够真正在日趋激烈的电子商务竞争中站稳脚跟。

4. 秉持竞争与合作并存理念加强战略合作

亚马逊从成立初期就追求规模扩张，整个过程中一直都在积极与其他企业开展竞争与合作，理财、音乐、快递、智能科技，供应链的各个环节都有亚马逊的身影，而其全产业链的投资，均体现着竞争与合作并存的理念。亚马逊电子商务的典型模式——第三方平台业务被很多人认为会挤压自身盈利空间，但亚马逊将这视作一种合作提升产品质量、扩大产品规模、提升品牌认知度的方式。亚马逊在电子商务供应链的合作更是为其物流服务带来了新的发展机遇。事实证明，与竞争对手合作得当完全可以获得双赢。

总体来说，国内许多企业并购主要集中在渠道通路上，而忽视了技术创新。亚马逊曾收购 Kiva Systems，并迅速将智能机器人系统运用于其运营中心，大大提高了仓库的存储和处理能力。电子商务企业应从企业和行业发展的角度做出长远规划，渠道上的规划整合只能带来暂时的利润增长，而加强技术创新，提升服务效率和客户体验，才是发展的长久之计。另外，除并购重组外，亚马逊与供应商、宣传商和其他机构的各式合作也值得我国企业学习，在技术、产品、物流领域加强合作对双方都是有利的。京东与英伟达公司签署合作协议，共建联合实验室，在人工智能领域加强合作，推动电子商务朝着智能化方向发展。在电子商务平台假货泛滥使得消费者对卖家信任度大打折扣的背景下，京东自营、网易严选、豌豆公主等自营品牌向上游开展与供应商的合作，在提升产品质量的同时，省去了中间环节，进一步压低了产品价格，重塑了消费者对其品牌的高认可度。

此外，我国很多电子商务企业已经不满足于国内市场，提出“全球化”战略，在世界各国开店，除加强技术创新、提升客户体验外，加强与各方的合作也是十分必要的。分析亚马逊的商务模式，其在开展国际业务时，都会选择与当地企业、政府机构达成战略联盟，既可以互相弥补产业链的不足，又可以借助对方的影响力打开市场，这种合作方式值得我国电子商务企业借鉴。京东全球购与商务部外贸发展事务局签订合作协议，加强双方在数据分析、跨境电子商务推广和贸易促进等领域的合作；阿里巴巴与国际奥林匹克委员会在云计算、电子商务和数字媒体三个方面建立了长期合作关系，为其旗下的中小型跨境电子商务平台助力。越来越多的电子商务企业意识到，封闭的经营模式并不符合电子商务的主题，盲目并购也难以为自己带来持续的利润增长，以合作方式达成互利共赢才是电子商务发展的趋势。

6.3 总结与启示

对亚马逊案例进行总结，有利于为我国跨境电子商务平台的发展提供借鉴，案例的总结与启示如下。

6.3.1 总结

亚马逊吸引客户的一个主要策略是以低价打开市场，无论是电子商务平台上的客户，还是购买 AWS 的客户，在很大程度上都被其物美价廉的商品和服务所吸引。同时，亚马逊在各个领域与其他企业、机构开展深度合作，搭建规模大、效率高的网络交易平台，交易双方发挥各自的比较优势，并且从中获益。各方对亚马逊这一平台的黏性不断增强，这种合作伙伴关系使亚马逊规模迅速扩大。

亚马逊有着高瞻远瞩的战略目光，不遗余力地进行基础设施建设。无论是凭借自建重资产物流体系为第三方提供物流配送服务，还是依托大数据和 IT 提供云服务，这些主要的盈利项目都是其早期加大基础设施投入的成果。

任何一种商业模式都有其缺点和实效性。因此，商业模式不可能一成不变，而是需要根据环境的变化进行调整。亚马逊在电子商务领域的发展始终践行着“以客户为中心”的核心价值理念，不断完善自身产业链条，提高商品和服务的质量。始终坚持这一理念，根据客户的需求调整甚至革新自身商业模式，电子商务企业才可能立于不败之地。

6.3.2　对跨境电子商务平台发展的启示

1. 完善平台交易系统

第一，建立完善的导购系统。导购系统能够帮助消费者精准地筛选出心仪的商品，节省消费者的网购时间，提高单位时间的交易量。亚马逊和速卖通均通过强大的数据库为导购系统提供技术支撑，通过平台收集消费者的行为及偏好数据，当消费者再次访问平台时为其推送可能感兴趣的内容，实现精准营销。

第二，消除语言障碍。国际上许多跨境电子商务平台都采用英语作为第一交流语种，但毕竟英语在全球的普及并不是无死角的，再者部分国家偏好使用母语，鉴于这种情况，平台采用翻译助手自动将网站语种翻译成消费者能接受的语种极其重要。同时，跨境电子商务平台的语种转化功能是拓展市场的一种战略。

第三，全面升级资金支付方式。不同国家和地区的消费者的支付习惯不同，如果针对不同国家和地区的消费者提供当地化支付方式，既能提升消费者体验也能提高平台使用率。亚马逊和速卖通在这方面均做得很好，它们在推广自身第三方支付方式的同时，提供其他可选择的国际支付方式，以满足核心市场消费者的需求。

2. 丰富平台盈利模式

随着跨境电子商务的大规模发展和互联网技术的全面应用，跨境电子商务平台的收入来源不再也不应再局限于平台费用和商家佣金，获利渠道应该朝着多元化发展。

第一，开放平台功能体系。亚马逊取得巨额而稳定的营业收入的原因在于将平台由在线零售商转型为在线交易服务商，而且远不止于此，随着大数据时代的来临，其将收入的支柱转换为云计算服务 AWS。因此，我国跨境电子商务平台在发展过程中，既要通过向商家收取平台费用和佣金保证平台的基本收入，又要寻找新的利润增长点。跨境电子商务平台应积极开放平台功能，充分发挥商家的智慧，拓展平台业务，帮助商家完成品牌建设。

第二，开发增值服务。越成熟的跨境电子商务平台的盈利模式越淡化佣金收入，广告、关键词搜索等增值服务更受其青睐。在推出增值服务时，需要构建增值服务规范，以明确商家职责，保护消费者权益。

第三，利用平台导购盈利。由于跨境电子商务平台商品同质化严重，给消费者造成选择性负担，而导购服务不但可以协助消费者准确筛选出优质商品，减少消费者的对比消费行为，而且能大大降低消费者的时间成本，简化消费流程，提高平台的收益。

3. 创新平台为商家提供的宣传方式

传统的媒体宣传方式费用高、受众面小、监管不完善，故现在平台商家更愿意通过关键词搜索和网站流量来宣传店铺或商品。这就要求跨境电子商务平台优化搜索引擎，丰富平台的广告活动，从而提高网站流量，为商家赢取更多的消费者。

第一，与国外主流搜索引擎和社交平台达成战略合作。与国外主流搜索引擎（如雅虎、谷歌等）建立合作关系，可以丰富平台的流量入口，并给平台商品带来较多的展示渠道。

第二，引导平台商家对外自我宣传。平台可以创建会员制度或给予奖励，鼓励商家自主宣传店铺和商品，活跃平台购物气氛，从而促进销售。

4. 完善跨境物流体系

随着跨境电子商务行业的快速发展，跨境物流体系不完善与日益增长的对跨境物流服务的需求之间的矛盾愈发突出，跨境电子商务平台需要从多个方面完善跨境物流体系，为海外消费者提供优质的物流服务。

第一，与第三方或第四方物流企业合作。新兴跨境电子商务平台还没有足够的资金与实力自建物流配送中心，需要借助专业、成熟的第三方或第四方物流企业提供全球性跨境物流服务。第三方物流企业是指专业的物流服务供应商，可以为平台提供全套科学、合理的物流服务；第四方物流企业则是指提供物流流程规划、供应链管理等服务的企业，其通过整合供应链上的各类资源、物流信息等，为合作平台提供专业的解决方案。亚马逊和速卖通均采取与第三方物流企业合作的方式，在享受专业的跨境物流服务的同时，为平台节省了部分成本，降低了管理的复杂性。

第二，建设海外仓。业务规模较大的跨境电子商务平台通常在目标国家建立海外仓储中心，进行囤货，实现商品的快速投递。同时，平台还可以运用物联网技术整合各海外仓的站点资源，实现不同海外仓的商品统一调配，优先配送。亚马逊和速卖通均通过建立海外仓提高了商品的配送效率，降低了物流成本和丢包风险，同时通过提高跨境物流的自主权，有效地解决了退换货难的问题，提升了消费者的购物体验和满意度。我国跨境电子商务平台在学习亚马逊和速卖通进行海外仓建设时，需要实事求是地分析平台自身实力和发展状况，选择性地建仓，要考虑清楚需不需要建仓，在哪些国家和地区建仓，不能不建仓或滥建仓。

第三，提供个性化跨境物流服务。在崇尚私人定制的时代，跨境电子商务平台面向的是全球市场，服务的是各国消费者。由于不同国家和地区消费者的购物习惯和消费水平不同，平台若能提供个性化、定制化的物流服务，将极大地提高平台在国际市场上的竞争力。比如，若面临对价格敏感但时间上无紧迫性的消费者，平台可以提供价格实惠但配送时效没有保障的小包快递服务；若面临对价格不敏感而对时间要求高的消费者，可选择与第三方物流企业合作；若面临对价格、时间和服务体验要求均高的消费者，可利用专线物流或海外仓为他们提供特殊服务。个性化物流服务应建立在消费者偏好被充分收集的前提下，因此平台需要利用大数据、云计算等信息技术充分收集和分析消费者的偏好和心理特征，从而实现平台收益最大化及消费者购物体验最优化。

5. 加强知识产权保护

如今，全球跨境电子商务市场竞争越来越激烈，导致各跨境电子商务平台商品同质化严重，甚至存在假冒伪劣商品，品牌侵权等问题日益突出。因此，加强知识产权保护，改善跨境电子商务行业竞争环境刻不容缓。

第一，为平台商家及其商品提供知识产权保护。平台之所以会出现品牌侵权问题，是因为入驻平台的中小型商家资金相对缺乏，其商品的核心竞争力不足，于是通过模仿品牌商品，以较低的价格来获取市场份额，与品牌商家争夺市场。由此显现出的知识产权保护漏洞给跨境电子商务市场造成了极大的负面影响，损害了平台在国际上的形象。因此，跨境电子商务平台应该与品牌商家加强合作，在平台上为品牌商品设置专区，提高消费者的品牌意识，同时加大知识产权保护力度，从而营造和谐的竞争环境。

第二，加大保护和扶持品牌巩固中的商家。平台既要在商品宣传和销售上进行扶持，又不能忽视相关商品的审核力度，通过加大对侵权商家的处罚力度，倒逼低品质商家转变经营模式，优化商品品牌建设。同时，平台需要为消费者改善购物环境，通过加大知识产权保护力度为消费者筛选出真实且高品质的商品。

【本章小结】

亚马逊是跨境电子商务的“鼻祖”，其成功之道值得各个电子商务平台借鉴。本章选取亚马逊跨境电子商务案例，从价值主张、资产管理、客户管理和财务管理四个方面分析了亚马逊商业模式，并对亚马逊在发展中存在的问题与应对策略进行了探讨。亚马逊案例对跨境电子商务平台的发展带来如下启示：完善平台交易系统、丰富平台盈利模式、创新平台为商家提供的宣传方式、完善跨境物流体系、加强知识产权保护。

【本章实训】

实训案例：洋码头的海外场景式购物模式

相比天猫国际、网易考拉等电子商务巨头旗下的综合型平台，不少独立型平台选择以独特的海淘模式，在夹缝中探索生路，洋码头就是其中之一。洋码头成立于 2009 年，其创立了海外场景式购物模式，通过买手直播真实的购物场景。

1. 买手模式

在跨境电子商务的多种模式中，洋码头采取较轻的 C2C 买手模式。买手这种灵活而有弹性的供应链形式，能快速反映市场需要，使平台可以及时调整供货渠道及货源品类。洋码头平台买手商家数量庞大，每日可供购买的商品达百万件，覆盖高端奢侈品、轻奢商品、珠宝首饰、生活日用品及众多全球首发商品。跨境电子商务时代的买手与淘宝的传统代购截然不同，代购基本还停留在低客单价的爆款商品走量上，有点类似搬运工；而买手需要具有相对独特鲜明的消费理念、过硬的业务功底、感知时尚的敏锐嗅觉，可以说好的买手是独具风格的。比如，好的买手会第一时间选出真正受消费者欢迎的商品，同时发掘出商品最大的卖点和价值，通过优秀的图文介绍和专业的方法将商品推送出去。为了照顾到更多层面的消费者，洋码头上的一些买手团队已经进行了精细化分工，仅仅是选品扫货这一环节都有不同梯队，如一部分主攻30～40岁的女性白领，一部分主攻男性客户群，一些年轻的“90后”买手们主攻轻奢品牌。不过，因为买手的个体化问题，难以避免价格竞争，为此洋码头出台了多重保障政策，以提升买手模式的运营严苛性。比如，对入驻的买手有严格的审核管理制度，包括身份认证、海外信用证明等，平时还会不定期回访，以确保买手提供的商品渠道纯正。

2. 直播引流

洋码头曾尝试借助微信小程序，但后来发现微信小程序只是链接工具，对产生流量帮助不大；它还曾通过微信公众号引流，但消费者转化并不理想。洋码头在试错过程中做对了两件事：第一件是2017年开始做视频直播，因为直播间里的消费客单价高，卖家的交易壁垒高，消费者在直播间停留时间很长，因此消费者转化好，不那么容易流失；第二件是入驻抖音，短视频流量帮助洋码头走出了流量瓶颈。2019年，洋码头加大了对海淘直播和短视频的投入力度。在“黑五”大促期间，洋码头与抖音等平台合作，自己策划内容，用短视频的形式讲故事，再加上洋码头的商品链接，成功引流与造势，洋码头再在其站内通过直播的形式来承接与转化。平台因此获得了5倍以上的流量增长，海淘直播客单价达到近2000元，直播间消费者购买率超过50%。除对销售的刺激外，洋码头这种“短视频+直播”的引流方法还降低了流量成本，并且使消费者黏性得到增强。2021年，通过“短视频+直播”方式引入洋码头并产生的成交总额约占平台成交总额的三成。

3. 物流自建

在物流方面，洋码头从成立之初走的路线就和大部分跨境电子商务平台的保税进口模式不一样，其自建了官方物流“贝海国际”速递。该物流覆盖全球多个国家和地区，国内段物流与顺丰速运达成战略合作。一般的海淘逻辑是，中国消费者在国外的购物网站上购物，再找到合适的转运公司将商品运到中国。这一流程有三个痛点：一是物流的中间状态不透明；二是运费价格高；三是在运输过程中，一旦商品出现破损或丢失，将无法定责。为了解决这些问题，洋码头选择在海外建立仓库，并自建国际物流公司，帮助国外买手通过直邮的方式把商品送到中国消费者手中。自建物流的模式虽然很重，但很有意义，它可以防止假货串货，而且时效快，从美国出货，一般5～7天就可以送到中国消费者手中。该流程为，中国消费者在洋码头平台上完成购买之后，商家或个人买手把商品打包好后发到洋码头海外搭建的仓库货站，再委托贝海国际速递直接配送给中国消费者。在整个交易及配送过程中，消费者可以通过网站后台、短信、邮件全程跟踪整个订单及国际包裹的实时状态，如海外仓库配货打包、国际直邮发往国内、入境海关报关报检等，包括海淘之前普遍模糊的海外快递部分，现在信息都十分详细。其中，洋码头通过系统对接，把整个过程中不同的、碎片化的服务商整合并且打通。此外，洋码头还上线了“一慢就赔”业务，为物流时效提供了保障。若是在洋码头成功下单且支付全款的订单，使用贝海国际速递承运且运单号真实有效，从付款至签收未在服务承诺时间内完成，洋码头将对消费者进行赔偿。

4. 线上线下

洋码头与微博在多个维度展开战略合作。一方面，洋码头获得了微博的流量扶持，同时借助后者的社交媒体属性增加曝光度，提升洋码头的品牌影响力；另一方面，洋码头赋能重要合作伙伴，发挥直播引流及带货能力，帮助微博的 KOL（Key Opinion Leader，关键意见领袖）进行电子商务变现。2019 年，网易考拉被阿里巴巴收购，这成为跨境电子商务行业格局变化的一大标志性事件。这标志着跨境电子商务市场的“厮杀”已经进入下半场。如果说上半场考验的是平台产业链、供应链、买手商家的整合能力，那么下半场比拼的是流量的获取及变现能力。在线上，洋码头会借助短视频、全球海淘场景化直播等方式，并进一步拓展快消品类目，还对奢侈品推出官方鉴定服务，形成商业闭环。除此以外，发展线下也是洋码头未来的重要目标。洋码头创始人兼 CEO 曾碧波认为，相比线上，线下是提升消费者信任度和品牌认知度更好的入口，他认为线下零售不是销售中心，而是服务中心、营销中心和流量入口。但同时，线下的商业闭环很难形成，洋码头会打造一些标杆，赋能更多店主，通过线下加盟的方式，帮助他们提高交易率。

实训内容：洋码头的跨境电子商务运营模式有何特点？

实训要求：补充查阅资料，从跨境电子商务商业模式的若干方面进行分析，形成一份案例分析报告。

【复习思考】

1. 亚马逊的商业模式主要有哪些优势？
2. 亚马逊在发展中存在的问题主要有哪些？
3. 亚马逊运营中可以采取哪些策略？
4. 亚马逊案例对跨境电子商务平台的发展有哪些启示？

第7章

eBay：处于起伏之中的跨境电子商务平台

【学习目标】

- 理解 eBay 商业模式的特点；
- 能够分析 eBay 在发展中存在的问题；
- 掌握 eBay 发展的应对策略；
- 理解 eBay 对跨境电子商务平台发展的启示。

【引导案例】eBay 的跨境电子商务发展历程

1995 年，eBay 在美国成立。初期的 eBay 与跳蚤市场极为相似，每个人都可以来 eBay 进行网络交易。eBay 的电子商务模式决定它只能起到中介的作用，也就是撮合卖家与买家进行交易，它从中间收取交易费。eBay 自成立后不断地向外扩张，经历过辉煌，也陷入过衰落。具体来说，eBay 的发展历程如下。

飞速成长，成就巅峰：1995 年—2000 年，eBay 开创 C2C 交易模式，利用互联网技术为买卖双方提供安全、便利的电子商务交易场所，通过品类和业务拓展积累了庞大的客户群，飞速成长为电子商务巨头。

由强减弱，走向衰落：2001 年—2010 年，eBay 在飞速成长后开始故步自封，在网拍市场日渐饱和、过度扩张，亚马逊等竞争对手崛起，以及搜索和社交网站兴起的背景下，eBay 的先发优势逐渐减弱。

战略转型，回血复苏：2011 年—2016 年，eBay 展开四大战略转型——开发移动支付产品、发力 PayPal 支付业务、由线上向线下渗透、收购电子商务综合服务平台 GSI Commerce，从拍卖零售市场转型为兼具渠道和服务的综合互联网技术平台。

2002 年，eBay 开始投资中国的易趣网，将其纳为全资子公司，并改名为 eBay 易趣，而且快速地发展为中国最大的在线交易网络平台。2006 年，eBay 易趣与 TOM 达成在线合作，联合推出在线交易网络平台。但是也在同年，eBay 易趣宣布将部分股份卖给 TOM，这被公众视为 eBay 退出中国的象征。2007 年，eBay 的中国跨境卖家发现，登录账户后网页上的文字一夜之间变成了繁体中文，注册于中国香港的“eBay.com.hk”开始了另一种玩法——专注跨境交易。该业务长期与 eBay 易趣的本地交易混在一起，以至于被淘宝掩盖了光芒。2012 年，在进入中国 9 年后，eBay 宣布退出中国市场。

辩证与思考：eBay 跨境电子商务为何退出中国市场？

分析与提示：跨境电子商务在不同国家和地区发展模式的特点。

7.1 eBay 商业模式分析

eBay 在全球很多国家均开展了跨境电子商务业务，在此主要选取 eBay 在美国、东南亚地区和中国的业务，并分别对其商业模式进行分析。

7.1.1 eBay 在美国的业务

1. 主营业务

eBay 的主营业务相对稳定，其中 2015 年分拆支付业务 PayPal 对公司的影响较大。在 PayPal 被分拆后，公司收入分成两类：净交易收入和营销服务及其他收入。其中，第一类收入主要是平台费，主要通过旗下综合交易平台 Marketplace 和票务交易平台 StubHub 获取，基于平台上发生的最终成交费、上架费及其他费用产生收入；第二类收入为广告费、汽车分类清单刊登费、收入分成、分类费、营销服务费及前置推介费等，主要来源于 Marketplace、信息分类平台 Classifieds、StubHub 的对公及其他业务。

面对来自亚马逊的竞争压力，eBay 放弃拍卖业务，定价商品逐渐成为其在线销售业务增长的主要动力。

2. 核心业务

eBay 的核心业务平台有 Marketplace 和 StubHub，它们是公司最主要的收入来源。Marketplace 的交易收入增速经历 2013 年—2017 年的下滑后呈现回暖趋势，再度回归两位数增长，但从长期来看，平台业务尚未进入平稳的增长通道。StubHub 曾是 eBay 交易平台增速最快、最有潜力的业务平台。StubHub 在二级票务交易市场中市场占有率超过 50%，相较第二名 Ticketmaster（11%），领先优势显著。StubHub 票务交易采取双向收费制：平台交易费向卖家收取票价的 15%，向买家收取票价的 10%。报告显示，票务交易的货币化率在 2018 财年达到 22.5%。早期，StubHub 在两个方面对 eBay 做出了重要贡献：消费者对在线票务的强劲需求和 StubHub 领先的市场占有率推动了 eBay 的 GMV 增长；StubHub 的货币化率显著高于

eBay 的其他交易服务。然而，随着 StubHub 增长受限，营收增速大幅度放缓，eBay 于 2020 年将 StubHub 出售给瑞士票务供应商 Viagogo。

3. 经营地域

从地域来看，2018 年 eBay 前三大收入贡献地区依次为美国、德国、英国。后来，eBay 的业绩对美国以外国家的依赖程度上升。eBay 净利润波动很大，几乎无规律可循。剔除税收影响后，公司息税前净利润持续下降。例如，2015 年由于支付业务 PayPal 被分拆，公司息税前净利润下降 37%。2017 和 2018 财年的息税前净利润分别下降 3%、2%，公司盈利呈现疲态。

4. 行业竞争

1）竞争对手

Shopify 于 2004 年在加拿大成立，它是除亚马逊外 eBay 在全球市场中最大的竞争对手。Shopify 提供线上经营工具，业务从基于亚马逊的建站服务延展到支付、配送、营销等服务环节，逐步被越来越多的中小企业认可。Shopify 加快海外业务扩张，凭借结汇的业务亮点受到客户的青睐。

【拓展阅读】eBay 的竞争对手 Shopify 概况

业内对 Shopify 的印象多为“独立站建站工具”，不用写代码就能迅速搭建一个电子商务网站。具体来讲，Shopify 是一个 SaaS 模式的电子商务服务平台，为商家提供搭建网店的技术和模板，管理全渠道的营销、支付、物流等服务。其实，它的价值不仅限于此。

1. 商务操作系统

Shopify 提供一个开放的平台和丰富的 API（Application Programming Interface，应用程序接口），商家可以根据自己的需求用 API 开发各种功能，Shopify 也可以把这些功能封装成 App 的形式供更多的商家使用。

2. 产品生态

Shopify 的产品生态重点突出的是商家、合作伙伴和平台共赢的场景。其合作伙伴包括各种功能产品模板开发商、App 开发商、营销公司及监察服务商等，这些都是平台商家可以利用的资源。

Shopify 的合作伙伴主要分为四种类型：第一种是建站型，简单地讲就是帮企业打造网站；第二种是联盟推销型，如培训教课等；第三种是技术型，负责做模板开发或应用开发等；第四种是平台型，如 Facebook、Google、PayPal 等。

3. 多渠道

独立站是 DTC（Direct to Consumer，直接面向消费者）营销的利器，它给商家提供了直接面向消费者的机会及品牌营销的手段。Shopify 和亚马逊这样的第三方电子商务平台并不是完全割裂的，Shopify 主要给商家提供更便捷的管理方式和更多的销售渠道。

通俗地说，Shopify 与亚马逊、eBay 等第三方电子商务平台最大的区别是，后者是在线集市/商场，商家入驻后在里面卖货，它们则运作流量、获得销售提成，前者主要为商家搭建基础架构，让商家自己开店，全渠道、全场景地开展销售活动。

2）物流布局

eBay 与国际知名的物流公司合作建立了全球运送计划（Global Shipping Program，GSP），参与 GSP 的卖家将商品寄到全球运送中心，之后由第三方物流公司提供国际运送及点对点配送服务，保障消费者的购物体验。eBay 推出了一个名为“保证送达”的项目，允许消费者过滤搜索结果，只显示在 3 日或更短时间内保证送达的商品。总体来看，2 日内可送达的商品占比仅为 1%，相比之下，5%的沃尔玛商品和 15%的亚马逊商品可实现 2 日内送达，eBay 平台的物流时效性差，难以缩小与电子商务巨头之间的差距。

从物流基础建设来看，eBay 没有投资建设物流中心或物流体系，仅依赖自己对接的第三方物流公司，不承担自建仓储、自负物流运营的策略在降低成本的同时，也降低了对卖家的吸引力。随着亚马逊物流体系的逐步完善，消费者对物流时效性的要求不断提升，到货速度已经成为影响消费者购物体验的重要因素。美国消费者满意指数显示，eBay 消费者对平台的满意度与亚马逊之间的差距在逐步拉大。

3）收费模式

eBay 将卖家需要支付的费用分为基本费用和可选费用。其中，基本费用包含刊登费、最终成交费（佣金）及 PayPal 费用；而可选费用主要指订阅店铺、功能升级及广告费用等。eBay 卖家刊登商品必须缴纳刊登费，不过卖家每个月可以获得一定的免费刊登额度（不同类型卖家的免费刊登额度不同）。当卖家成功售出商品后，平台会收取一定的成交费。eBay 成交费基于买家支付的费用来计算，包含商品费用和物流费用。另外，还需要向 PayPal 平台支付一定比例的费用，一般来说，交易额越高越优惠。eBay 广告是 eBay 内部的付费推广服务，可以提高商品曝光度和商品卖出的概率。只有通过推广活动成功卖出商品后，平台才会收取相应比例的佣金，只点击并未售出不会产生广告费用。此外，eBay 还有功能升级等费用，eBay 刊登有些功能是可以升级的，如预刊登、标题字体加粗、第二分类等。

对 eBay 个人卖家（没有订阅店铺）而言，如果不使用任何付费功能来提高曝光度，则卖家的销售基础费用为佣金×10%+交易额×3.9%+0.9 美元。收取的佣金高是 eBay 与其他电子商务平台货币化率差异较大的主要原因。

7.1.2 eBay 在东南亚地区的业务

eBay 在泰国设立了办事处，与泰国公司（如 True）合作，泰国有很多公司和个人都使用 eBay。eBay 在泰国设立办事处是为了更好地为泰国客户服务，在客户遇到问题时及时提出方案，快速帮助客户解决问题。

eBay 在马来西亚设立了办事处，并且同时设立了两个办事处，由此可见东南亚市场已成为全球关注的市场。

eBay 于 2004 年入驻菲律宾，致力于支持菲律宾当地小微零售企业。菲律宾对 eBay 来说是一个非常重要的市场，eBay 希望通过向菲律宾的小微企业提供全球品牌、可信赖的平台和本地管理团队来帮助它们发展业务。通过精心策划活动，以友好的价格提供新颖的和季节性的商品，eBay吸引了新一代的在线购物人群。在大多数情况下，eBay卖家从海外采购商品，以便可以提供菲律宾本地厂商无法提供的商品。

eBay在其旗下印度和菲律宾网站推出了团购业务，具体模式类似于美国团购网站Groupon；eBay还在马来西亚、印度尼西亚等地设立了办事处，十分重视东南亚的市场。

7.1.3 eBay在中国的业务

eBay易趣曾经作为中国C2C的龙头，是当时中国地区领先的在线交易网站。eBay的巨大资金投入使得eBay易趣更加强大，在资金方面无后顾之忧。eBay易趣为了保持自己的领先优势，一直持续推进自身商品的差异化战略。下面将根据波特五力模型对eBay在中国的业务进行分析。

进入障碍：eBay易趣在充足资金的支持下，不断推进商品的差异化战略，如给卖家提供个性化的销售数据分析、外贸等服务，其先进技术和高成本使得追随者难以进入。

买家讨价还价能力：免费的个性化服务提高了买家的忠诚度，也不存在讨价还价问题。

卖家讨价还价能力：由于卖家在差异化商品面前缺乏可选性，在费用方面因缺少可比性而降低了讨价还价能力。

替代品的威胁：由于eBay易趣差异化商品模仿的成本很高，降低了替代品的威胁度。

行业中现有竞争者的竞争：在淘宝进入C2C后相当长的一段时间，eBay易趣一直是行业的领头羊，因而淘宝作为eBay易趣的竞争者，也不断追随eBay易趣，虽然淘宝最终获胜，但eBay易趣的商品差异化战略在一定程度上对淘宝来说是巨大的挑战。

外贸服务：由于传统外贸方式准入门槛高，受到代理商、渠道、资金、信息等多方面的制约，中小企业和个人用户很难参与其中。对于eBay易趣，最大的优势在于共享eBay全球的资源，于是eBay易趣加紧推广自己的网络跨国交易战略，在eBay上做外贸，交易是点对点的，中小企业和个人用户可以通过eBay平台与全球市场直接进行交易。eBay易趣提供的支付工具PayPal可以支持全球交易，极大地方便了客户。虽然淘宝也开展外贸服务，但其步伐和规模还远远落后。此外，eBay易趣提供的沟通工具Skype是支持全球很多国家的即时语音沟通系统，其功能曾是阿里旺旺短期内无法实现的，对在中国市场上进行外贸交易的卖家和买家来说，Skype是一个无法替代的工具，这也是eBay易趣商品差异化战略的巨大优势所在。

战略联盟：eBay易趣和麦当劳达成战略合作，双方将拥有各自在门店零售与在线交易方面的优势，与对方实现资源互补，建立全新的、整合的营销渠道。eBay易趣还曾与永乐家电签署战略合作协议，开拓新的零售渠道。这些合作标志着电子商务领域各种业态日渐融合，eBay易趣由原来专注于个人网上交易，转为将业务拓展至品牌商品销售。

开发新的购物平台：eBay易趣与TOM达成在线合作，推出当时国内首个基于WAP（Wireless Application Protocol，无线应用协议）技术的手机购物平台，并向其网站用户提供免费的短信提醒服务。

综上所述，淘宝在前期作为eBay易趣的竞争对手，不断追随eBay易趣的差异化战略，在很长的时间内，虽然淘宝实施的成本优先战略适合本土市场，给eBay易趣带来很大困扰，但曾经在总体实力上依然和 eBay 易趣有着较大的差距。

【知识链接】SpeedPAK“介入式”物流服务

SpeedPAK 是 eBay 联合物流服务商橙联共同打造的，以 eBay 平台物流政策为基础，为 eBay 中国卖家量身定制“介入式”物流解决方案，致力于为卖家提供稳定、快捷的直发跨境物流服务。SpeedPAK 将提供三种不同层次的服务：加快型服务、标准型服务、经济型服务。这些服务的平均物流时效为 8～12 个工作日，其中标准型服务提供端到端全程物流追踪，经济型服务无国际端跟踪信息。SpeedPAK 最大的特色是为中国卖家提供量身定制的直发物流解决方案，为卖家提供稳定、快捷的物流服务和良好的售后体验。2020 年 6 月，新增的 SpeedPAK Mini 物流解决方案专门为运输“带电”货物而设计，可以帮助卖家提升物流服务的有效性，真正优化揽收、通关和运送。

7.2　eBay 在发展中存在的问题与应对策略

eBay 在其跨境电子商务业务发展过程中遇到了一系列问题，可以采取相应的策略来应对，以 eBay 在中国的业务（eBay 易趣）为例分析如下。

7.2.1　存在的问题

1. 对消费者消费心理的了解

例如，一部分消费者喜欢在购买前与卖家私下沟通，因为私下沟通不仅能够对商品进行详细了解，还能够与卖家建立信任，同时能够对商品价格进行沟通。然而，eBay 易趣在建立时，并没有考虑到这一点，其不向消费者提供电话服务，也不支持卖家和消费者在网上直接沟通，主要是为了避免他们对价格进行商谈。而淘宝网十分了解中国人的消费心理，其建立了卖家与消费者可以直接沟通的平台，允许卖家在网上公布自己的联系方式，允许卖家通过阿里旺旺与消费者进行针对商品情况的沟通，这提升了消费者的信任度，符合消费者的消费心理。

另外，在网上支付风险的问题上，淘宝网提供了比 eBay 易趣更加安全的保障，提升了消费者对网上交易的信任度。比如，淘宝网推出了支付宝，承诺可以向消费者全额赔款，支付宝在卖家和消费者之间起到中介担保的作用，消费者先将货款支付给支付宝，在收到货物且满意的情况下再将货款发放给卖家，如果不满意可以选择退货，货款会转给消费者，这一服务让消费者有了安全保障。因为 eBay 易趣对中国本土化的市场了解不足，对中国消费者的消费心理不了解，不能满足消费者的需求，所以即使其商品质量再好、样式再全，也不能吸引更多的中国消费者。

2. 广告宣传促销力度

eBay 虽然在美国市场很受欢迎，具有一定的知名度，但是在中国凭借其国外的知名度很难拉动市场。eBay 易趣在做广告宣传时，大多数产品是面向拥有较高收入的消费者的，其忽略了中国大众的消费水平。淘宝网正是由于了解中国大众的消费水平和消费观念，因此在做广告宣传时不仅仅是为了树立品牌形象，更多的是利用宣传活动提高自身知名度，这样一来，使得更多的人知道淘宝网，同时为淘宝网带来了经济效益。eBay 易趣在广告宣传方面不但做得少，而且宣传形式并没有引起消费者的关注。

3. 竞争对手的能力

淘宝网于 2003 年才由阿里巴巴集团创立，而 eBay 易趣（先驱为易趣网）早就进入中国市场，但淘宝网一些营销模式（如拍卖、免费服务等模式）并没有引起 eBay 易趣的注意。那时的 eBay 易趣仍将主要精力放在与全球平台的对接上，致力于将 eBay 易趣网站全球化，而忽略了对手在营销方面的努力，在不知不觉中使得大量卖家及消费者转向了对手。虽然最初 eBay 易趣作为唯一一家销售网站，占据着中国市场份额的绝大部分，但是因为 eBay 易趣对淘宝网这一对手的疏忽与小看，导致其占据的中国市场份额大幅度下跌。如果 eBay 易趣能够在淘宝网出现时就注意到它的营销模式，并积极地制定出应对策略，也许结果会大不相同。

4. 管理层本土化程度

eBay 易趣的高层管理人员对其电子商务模式有着统一的看法，即产品主要针对高收入阶层，其网站设计风格、产品的广告推广都体现了这一点，然而中国消费人群有不少是不能接受高消费的，eBay 易趣忽略了这一点。另外，eBay 易趣总部的一些管理人员虽然对成熟的互联网市场有着独到的见解，但他们对中国的情况并不了解，只是将自己的想法灌输给员工，当他们意识到存在问题时，仍在进行远程控制，主要是由于他们对中国管理人员不信任。

5. 网站设计与推广力度

eBay 易趣的网站设计十分美观，它的网站设计是清爽的、简洁的、优美的，但是给人的感觉是高高在上的，它的网站表面上没有太多的装饰和点缀，很多好的东西被深深地隐藏起来，并且 eBay 易趣高价买下了 Google 关键字搜索，以进行网站的推广。eBay 易趣网站上的产品要经过长时间搜索才能找到，并且网站上的很多产品虽然受到高收入阶层的喜欢，但大众不能接受，因此长期以来 eBay 易趣网站的浏览量不高。但是，它的竞争对手淘宝网，把很多好的东西放在首页上展示，很多人一进入网站便能看见，有的人开始并不想购买某种产品，但看到后十分喜欢，可能就会买下，这大大提升了淘宝网的销量，同时吸引了更多人的关注。在网站推广方面，淘宝网与腾讯 QQ 合作，同时在公交、地铁及其他地方进行推广，可以说淘宝网的推广无处不在，其浏览量十分可观，而我们很少看见 eBay 易趣的推广。

总体来说，淘宝网赢在了实施本土化营销战略上，并且其十分了解中国消费者的需求、消费思想及消费观念。当然，除本土化营销战略之外，淘宝网在广告宣传等方面也做得十分到位。相比之下，eBay 易趣一直走“清高”路线，一直以美国总部的海外营销模式为主，因此丢失了大量的中国消费群体。淘宝网的电子商务营销模式非常值得 eBay 易趣及其他电子商务平台学习，尤其是在本土化营销战略及企业文化创新管理方面，各个电子商务平台首先应该了解消费群体的心理，满足消费群体的购买需求，保障消费群体的财产安全及购物质量，这些都是合格的电子商务平台应该做到的。同时，各个电子商务平台还应该不断创新，与时俱进，以满足消费群体的新鲜感及潮流感。

7.2.2　应对策略

1. 针对本地用户调整经营策略

沃伦·J.基坎（Warren J. Keegan）在《全球营销学》中对全球化有这样的阐释：一个成功的全球营销人员应该拥有“思维全球化，行动本土化”的能力。可见，在进行营销时，了解本地用户是成功的关键。

关于网站收费一项，eBay 已经迫于淘宝网的免费压力，在收费项目上做出了巨大的改变。虽然买卖纠纷处理对 eBay 这类具有第三方中介性质的购物网站而言具有一定的难度，但 eBay 可以采用差异化经营策略，以赢得更多买家。网站用户社区本来是 eBay 在建立之初用于吸引用户的一大亮点，但在我国受到用户较低评价，eBay 应当重新审视用户需求和偏好，创造出适合本地市场的社区文化和风格，在激烈的竞争中脱颖而出。

2. 建立区域性站点，促进高价值商品的成交

在我国乃至亚洲网络购物量飞速增加的今天，面对无论是在面积上还是在规模上都并不次于美国的潜在市场，建立区域性站点这种既能提高网站的运营效益，又方便用户的模式迟早会被日益强大的当地竞争对手所采用。

3. 整合外部资源

eBay 在互联网行业飞速发展，商业环境日趋成熟的亚洲应该积极地推进第三方服务的整合，可以主动开发传统行业企业的服务能力，从用户的角度出发，创造完善的服务体系，力争在激烈的竞争中立于不败之地。

7.3　总结与启示

对 eBay 案例进行总结，有利于为我国跨境电子商务平台的发展提供借鉴，案例的总结与启示如下。

7.3.1　总结

综合 eBay 的发展历史及其在亚洲失利的真实情况，大致可以归纳为以下四个方面的原因。

1. eBay 的价值网络扩张并未跟上自己的全球化步伐

eBay 的全球化进程大多采用购买股权的金融投资方式，虽然效率很高，操作简便，但带来的问题是经营模式难以充分移植。其在美国完善的价值网络到了海外由于市场环境的限制和自身战略方针而难以搭建或者不能充分构造，这使得 eBay 的优势难以充分发挥，从而导致其在与更熟悉本国市场的当地对手竞争时失去了优势。

2. 建立区域性站点模式并未在亚洲推行

覆盖美国大部分重要城市的区域性站点并未推广到人口和地域均不亚于美国的中国市场，换言之，eBay 至少在一个方向上没有充分利用自己的资金和技术，而是吃力地与淘宝网厮杀于广告和促销等比较普通的、初级的竞争领域。eBay 放着自家的一片蓝海不去开创，没有意识到在不久的将来也许会有别的竞争者捷足先登。

3. 缺乏更广泛的战略合作

eBay 在亚洲市场的战略合作启动时间比较晚，合作范围也很有限，这使得 eBay 给人一种孤军奋战的感觉，在与对手的竞争中显得策略单一，力不从心。

4. eBay 在进入亚洲之初本地化程度低、行动迟缓

eBay 失利的主要原因莫过于缺乏对市场的了解。从 eBay 在日本、中国市场的失利来看，最大的相似之处就在于此。在对市场的分析当中，eBay 尤为缺乏的是对本地消费者行为的研究。由于东西方文化具有较大的差异，亚洲消费者的消费习惯和偏好与美国等西方国家的消费者存在一定的差异。此外，经济发展水平和电子商务环境的成熟度又导致消费者对收费项目等的看法不同。据调查，美国消费者购买最多的是高价值的收藏品，使用 eBay 已经成为一种生活方式，但中国消费者购买最多的是服饰。

eBay 的全球化扩张主要是通过收购当地的网站进行的，在扩张过程中，其过于依赖技术、资金和品牌的力量，管理本地化程度较低，进而在亚洲市场中与本地竞争者抗衡时，产生了大多数跨国公司都存在的问题——行动迟缓。eBay 易趣在即时通信、网络支付、B2C 等方面都比淘宝慢了一步，在用户选择众多、转换率极高的互联网行业，这成为决定其成败的主要因素。

7.3.2 对跨境电子商务平台发展的启示

1. 整合内外部资源

对跨境电子商务平台的经营者来说，减少来自其他交易方式的竞争或增强自身优势以应对潜在进入者，对自身产业的发展有一定的正面影响，因此整合内外部资源是十分有必要的。比如，给中小企业提供跨境电子商务交易平台中的专属卖场，由于中小企业的规模及资金有限，此时为其提供一个专属卖场，一方面能够拓宽中小企业的销售渠道，另一方面对商家来说可以减少竞争，达到互利的局面。此外，做网上零售的个人站点，在积累了一些网上销售经验之后，随着交易量的增加和个人信誉度的提升，会逐渐朝着专业的商品供货商发展，也就是由 C2C 向 B2C 转型，而其进货渠道可能变为 B2B 交易网站中的更上一层供货商，销售

业绩良好的个人用户很大一部分成为一个典型的“小企业”，这有利于形成比较好的品牌，而若将这些资源整合到交易平台之中，能够使得 B2B、B2C、C2C 的界限逐渐模糊，达到资源共享的目的。此外，从我国跨境电子商务平台的发展来看，进行战略联盟是一大趋势，通过异业合作，不仅能够强化自身的竞争优势，对跨境电子商务产业的发展也有相当大的帮助。

2. 建立个性化的虚拟社区

由于跨境电子商务平台的经营者本身并没有商品出售，服务是其提升竞争力的重点之一，主要在于聚集人气，人气的聚集能够使得买卖双方之间的交易更加活络。因此，经营者懂得如何聚集人气相当重要。具体来说，人气来自不同的族群在虚拟社区中的互动，因此虚拟社区的经营是十分重要的。经营者所建立的虚拟社区应该是个性化的、互动的、服务式的、社区式的、全方位的、全面整合的，打造的是一个在虚拟环境中有着真人活动的五彩缤纷的世界，供有着相同兴趣或话题的人群交流的平台，而不是某种专卖店。在以非商业盈利为前提的运作中，吸引不同的人群加入，提供个性化服务，凭借所提供的价值服务创造新的盈利模式，并使那些网民在接近现实社会中的虚拟社区里产生消费黏性，进而通过社区中的广告，参与的话题讨论，吸引社区网民浏览网站，进而从事消费活动。

3. 推出合理的收费策略

虽然我国的跨境电子商务市场以免费为主流，但这是由行业间的竞争所造成的，和国外的收费制度相比有着相当大的差异，而且由于跨境电子商务市场竞争激烈，免费的趋势还要持续好长时间。但是由于免费，不用负担成本，使得不正当经营的卖家有机可乘，从而产生了一些问题。因此，未来若收费虽然短时间内会导致部分卖家流失，但对于我国 C2C 跨境电子商务的长久发展是很重要的。

4. 强化信用认证制度

我国的网站在实名认证方面一般使用身份证，并没有强制使用信用卡认证，其缺点在于由于没有和个人信用结合，对商品交易的卖方来说，只要成功售出商品即可，不用特别在意交易评价的好坏。在整个社会信用体系不健全的时候，网站的各种“评价”“保障”都不足为道，解决不了 C2C 跨境电子商务的主要问题。因此，强化信用认证制度是我国跨境电子商务产业亟须完成的重要任务之一。

5. 完善监督和检举制度

由于网络商品繁多，完全依赖电子商务平台经营者进行商品管理难度太大。我国十分重视知识产权保护，这除依赖政府的努力之外，还依赖社会大众对网络商品的监督，因此完善监督和检举制度十分有必要。在交易环境当中，浏览商品最多的是一般的网民，由网民来对商品进行监督，一方面可以减少假冒商品的出现，保障买家权益，另一方面可以减少违法商品。

6. 向国际化迈进

这里的国际化主要表现在两个方面：一是资本的国际化；二是交易的国际化。我国跨境电子商务无疑具有良好的市场发展前景和潜力，在健全我国的跨境电子商务交易相关法令制度、行业规范后，将会吸引各种国外投资资金大规模进入。我国的电子商务国际支付企业较少，这对进行国际间的交易有相当大的限制。因此，与国际金融机构合作，使国外买家也可以在我国的跨境电子商务网站上购物，一方面可以促进交易的活络，另一方面可以增加国与国之间的贸易往来，这对我国的跨境电子商务发展具有很大的帮助。互联网开放、无时空限制的特点将有利于促进国际贸易的发展，促进商品在不同国家和地区之间的流通。

7. 加强和完善物流系统

物流产业的发展对电子商务具有相当大的影响，因为当前的电子商务主要靠网上订货，大多数跨境电子商务用户都采用传统的物流方式发货。然而，现今我国跨境电子商务物流体系并不健全，行业素质参差不齐，建议由网站经营者选择优良的物流公司，与物流公司进行合作，并推荐给卖家。如此一来，由于物流公司与网站具有合作关系，对商品的运送情形更易掌握，除可以顺利完成商品的运送之外，凭借物流公司运送商品的可靠性，还可以有效地减少买家谎称没收到商品拒绝付款的事件发生。

8. 普及数字证书技术

安全支付问题制约了跨境电子商务的发展，而数字证书的出现能够在很大程度上消除支付方面的安全隐患。数字证书又称电子密匙证书，利用它可以在互联网上识别不同用户和加密传输数据，并能根据用户的身份给予相应的网络资源访问权限。当用户安装数字证书后，即使被窃取了账号和密码，如果没有用户的数字证书，那么也无法动用账户里面的资金，就算黑客监控了网络数据传输，在数字证书的安全防护之下，黑客也无法破译传输的内容。

【本章小结】

eBay 曾经在跨境电子商务领域成就巅峰，但也黯然退出了中国市场。本章选取 eBay 跨境电子商务案例，分析了 eBay 在美国、东南亚地区和中国的业务发展模式，并深入地剖析了 eBay 在中国发展业务过程存在的问题和退出中国的原因。eBay 案例对跨境电子商务平台的发展带来如下启示：整合内外部资源，建立个性化的虚拟社区，推出合理的收费策略，强化信用认证制度，完善监督和检举制度，向国际化迈进，加强和完善物流系统，普及数字证书技术。

【本章实训】

实训案例：京东国际跨境购物平台

京东国际（前身为“海囤全球”和“京东全球购”）是京东集团旗下的跨境购物平台，于 2015 年上线，虽然上线时间滞后于天猫国际，但其市场表现不俗。2017 年 6 月，其已吸引近

2 万个品牌入驻，业务范围覆盖 70 多个国家和地区。京东国际坚持品质第一，推出多项“安心购”举措，全流程严把质量关，充分发挥京东物流优势，同时推出特色服务以增强自己的市场竞争力。

（1）全流程质量管控。针对消费者担心买到假货的核心痛点，在采购阶段，京东国际与品牌深入合作，原产地直采，由京东物流国际供应链承接运输服务，并运用区块链技术实现全程防伪追溯。此外，京东国际还邀请第三方机构人员担任神秘买手，匿名购买京东国际商品，送往检测机构检测，抽检全过程十分公正，全流程杜绝假货，从而保障了商品质量。

（2）自建物流体系。京东集团有着国内公认的强大的一体化物流体系，配送效率与服务质量广受消费者认可。为支撑京东国际业务，京东物流全面开放了跨境网络，包含多个跨境口岸，众多海外仓与数千条全球运输链，清关时效按分钟计算，最快送达时间约 1.5 小时，如此高效的配送效率在行业内首屈一指。京东国际同样重视进口保税物流模式的应用，并大力开展保税仓建设。保税仓搭配京东的智慧仓储系统，一方面在物流模式上提高了时效性，另一方面通过智能管理系统在存储、拣选、包装、运输、分拣等环节的应用，进一步提升了效率。强大的物流能力是京东的重要竞争力，但其在保税仓的使用面积上仍有一些扩展空间。

（3）特色服务。消费者可拥有 30～180 天免费维修、晚到必赔、破损包退、过敏无忧退货、奶粉无忧险、尿裤无忧险等多种品类化特色服务，从多方位解决消费者的后顾之忧。与天猫国际的 7 天无理由退货相比，京东国际的退换货服务更加精细化，但可能存在这些特色服务无法覆盖的品类。

实训内容：京东国际的跨境运营模式有何特点？

实训要求：补充查阅资料，从跨境电子商务商业模式的若干方面进行分析，形成一份案例分析报告。

【复习思考】

1. eBay 是如何采取商品差异化战略的？
2. eBay 在发展中存在的问题主要有哪些？
3. eBay 为了更好的发展可以采取哪些策略？
4. eBay 案例对跨境电子商务平台的发展有哪些启示？

第 8 章

Shopee：东南亚跨境电子商务独角兽的运营之道

【学习目标】

- 理解 Shopee 商业模式的特点；
- 能够分析 Shopee 在发展中存在的问题；
- 掌握东南亚跨境电子商务发展的应对策略；
- 理解 Shopee 对跨境电子商务平台发展的启示。

【引导案例】Shopee 的两阶段式跨境电子商务运营

随着互联网的发展，跨境电子商务不断兴起，Shopee 是如何运营的呢？

第一阶段：铺货式运营

“铺货”，顾名思义就是通过平台大批量上传产品，Shopee 的铺货式运营是指 Shopee 卖家在平台上批量上传产品，去吸引买家，这样能让店铺快速成长起来，这种经营模式是非常受欢迎的，当然作为一种经营模式其是有优劣势的。

铺货式运营具有以下优势。

（1）对新手来说简单、易操作。卖家每天只需要上新，上传更多的产品，就可以获得概率性出单。（2）有利于产品快速上市。每天批量上传产品和其他非铺货模式相比，产品上市要快一些。（3）有利于建立稳定的销售网点。其意相当于“先入为主”，若进入市场早，便能尽早了解市场的规则和动态，遇到特殊的情况也能灵活应对。通过批量上传产品的确提高了上传产品的效率，还在短时间内提高了销售额，但也带来一系列问题。

铺货式运营具有以下劣势。

（1）工作量大。卖家每天都需要大量上新，一个人忙不过来，因此需要各种辅助软件。（2）十分考验卖家的耐心。产品多了之后就会有废弃品需要下架，在重复多次之后，卖家就会觉得非常麻烦，甚至在创业初期就放弃了。（3）店铺杂乱，风格不明。由于工作量大，一些卖家没有精力规划店铺，导致店铺杂乱，风格不明，在视觉方面的效果比较差。(4) 对供应商的时效要求高。产品数量多，若无法一一去对应供应商，容易出现买家下单，卖家却无法确定货源等问题。

第二阶段：精细化运营

Shopee 在铺货式运营成熟后向精细化运营转型。通俗来讲就是，Shopee 结合渠道、转化流程和用户行为数据，对用户流失率较高的环节开展针对性的运营活动，以提升整体的目标转化率。

精细化运营具有以下优势。

(1) 注重单品的运营，可将产品打造成爆款。精细化运营上新的产品较少，容易挑选精品。(2) 可以着重研究数据。精细化运营工作量较小，卖家有充足的时间去分析数据，从而将产品数据优化、价格优化、成本优化。(3) 了解产品与市场的契合度。通过分析成本优势，以及产品的卖点、优点，可以更好地了解产品与市场的契合度。如果产品与市场的契合度较高，则可以通过打广告、报活动等方式助推产品热卖。(4) 产品成为“爆款”的概率高。通过对产品进行数据分析，总结经验，使上传的产品更契合市场，而不是漫无目的地铺货。

精细化运营具有以下劣势。

(1) 对经营者的数据分析能力要求过高。如果经营者之前没做过生意，对电子商务也不太了解，没有电子商务思维，就无法做到精细化运营，就算做到了，与进行数据分析之后的差距也不小。(2) 对经营者的供应链要求较高。把产品打造成爆款需要一定的成本优势，经营者需要有较强的谈判能力，在源头厂家把价格压低。(3) 对资金要求比较高。在批货的过程中是不需要库存的，但是要想把一款产品打造成爆款，出货速度要快。

从铺货式运营到精细化运营，需要慢慢转型，总结之前的铺货经验和产品供应链优势，精准地分析数据，这样才能做好精细化运营。

辩证与思考： Shopee 铺货式运营与精细化运营两阶段发展各有什么特点？

分析与提示： 跨境电子商务目标受众、竞争对手、传播方式等的特点。

8.1 Shopee 商业模式分析

Shopee 是知名的社交型电子商务平台，其母公司 SEA 集团为首个在纽约证券交易所上市的东南亚互联网公司。2015 年，Shopee 成立于新加坡并在当地设立总部，后来开通十多个买方市场，包括印度尼西亚、泰国、越南、新加坡、马来西亚、菲律宾、波兰、巴西、墨西哥、哥伦比亚和中国等国家和地区。

8.1.1 发展现状

Shopee 属于社交型综合类商品平台，买家和卖家通过线上社交软件“聊聊”进行沟通。

2016 年，Shopee 正式进入我国，并于深圳设立总部，在我国全面开启跨境业务。后来，Shopee 的买方市场均对我国跨境卖家开放。Shopee 陆续设立深圳、香港、上海办公室，逐步开展华南、华东地区的卖家招募工作，平台在流量、物流、孵化、语言、支付和 ERP 等方面为我国卖家提供支持。此外，Shopee 陆续与厦门市、杭州市政府达成战略合作，并落地建立跨境孵化中心，推进国内跨境卖家的招募工作。

【拓展阅读】东南亚地区跨境电子商务市场

东南亚一向是电子商务出海的必争之地，谷歌发布的《2020 年东南亚数字经济报告》显示：2020 年，东南亚电子商务规模达 620 亿美元，增长 63%，增速远超其他市场；东南亚互联网新增用户达 4000 万名，总用户突破 4 亿名，已有 70%人口转移至线上。Shopee 的模式有别于东南亚的其他平台，具体体现在以下方面。

Shopee 高度本土化，各个市场各自运营一个 App。Shopee 在不同国家和地区的市场推出独立的 App，并搭建本土团队进行独立运营。这种模式有别于“一个 App 打天下”的做法，更有针对性。

Shopee 跳过 PC 端，直接进入移动端，获得了更多习惯移动消费的电子商务用户。东南亚是全球范围内移动化程度最高的市场之一，其互联网发展跨越 PC 端直接进入移动化时代，90%以上的用户通过移动端上网。Shopee 在成立之初就进行了大量的移动化尝试，Shopee 约 95%的订单来自移动端。

依靠母公司游戏业务的强势现金流支持，Shopee 大手笔进行营销。同时，Shopee 将母公司的游戏化运营思路深刻融入产品的设计中，并受到东南亚地区年轻人的喜爱。

1. Shopee 买方市场状况

东南亚地区凭借移动互联网高速发展、人口庞大且年轻化趋势明显等优势，不仅使得东南亚各国本土电子商务平台相继诞生，更让这一片蓝海市场成为全球电子商务平台新的追逐之地。京东、阿里巴巴、eBay、亚马逊等知名电子商务平台相继开展东南亚市场业务。专注印度尼西亚市场的 Tokopedia、越南本土企业 Tiki、泰国的 JD Central 等电子商务平台亦发展迅速。在分析机构 iPrice Group 于 2019 年发布的季度电子商务报告中，以基于 PC 端和移动端获得的每月平均总访问量为指标，对印度尼西亚、马来西亚、菲律宾、泰国、越南、新加坡六国访问量前十名的电子商务平台进行排名，排名结果如表 8-1 所示。

表 8-1　访问量前十名的电子商务平台排名

印度尼西亚	马来西亚	菲律宾	泰国	越南	新加坡
1.Tokopedia	1.Lazada	1.Lazada	1.Lazada	1.Shopee	1.Lazada
2.Shopee	2.Shopee	2.Shopee	2.Shopee	2.Lazada	2.Qoo10 Singapore
3.Bukalapak	3.Taobao	3.ZALORA	3.AliExpress	3.Tiki	3.Shopee

续表

印度尼西亚	马来西亚	菲律宾	泰国	越南	新加坡
4.Lazada	4.11Street	4.Amazon	4.JD Central	4.Sendo	4.Taobao
5.JD.ID	5.AliExpress	5.AliExpress	5.Amazon	5.Adayroi	5.ezbuy
6.bilibili	6.ZALORA	6.BeautyMNL	6.eBay	6.AliExpress	6.ZALORA
7.ZALORA	7.Lelong.my	7. eBay	7.Alibaba.com	7.Amazon	7.AliExpress
8.AliExpress	8.eBay	8.Sephora	8.Chilindo	8.eBay	8.Amazon
9.Zilingo Shopping	9.Amazon	9.Alibaba.com	9.Zilingo Shopping	9.Alibaba.com	9.Amazon Prime Now
10.Amazon	10.Go Shop	10.ALTHEA	10.Joom	10.Lotte.vn	10.ASOS

同时，该报告基于每月活跃用户数、总下载量和总访问量对东南亚购物类 App 和网站进行排名，排名结果如表 8-2 所示。

表 8-2　东南亚购物类 App 和网站排名

每月活跃用户数较高的 App 和网站	总下载量较高的 App 和网站	总访问量较高的 App 和网站（基于 PC 端和移动端）
1.Shopee	1.Shopee	1.Shopee
2.Lazada	2.Lazada	2.Lazada
3.Tokopedia	3.Tokopedia	3.Tokopedia
4.Bukalapak	4.Bukalapak	4.Bukalapak
5.AliExpress	5.Sendo	5.bilibili

由表 8-1 和表 8-2 可知，除部分深耕各国本土的地方电子商务平台外，覆盖东南亚六国市场的 Shopee 和 Lazada 竞争激烈，并且总体市场影响力较大，它们的跨境业务在东南亚具有一定的发展潜力。

2. Shopee 跨境服务

针对跨境电子商务出口行业所面临的一系列困难及卖家出口东南亚市场存在的痛点、难点，Shopee 推出了一系列跨境服务，以帮助国内卖家解决困难。

1）孵化服务

首次入驻 Shopee 的卖家对平台的操作系统较为陌生，短时间之内难以上手，再加上一些卖家缺乏跨境电子商务方面的经验，对东南亚市场缺乏了解，很难快速在跨境出口东南亚这一方面取得不错的成绩，这导致很多卖家望而却步。Shopee 为了帮助国内跨境电子商务卖家成功出海东南亚，针对首次入驻 Shopee 的卖家推出“孵化”服务，通过提供针对性的、顾问式的服务帮助卖家快速熟悉平台运营模式及当地市场，从而激发卖家的跨境销售潜力。Shopee 的孵化服务流程如图 8-1 所示。

图 8-1　Shopee 的孵化服务流程

整个孵化周期大约为三个月，并且有 Shopee 方的客户经理全程对接。其中，花费七天时间进行卖家细分，将根据卖家的电子商务经验分为内贸卖家和外贸卖家，相对应地安排孵化团队，帮助卖家开通站点。第一个月对卖家进行基础培训，帮助其熟悉平台规则及操作流程，并提供品类分析，指导一定的新店活动。第二个月对卖家进行进阶培训，指导其进行店铺优化，积极帮助卖家参与平台活动，力求帮店铺打造出爆款产品，从而提升店铺流量。第三个月将开展专题培训，深入挖掘平台的促销资源，适当地根据需求进行品类拓展，并进行多站点运营。在三个月的孵化过程结束后，将根据卖家的具体品类和成长特点，对接匹配的高阶客户经理，进行进一步的精细化运营。

2）针对物流难点

（1）SLS。

SLS（Shopee Logistics Service）是 Shopee 跨境业务的物流服务体系，于 2016 年年底开始搭建并投入运营，长期以来通过不断优化和完善，已经覆盖东南亚市场，持续为平台客户提供优质、高效的物流服务。

SLS 在华东、华南、中国香港设立了多个转运仓。华东地区揽收范围包含上海及周边地区、义乌地区，华南地区揽收范围包含泉州、厦门、福州、莆田地区，并在各地设立揽收仓库，仓库总运营人员达数百人，致力于为国内跨境电子商务卖家提供收货、转运及揽货服务。

Shopee 的物流网络还与众多国际、本地知名的服务供应商（如圆通速递、宅急便等）联合，以保障物流渠道的平稳运行。SLS 的运作模式如图 8-2 所示。

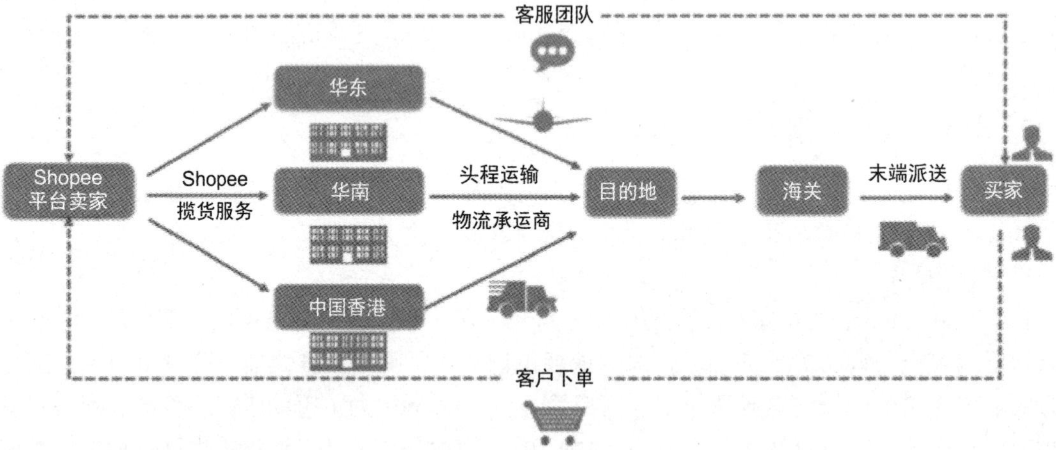

图 8-2　SLS 的运作模式

当国内卖家收到 Shopee 平台的订单后，卖家享受 Shopee 提供的揽货服务，将产品寄送至任意一个就近的转运仓，无须提前备货，接下来由与平台合作的物流承运商将产品运送至目的地，在经由海关等一系列操作后，由当地物流进行末端派送，最终送至买家手中。这种配送方式的价格约低于市场价 30%，整个过程持续 7～10 日，期间买卖双方的沟通全程均有 Shopee 客服团队的帮助。

目前，SLS 通过运营、协调多座机场的众多航线，组成覆盖众多国家和地区的跨境物流网络，确保每件产品都能及时抵达目的地。以印度尼西亚为例，印度尼西亚是东南亚人口最多的国家，也是世界上最大的群岛国家，由一万多个岛屿组成，素有“万国之岛”的称号，其中常住人口遍布 6000 多个岛屿，SLS 已经实现了印度尼西亚的全域覆盖。

（2）海外仓模式。

Shopee 海外仓不同于 SLS，国内卖家需要提前备货至海外仓，由 Shopee 海外仓代为储存和管理产品。当买家下单后，直接由海外仓将产品发出，买家从下单到收货的时间缩短为 2～3 日，大大提升了消费者满意度和国内卖家店铺的下单率。海外仓集合了货物运输、清关商检、订单管理、包装配送及售后等一系列服务。

Shopee 已经在其开放市场相继建立了海外仓，其中马来西亚海外仓可以同时覆盖马来西亚和新加坡两国订单，Shopee 海外仓已经形成东南亚最大的仓库交付网络。

海外仓的优势体现在以下几个方面。第一，选品补充。若部分卖家的产品为空运违禁品，则可以以海外仓的形式通过海运或陆运寄送产品；部分体积大或十分重的产品选择海外仓模式。第二，时效高。本地仓库直发，消费者可以在 2～3 日收到货，提高了卖家店铺的物流速度。第三，节省成本。由于卖家提前备货，将产品寄送至海外仓，可以促使物流成本大大降低。同时，提前备货至海外仓的优势在新冠肺炎疫情期间得以彰显，不少卖家在新冠肺炎疫情期间无法直接从国内发货，而依靠海外仓的存货依旧维持着店铺的运营。

3）针对支付安全

为了消除卖家对货款的安全顾虑，Shopee 官方提供支付保障，通过与业内权威的第三方支付平台合作，在交易成功后将货款及运费补贴给卖家。针对个别第三方支付平台存在安全隐患的情况，Shopee 除官方的监督与防范外，还选择与多个第三方支付平台（如 Payoneer、PingPong、连连跨境等）合作，避免造成一家独大的局面，让它们互相竞争、互相牵制。

同时，为了保障卖家货款及时到账，Shopee 通过合作商及时、高频率、短周期地为卖家进行打款。在一般情况下，打款为两周一次，分别为每月月初和月中，以保障卖家的资金正常流动，降低资金安全风险。

4）针对语言难点

（1）SIP。

SIP 即 Shopee International Platform，又称 Shopee 国际平台，旨在帮助已经开通我国台湾站点店铺的卖家把产品销往其他市场，由 Shopee 方帮助卖家将台湾店铺产品一键同步到其他市场。台湾地区所使用的是繁体中文，对我国大陆跨境卖家来说，几乎没有语言障碍，因此 Shopee 的台湾站点往往是平台的跨境卖家在入驻后所开设的第一个站点。在卖家们开通并熟练运营台湾站点之后，面对东南亚庞大的市场，卖家们往往心中向往，但面临一定的操作难度。因此，SIP 的推出十分及时，可以帮助卖家解决困难，成功出海东南亚。图 8-3 所示为 SIP 的运作流程。

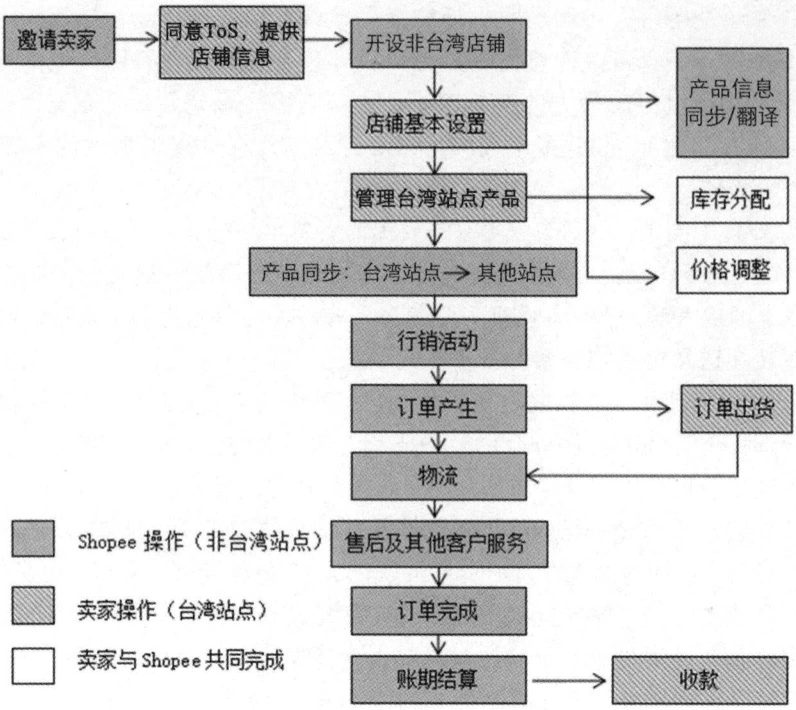

图 8-3　SIP 的运作流程

注：ToS 的全称为 Terms of Service，指服务条款，又称使用条款，是必须遵守以便使用服务的规则。

在使用 SIP 之后，台湾站点的上架产品信息将会自动同步到其他站点，无须人工再次提供，买家与卖家的沟通也将由 Shopee 的语言专家团队负责。其他站点的产品寄送服务与台湾站点一致，由卖家选择使用 SLS 或海外仓服务，平台代为配送。除此之外，在开通 SIP 之后，所有的非台湾站点均由 Shopee 代为运营，包括产品管理、参与各站点营销活动、店铺首页装修等，卖家无须再多出人力便可免费、轻松打通东南亚市场。

（2）小语种客服与产品翻译。

针对东南亚这一小语种市场，Shopee 为了帮助国内卖家更好地进行产品的上线、运营及与买家沟通，推出了机器翻译功能。机器翻译经过多次改良测试，无须卖家设置，将自主在各个站点选取具有竞争力的产品，直接提供本地化的翻译服务。

除机器翻译外，Shopee 还成立了小语种翻译客服团队，实现了本土化运营。目前，翻译客服服务在印度尼西亚、泰国、越南站点均有提供，可以帮助卖家通过“聊聊”与消费者直接沟通，及时解答消费者的问题，有效地缓解卖家的运营压力，提升买卖双方之间的沟通效率，从而帮助卖家更好地进行产品销售。

5）针对人才紧缺问题

Shopee 不仅专注于自身的招商运营计划，在跨境电子商务行业的宏观层面上，还推出了相关计划帮助解决人才紧缺问题。面对行业内近 450 万人的人才缺口，Shopee 联合高校培养跨境人才，其采取专业培训内容开发、考评认证体系搭建、学员需求对接及成长体系构建等一系列举措，帮助培养跨境电子商务领域亟须的新型人才。

8.1.2　目标受众

1. 目标受众的确立

Shopee 的目标受众主要为国内中小微企业。根据 Shopee 平台的要求，其招商对象为拥有我国合法企业营业执照，且产品符合当地出口要求及当地进口要求，同时有一定的跨境电子商务经验及产品数量为 100 款以上的企业。

国内知名大型企业（如小米、华为等）与 Shopee 的合作往往直接由双方洽谈签订协议，因此不具备普遍性，并非主要的招商与传播对象。因此，Shopee 最终将目标受众确立为国内想要尝试跨境电子商务，却没有找到合适平台的中小微企业。

2. 跨境电子商务卖家地域分布

我国跨境电子商务卖家主要集中在广东、浙江、江苏、北京、上海、福建、山东、河南等地，其中长三角和珠三角地区占全国超过一半的比重。长三角地区的跨境电子商务卖家数量近年来略有增长，因此对长三角地区的卖家招募工作需要加大力度。与此同时，其他地区的跨境电子商务卖家数量也略有增长，总体呈上升趋势。

对各地区跨境电子商务卖家或企业的数量分布，需要在以后及时监测数据，尤其针对跨境电子商务卖家或企业数量较多或增长较快的地区，应加大招商力度，挖掘各地区跨境电子商务的市场潜力。

3. 跨境电子商务卖家的产品品类分布

从跨境电子商务卖家的产品品类来看，主要有 3C 产品、服饰、家居园艺、户外用品、健康美容、鞋帽箱包、母婴玩具、汽车配件、灯光照明、安全监控等。3C 产品和服饰一直占据较大的比重，同时家居园艺、户外用品增长势头强劲。通过了解跨境电子商务卖家的产品品类分布，Shopee 可以对占比较高或增长明显的产品品类卖家提供针对性的指导，开展相应的垂直化交流活动。

8.1.3　竞争对手

1. 竞争对手的确立

Lazada 是 Shopee 的主要竞争对手，主要原因如下。

1）买方市场一致

国内跨境电子商务平台众多，较为卖家群体所熟知的包括亚马逊、速卖通、eBay、Wish、Lazada、Shopee 等，但大多数跨境电子商务平台主要面向欧美市场，尚未大力开发东南亚市场，与 Shopee 面向东南亚及我国台湾市场的定位不符，可比性不强。而 Lazada 与 Shopee 一致，其专注于东南亚市场，因此二者具有更加直接的竞争关系。

2）目标客群重叠

尽管 Lazada 以 B2C 形式为主，而 Shopee 更倾向于 C2C 形式，但 Shopee 在国内招募的卖家大多为跨境电子商务企业，其跨境业务也以 B2C 形式为主。而 Lazada 也在国内积极开展跨境电子商务卖家招募工作，二者的目标客群重叠，均为国内想要出口东南亚市场的中小微企业。

3）国内口碑相似

Shopee 的母公司 SEA 集团在 2017 年上市之前，曾经有一段时间接受了腾讯高达 40%股份的融资；而 Lazada 于 2016 年被阿里巴巴集团收购。因此，国内媒体在进行报道时，往往会将 Shopee 与 Lazada“捆绑”对比，这便导致在国内卖家群体心中，二者存在更为直接的竞争关系。

4）买方市场竞争性强

Shopee 平台的内部监测数据显示，Shopee 与 Lazada 在东南亚的竞争一直不相上下，在市场占有率、App 下载量、客户端月活跃用户数等方面，二者均竞争十分激烈。Shopee 作为后来者，一路追赶并超越 Lazada 成为东南亚第一大电子商务平台。Shopee 与 Lazada 的对比分析如表 8-3 所示。

表 8-3　Shopee 与 Lazada 的对比分析

对比项目	Shopee	Lazada
成立时间	2015 年	2012 年
所属集团	SEA 集团	阿里巴巴集团
面向的东南亚市场	印度尼西亚、马来西亚、新加坡、菲律宾、泰国、越南	印度尼西亚、马来西亚、新加坡、菲律宾、泰国、越南
形式	C2C 为主，但跨境业务以 B2C 为主	B2C
市场排名	第一	第二

2. 竞争对手对比分析

1）Lazada 的优势：宣传曝光度高

Lazada 隶属于阿里巴巴集团，而阿里巴巴集团在国内的知名度很高，是国内电子商务行业的巨头。借助阿里巴巴集团的知名度，国内不少卖家及媒体均对其有着天然的信赖和好感。

同时，由于隶属于阿里巴巴集团，在阿里巴巴集团举办的关于卖家的展览会、招商会等一系列活动中，Lazada 均可以获得一定的曝光度。此外，跨境电子商务卖家群体大多起步于淘宝，因此 Lazada 对目标受众的接触比较容易，能够优先赢得宣传机会。

另外，Lazada 在被 Shopee 赶超之前，一直处于东南亚电子商务平台的领先地位，再加上其在国内的大力宣传，Lazada 在不少不了解东南亚市场情况的卖家心中依然是东南亚第一大电子商务平台。

2）Shopee 的优势：本土化运营

Shopee 和 Lazada 相比，更深深地扎根于东南亚。其母公司 SEA 集团为首家在纽约证券交易所上市的东南亚互联网巨头，旗下包含游戏公司 Garena、支付平台 AirPay，它们在东南亚的发展均处于领先地位，形成了一定的互联网生态，主场优势明显。

同时，Shopee 的领导层大多在东南亚生活工作了数十年，他们十分了解东南亚，对东南亚市场具有足够的洞察力。而近年来，Lazada 在东南亚市场渐走下坡路。因此，相较 Lazada，Shopee 更受国内卖家信赖。

【知识链接】Lazada 和 Shopee 的支付比较

第一，Lazada 和 Shopee 都是通过网上支付来达成交易的。传统的国际结算（汇款、托收、信用证）一般由进出口商到银行提交纸质文件来完成支付，相较传统的国际结算方式，现今跨境电子商务平台的支付实现了无纸化和电子化，效率更高。

第二，Lazada 和 Shopee 的支付规则都由自己来制定。传统的国际结算一般由统一的国际惯例（如关于信用证的国际惯例 UCP600、关于托收的国际惯例 URC522 等）来约束、规范相关各方的行为。因此，在出口跨境电子商务中，卖家如果选择在某跨境电子商务平台上开网店，就应遵守该平台的各种规则。这就要求跨境电子商务卖家了解并熟悉不同跨境电子商务平台的支付模式，这提高了卖家的学习成本。

第三，Lazada 和 Shopee 在将订单的货款支付给卖家的时候，都考虑了卖家是否发货。Lazada 是在卖方已经发货并将产品送达买家指定的地址后，订单才进入付款状态。Shopee 是在买家收到货物且确认收货或者收到货物一段时间后，订单才进入付款状态。

第四，Lazada 和 Shopee 的支付模式基本上都是在买家下单之后，先付款给平台，然后卖家才进行发货的操作。这样相当于买家预付了货款，可以降低卖家发货却收不到货款的风险。

8.1.4 传播渠道

1. Shopee 的主要传播渠道

1）微信公众号

微信公众号“Shopee 跨境电商”一般在固定周期内更新，发布的文章大多为选品类干货、Shopee 营销大事件及平台政策与服务调整等。

该微信公众号的可取之处是内容丰富，并且十分实用；风格一致，即每篇文章中的插图风格都较为统一，展现了 Shopee 品牌的视觉识别系统；每周发布的文章所采用的主题色一致，较为整齐有序，互动性强。此外，微信公众号偶尔会发起互动活动，带动卖家参与，同时留言回复率高，互动性强。

该微信公众号存在的问题是发布的文章篇幅冗长，有时还会兼顾宣传和干货分享两大块，阅读时长普遍超过半个小时，结果导致受众有效阅读率降低；标题不明晰，在未阅读文章之前，标题所提示的内容分类不明晰，概括性不强；内容重复性高，如在提供选品建议的文章中，经常会出现相似的内容，导致公众号看起来重复性很高，这样会降低点击率。

2）官网

Shopee 开设了针对国内卖家的官网，运营较为成熟。Shopee 官网的功能定位以服务卖家为主，还包括分享市场洞察及运营干货，以及指导卖家如何入驻及运营店铺。各部分的内容运营较为系统，官网的整体风格与品牌视觉识别系统一致，并且简约、清晰。

3）喜马拉雅

“虾电台”主要讲解 Shopee 卖家的一些常见问题，作用在于答疑解惑。用户评价较高，但总体而言，单条内容的播放量不高，受平台本身用户数的影响，其影响力仍有上升空间。

4）微博

Shopee 的微博运营状况不佳，阅读量、转评数、粉丝量都不理想。同时，Shopee 偶尔会转发与自身业务无关的内容，微博内容多以转发微信公众号文章为主，管理较为松散。

2. Lazada 的主要传播渠道

1）微信公众号

微信公众号“Lazada 东南亚电商”发布的文章内容包括介绍 Lazada 的相关数据和成就、宣传线下活动及平台相关政策等。通过微信公众号卖家可以了解平台政策、扶持项目等，并且可以立即入驻。整体来看，不同于 Shopee 的服务型定位，Lazada 的微信公众号主要用于对自身平台及活动进行宣传。

该微信公众号的可取之处是文章相互引流，其主推文章的链接会出现在其他相关文章末尾设立的“往期回顾”中，这样有利于提高阅读率。

该微信公众号存在的问题是更新周期不规律，发布文章的频率不固定，有时 3～4 天发布一篇文章，有时 2 天发布一篇文章；内容杂乱，即所发布的内容没有系统性，内容选题策划不佳；缺少系统化运营，所发布的文章风格不一，排版形式不一，有的篇幅过长，有的只配有一张插图。

2）喜马拉雅

喜马拉雅上的音频内容以运营技巧为主，相较 Shopee，其运营技巧较为宽泛，不够细致。

3）微博

Lazada 的微博运营状况并不乐观，甚至会出现时隔半年发一次微博的情况，但其所发布的内容比 Shopee 的质量好一些，基本是原创内容，并不仅仅分享链接。其所发布的内容多以宣传平台的政策为主，或者宣传线下活动；偶尔转发与阿里巴巴集团相关的内容，以形成品牌联动。

3. 其他

从媒体合作约稿与其他宣传来看，Shopee 百度搜索结果约 5560 万条，Lazada 百度搜索结果约 1 亿条（截至 2022 年 1 月的数据）。在国内，Shopee 的媒体曝光度远远不及 Lazada。

4. 总结

总体而言，Shopee 与 Lazada 的传播渠道类似，集中于微信公众号、喜马拉雅和微博。二者主要的区别在于，Shopee 主要传播与卖家相关的信息，以服务型为主，分享运营技巧，答疑解惑；而 Lazada 主要传播与自身平台相关的信息，以宣传型为主，宣传平台政策和线下活动。Shopee 的线上渠道运营比 Lazada 更加完善、系统化，受众的观感更好，但其微信公众号、喜马拉雅、官网等传播渠道都是建立在受众已经知晓平台的基础上的，对新卖家的触及率欠佳。Lazada 在国内的媒体宣传较好，再加上与阿里巴巴形成了品牌联动，曝光量较高。

8.2 Shopee 在发展中存在的问题与应对策略

Shopee 在其跨境电子商务业务发展过程中遇到了一系列问题，可以采取相应的策略来应对，现分析如下。

8.2.1 存在的问题

由于跨境电子商务使人们可以非常容易地获取其他国家的交易信息并买到物美价廉的产品，受到广大商家的青睐，如何选择合适的产品在跨境电子商务平台上进行销售变得非常关键。选品可以说是开展跨境电子商务的第一步，它是对产品乃至产品线进行分析的关键操作。选品就是选择质量、价格等符合目标市场需求的产品，这个选择既需要迎合市场需求，也需要符合自身定位。这一点非常重要，但实际上我国跨境电子商务商家在选品方面出现的问题非常多，主要表现在以下两个方面。

1. 缺乏细致的市场调研

很多商家觉察到跨境电子商务在东南亚地区的商机，积极投入市场，但并未在投入前做有效、全面的市场调研。这里主要表现为：有一些传统销售经验的商家，依据自身经验，熟悉什么产品就卖什么产品；有一些白手起家的商家，看到别人卖什么产品，自己就卖什么产品；有一些商家做了一些简单的调研，认为平台上哪一类产品的数量少，产品就较好卖；还有一些商家凭个人感觉，认为产品具有的功能越多，就越容易被消费者认可。这些都是在没有充分进行市场调研的基础上做出的判断，而我国跨境电子商务平台缺乏对商家在市场调研上的辅助。

2. 过于依赖电子商务工具

商家在跨境平台上销售自己的产品时，常认为新颖的产品一定会有市场，并不考虑目标市场消费者对产品的接受情况。还有一种较为普遍的情形是“凡事凭数据说话”，相信并过于依赖电子商务工具，特别是数据工具，认为数据预测了所有可能的情形。有效的数据分析是建立在有效的数据基础之上的，借助数据做未来几个月乃至几年的预测需要以全面且大量的有效数据为基础。

1）社会文化

在历史上，东南亚诸国主要受印度文化的影响，由于地理因素，我国对该地区的文化辐射相对较小，主要集中在越南和新加坡地区。东南亚地区主要包括中南半岛、马来群岛等，历史上外来文化和本土文化的结合，形成了“调色板”式的主色调。在东南亚，如今的印度尼西亚和马来西亚依托其庞大的人口基数，已形成较大的消费群体。面对这一群体的特殊性，跨境电子商务商家需要在选品时了解当地的文化。

2）消费习惯

东南亚地区受地理气候和经济发展的影响，人们有一些较为独特的消费习惯。例如，服装行业受地理位置的影响，在东南亚地区一年四季区别不大，可以说只有一个季节，所以该地区的服装消费需求比较单一，夏季服装为主流服装。再者，在付款习惯方面，从 Shopee 平台的交易数据来看，东南亚地区除新加坡和马来西亚之外，其他站点的付款 80%以上都采用货到付款，因为经济落后，电子支付尚未普及。随着电子商务行业的整体发展，消费群体的性别差异日趋缩小，但在该地区可供男性消费者选择的产品并不充裕，这导致一方面女性消费者不断增加，占平台用户数的 80%左右，另一方面在女性需要的产品竞争激烈的同时，男性需要的产品的消费市场并未得到充分挖掘。

8.2.2 应对策略

1. 从目标市场的社群中汲取经验

东南亚地区电子商务的社交基因强大，Facebook、Instagram 等社交平台及应用已经成为东南亚消费者获取商品信息的主要渠道，这些渠道已成为跨境电子商务的引流入口，极大地简化了消费者从搜索到下单的流程。凭借该地区在社交方面得天独厚的优势，商家可以尝试在该地区的社交平台上寻找商品的需求信息，了解当地的潮流趋势，同时多加入一些当地的社群，拓展人脉，主动捕获当地的交易信息。同时，商家在自己已有的社交关系中寻找供应货源，将供求关系进行有效的对接。无论是传统贸易转电子商务（国内），还是电子商务（国内）转跨境电子商务，商家都需要花费大量的精力去了解这个新市场的方方面面，经验来源于有效且全面的信息掌控与资源的配置能力。

2. 从各个交易平台中检索有价值的信息

东南亚市场有数十家交易平台，商家可以采用平台内商品信息检索的方式进行分析，同时将各个平台的检索信息进行对比研究。例如，在 Shopee 平台内有搜索分类，一般排名靠前的商品为平台该时间段推广力度大、竞品数量多、辐射群体范围广的商品。通过热门商品的搜索可以帮助商家找到过去 30 天在 Shopee 平台搜索最多、出单最多的商品，此外还有“每日新发现”等检索方式。在对各个平台的信息进行检索后，商家可以进行综合分析，由此得出有价值的选品参考信息。在检索有价值的信息时，通常采用选定一个类目进行检索的方式，寻找平台上该类目下爆单商品的店铺信息，学习和分析其运营模式。但由于平台规则的限制，一般来说商品难以获得较高的访问量，可以考虑搭配活动进行优化和引流。

3. 从目标市场的本土化角度挖掘商机

商品是否适合在东南亚地区销售，与该商品在国内市场是否畅销并无必然联系，而是主要取决于以下几个方面。首先，价格问题。选择市场和交易平台，从本质上讲，就是选择收益的开始。虽然竞争对手少的市场，消费者对价格的敏感度低，但也要充分考虑关税等现实问题，应选择符合目标市场消费层次的商品。其次，款式和功能。商品的款式和功能是否符合该地区消费者的诉求，所推商品的款式和功能是否有别于现有商品，是否能产生溢价，让消费者觉得“值得购买”。最后，商品的生活场景关联。例如，东南亚地区各地消费者的活跃时间各不相同，印度尼西亚消费者的活跃时间主要集中在中午，一般在 11 时至 13 时；新加坡消费者的活跃时间主要集中在夜间，一般在 22 时至 24 时；而马来西亚、泰国、越南、菲律宾消费者的活跃时间主要集中在 11 时至 15 时和 20 时至 22 时。通过对时间维度的消费行为分析或当地消费者生活习惯的了解，可以找出他们所处环境中的常见商品，从而更好地进行选品。

除上述三种策略之外，在实践时，跨境电子商务商家还需要综合考虑自身货源的稳定性、商品的保修时间、所入驻平台的交易规则等具体问题。

8.3　总结与启示

对 Shopee 案例进行总结，有利于为我国跨境电子商务平台的发展提供借鉴，案例的总结与启示如下。

8.3.1　总结

东南亚是“21 世纪海上丝绸之路”建设的枢纽，并且因地缘、人口、经济发展潜力等叠加，东南亚日渐成为电子商务发展的蓝海市场及我国跨境电子商务商家开展出口电子商务的首选。Shopee 的母公司 SEA 集团在东南亚耕耘多年，基于对其多年经验的借鉴，Shopee 对东南亚市场具有深刻洞察。①市场差异大。东南亚市场拥有近 6 亿人口，但这些人口具有很大的差异性，具体体现在文化、消费习惯、语言等方面。②移动化偏好。东南亚既是全球网络发展最快的地区之一，也是全球互联网移动化程度极高的地区之一。③人口年轻化。在东南亚近 6 亿人口中，50%年龄低于 30 岁，面临成家、生育等消费升级，同时东南亚年轻人口社交化程度高，其中 Facebook 是东南亚黏性最高、活跃度最高的社交平台。④其他方面。例如，超过 10 种语言的天然壁垒，让买家与卖家之间的沟通充满了挑战；没有通用的货币，结算困难；岛屿众多，地形复杂，以印度尼西亚为例，其拥有 1 万多个岛屿，物流订单履行困难。

针对市场现状，Shopee 的应对策略如下。第一，本土化策略。Shopee 大部分高层都在东南亚生活了多年，对东南亚市场的了解非常深厚；进行本土人才招聘和培养，在当地形成了良性的人才培养梯队；依据每个市场特性制订本土化方案，以迎合当地消费者的需求。例如，Shopee 在印度尼西亚和马来西亚市场发起斋月大促活动，推广引流，两大市场迎来一年一度的流量高峰；Shopee 创建了多个 App 服务多个市场。第二，移动端优先。Shopee 从移动端切入，推出简洁、易于使用的交互界面，使消费者顺畅地使用 App 的各个功能，实现快速选择并购买商品；优化移动端体验，如推出摇金币游戏以契合移动端碎片化场景。第三，社交引流。以“社交”为切入点，Shopee 结合本地元素、互动游戏、社交网络等，获取高黏性用户；Shopee 在 App 中推出直播功能，商家可以在 App 中通过直播向潜在消费者推荐商品；Shopee 在应用内引入趣味问答，邀请各地区的名人来主持问答；各市场借助本土知名的社交平台进行强势引流。第四，提升全流程体验。Shopee 跨境业务团队专为中国跨境电子商务商家打造一站式跨境解决方案，提供流量、物流、孵化、语言、支付、ERP 等全流程支持。

8.3.2　对跨境电子商务平台发展的启示

东南亚市场电子商务普及率低，互联网及智能手机普及率高，因此其为蓝海市场。跨境电子商务企业应充分利用东南亚地区的主流社交媒体进行品牌及产品营销，精准定位目标客户，做好售前、售中及售后服务，以实现口碑传播及高效转化，并且在抢占东南亚市场时可提前制定相应的营销策略。

1. 深入市场调研，打造品牌优势

东南亚市场目前虽然是电子商务的蓝海市场，但是由于东南亚市场差异化太大，不仅各国经济社会发展水平差异大，语言及文化环境也不一样，电子商务发展的障碍和难题集中在物流、支付和售后服务上。跨境电子商务企业在进行电子商务营销时要注重前期市场调研，可以以 Facebook 为切入点，针对东南亚不同地区推出差异化营销策略。例如，东南亚国家消费者对价格非常敏感，追求性价比和质量是他们的共同特性；在东南亚做跨境电子商务要注重移动端的电子商务流量，因为 90%以上的电子商务流量来自移动端；一些大型企业可采用 O2O 线上线下相结合的模式，吸引更多的东南亚消费者选购，如泰国和新加坡的消费者喜欢先通过社交媒体对品牌进行了解，再到线下去体验及购买，特别是一些高消费人群，愿意购买品质更高的产品。

2. 打造成熟的社交电子商务营销团队

在招聘跨境电子商务营销团队时，应优先考虑招聘有一定外语基础并已经在 Facebook、Instagram 及 LinkedIn 等社交平台有相关工作经验的从业人员，针对东南亚地区还可以招聘小语种人才，因为东南亚市场很多地区英语并不完全适用，要让熟悉当地语言并了解当地文化及风俗习惯的人作为企业团队和本地团队的对接者。在社交电子商务营销中要构建优质内容并优化软文标题，激发消费者点开观看的兴趣，在 Facebook 等社交平台上营销要遵循 80/20 法则，即 80%分享与企业相关的内容，20%分享与生活相关的内容，这样使得企业的营销具有人性化且不会引起消费者反感，同时应采用高质量的图片、文字及视频充分进行分享式及软文式营销，以吸引更多消费者。

3. 与各大跨境电子商务平台合作，进行个性化推广与营销

跨境电子商务企业应借助亚马逊、Lazada、Shopee 等跨境电子商务平台，通过在 Facebook 上做社交媒体营销，成功地对消费者进行站外引流，将消费者虚拟的关注度转化成产品的购买力。东南亚地区各个市场受欢迎的产品不一样，如泰国市场最欢迎的是服装品类，新加坡市场偏好旅游产品及服饰鞋子，越南市场卖得最好的是儿童用品，印度尼西亚市场销量较高的是母婴用品、时尚饰品等。跨境电子商务企业应通过不同的跨境电子商务平台及社交平台做好数据监控，根据反馈的数据对发送的图片、视频及产品进行分析和优化，对精准人群进行个性化推广与营销，以达到良好的传播效果。

【本章小结】

Shopee 是知名的社交型电子商务平台，其发展理念和运营方式值得大家借鉴。本章选取 Shopee 跨境电子商务案例，从发展现状、目标受众、竞争对手、传播渠道四个方面分析了 Shopee 的商业模式，并对 Shopee 在发展中存在的问题与应对策略进行了探讨。Shopee 案例对跨境电子商务平台的发展带来如下启示：深入市场调研，打造品牌优势；打造成熟的社交电子商务营销团队；与各大跨境电子商务平台合作，进行个性化推广与营销。

【本章实训】

实训案例：在东南亚跨境电子商务市场分一杯羹的 Lazada

Lazada 于 2012 年成立，总部设在新加坡。其在线交易涉及印度尼西亚、菲律宾、马来西亚、越南、新加坡、泰国等东南亚国家，覆盖近 6 亿名消费者。Lazada 的核心能力是把商品以最快的速度一站式卖到东南亚国家，业务运营大体上与亚马逊相同，即自己建仓库，把销售的商品放到仓库里等待消费者下单，当消费者下单后再进行发货。Lazada 不仅使泰国人购买到泰国国内商品，还使其购买到国外进口的商品，为他们的生活提供了很大的便利。

1．本土化程度高

在 Lazada 创建之初，其瞄准了东南亚的六个国家，即一个商家、品牌或分销商同时进入六个不同的市场，并且这种一站式门户在这六个国家都采用一样的组织架构。但与此同时，Lazada 的本地化程度高，其尽量缩短与消费者之间的距离，了解消费者的购物需求。在支付方式方面，根据不同市场上消费者的消费模式、支付方式及行为习惯的不同，泰国 Lazada 大部分网上买卖活动均采用货到付款的方式。在泰国，消费者的消费习惯及趋势比较明显，与时尚有关的商品是最受消费者欢迎的，如珠宝配件、美容、服装等相关商品对男性、女性消费者的吸引力都非常大，因此泰国 Lazada 特别注重这些商品的销售情况。同时，从泰国各个平台的用户活跃度可知，Lazada 处于遥遥领先的地位，并且超过 50%的消费者都是利用移动设备在 Lazada 上下单的。为了迎合泰国消费者的习惯，Lazada 有自己的 App，并且已经拥有较高的下载量。

2．多元化的支付选择

在线上支付方面，Lazada 知晓要想迎合不同的市场，支付是一大关键，应根据不同市场提供恰当的支付选择。在泰国，Lazada 提供了多元化的支付选择。在跨境支付上，利用 7-11 便利店等来付款是泰国人采用最多的一种方式，同时在柜台购买、用 Line 或 ATM 付款都是可选的方式。除采用常见的 VISA、MasterCard 付款之外，Lazada 还可以采用第三方支付方式付款。此外，Lazada 还允许货到付款，而这种付款方式正是 Lazada 客户选择最多的，这有助于提升客户支付方面的体验。但现阶段，有的商家并不允许货到付款，希望以后能有可行的解决方案。为了提高自身在网络上的影响力，Lazada 提出可以分期付款，这样做的目的是让经济实力一般的消费者也能买到他们想买的商品，感受网购带来的乐趣，这一举措有助于提升 Lazada 的客户满意度及品牌知名度。

3. 自建物流

Lazada 推出了自己的城市物流解决方案 LEX（Lazada Express）。与亚马逊不同，美国物流体系发达，UPS 可承办大多数物流活动，因此亚马逊刚在美国成立时，不需要考虑物流的具体环节。但泰国并没有 UPS 这样的物流企业，Lazada 只能走出一条自己的道路。LEX 自身就是一家公司，它立足于泰国，主要对准曼谷区域及其周边地区，属于自建物流，但在曼谷以外的其他城市或地区，它选择与泰国本土或国际上的第三方物流公司合作。作为一家公司，LEX 为了给消费者提供更好的服务及帮助，选择了不同的合作伙伴。在跨境物流环节，Lazada 也有明显的优势，其有自己的物流解决方案 LGS（Lazada Global Shipping，Lazada 全球运）。LGS 主要在海运方面有更好的解决方案，也就是把不同的海运解决方法相结合，支持我国商家尽快将商品送达东南亚市场。一般来说，邮政快递的解决方案在交货周期、量的控制等方面有许多限定条件。而 LGS 的独特之处在于 Lazada 与我国及泰国本土的第三方物流公司，以及一些物流及运输实体机构有合作，能利用自己的物流中心处理货物，再分配给合适的物流合作伙伴，从而处理好运输量大的问题。总体来说，与传统的邮政快递服务相比，Lazada 的物流更加方便、快捷，同时能更好地满足量的需求。

实训内容：Lazada 跨境电子商务运营模式与 Shopee 有何不同？各自存在什么问题？有哪些合理的解决措施？

实训要求：补充查阅资料，从跨境电子商务的目标受众、传播渠道等方面进行分析，形成一份案例分析报告。

【复习思考】

1. Shopee 的商业模式有何特点？
2. Shopee 在发展中存在的问题主要有哪些？
3. 试将 Shopee 与其竞争对手 Lazada 进行比较分析。
4. Shopee 案例对跨境电子商务平台的发展有哪些启示？

第3篇

跨境电子商务运营实务

第9章

跨境电子商务营销：考拉海购的大数据平台营销

【学习目标】

- 理解考拉海购的营销策略；
- 能够分析考拉海购营销中存在的问题；
- 掌握考拉海购跨境电子商务发展的应对策略；
- 理解考拉海购对跨境电子商务营销的启示。

【引导案例】安克：实践跨境电子商务的网络原生品牌营销

安克创新科技股份有限公司（以下简称“安克”）成立于2011年，其主业务为智能硬件和智能配件的设计、研发和销售，主要销售渠道为Amazon、eBay、天猫、京东等海内外线上平台，以及沃尔玛、百思买等线下连锁门店。

1. 精准定位产品，打造自有品牌

国内跨境电子商务行业起步时以买手模式为主，普遍通过电子商务平台销售无品牌的低价商品，导致“中国制造”在海外被冠上“低质低价”的标签。在手机配件行业，国外消费者购买时习惯性地选择原装配件或老牌产品，这些产品的价格往往在100美元以上。而此时，国内大量低价的配件产品因质量没有保障而无法打开市场。基于此，安克创立自主中高端品牌“Anker”，定位为价格适中、质量可靠的智能硬件产品，靠性价比吸引消费者，并在通过跨境电子商务平台销售的同时培育品牌知名度。为了通过产品品质树立品牌形象，安克选择具备高增长空间的细分品类起步，做精充电类几十款产品，并通过自建团队为消费者提供18个月的售后保障，以提供更优的产品服务和消费者体验。

2. 坚持研发创新，提升消费者体验

为了将产品核心竞争力最大化，安克大力度投入研发团队建设，以通过产品的持续创新提升消费者体验。安克在深圳设立了研发中心，将企业的大部分利润投入研发创新，并且在智能音箱和智能家居领域与 Google Assistant、Amazon Alexa、DuerOS 等全球知名的智能语音平台开展合作。为了提升消费者体验，安克根据海外亚马逊网站的评论，针对消费者的不同需求对产品进行改造升级，必要时会和海外核心消费者进行讨论，在听取意见后，确定产品在硬件设计、软件设计及交互等方面的细节。例如，安克通过进行实地调研，了解到消费者在车内对通信、娱乐、导航的需求，于是与 Amazon Alexa 团队合作，设计研发了智能车载充电器 Roav Viva，实现了 Alexa 通信功能，成为 Amazon 平台销量很高的车载智能语音设备。

3. 线上线下双向拓展，布局全渠道销售

安克创立之初主要基于 Amazon 平台拓展欧美市场，随即在 eBay、速卖通等全球主要跨境电子商务平台开设了站点，多平台开拓线上渠道。同时，安克自主运营 Anker 品牌全球官网，在中东、澳洲、南美洲、非洲、东南亚等地区进行线下渠道推广。在管理上，安克针对不同地区市场建立独立的渠道管理团队，对产品定位、定价、推广及售后服务根据当地市场特点进行优化，满足不同地区消费者的差异化需求，提升品牌的口碑。

辩证与思考：安克的跨境电子商务营销有何特点？

分析与提示：跨境电子商务营销中的产品定位、定价、推广等策略。

9.1　考拉海购的营销策略

考拉海购是以跨境业务为主的综合型跨境电子商务平台，于 2015 年正式上线，销售品类涵盖 3C 产品、母婴产品、服饰、家具等。网易作为最大的电子邮件服务商和最知名的游戏服务商之一，为考拉海购的初期发展奠定了流量基础。考拉海购采取自营模式，在美国、韩国、德国等国家直接采购优质商品，已经成长为我国境内最大的跨境电子商务平台之一。

考拉海购依托网易的大数据资源，通过极其有效的营销策略进军跨境电子商务市场，迅速成为行业的头部企业。考拉海购的快速发展离不开其在大数据背景下成功的营销策略。

9.1.1　大数据平台

1. 构建大数据平台

考拉海购基于开源体系的网易猛码大数据资源，搭建了跨境电子商务大数据平台，按照“小前台、大中台”的理念，搭建了围绕店铺、商品、用户、交易等业务主体的大数据仓库，为前台数据应用提供技术基础。考拉海购结合企业数据、信息化建设、业务发展等现状，实现了数据应用，从经营分析、运营优化、精准营销与供应链完善等领域为企业带来数据价值。网易猛犸为考拉海购提供了大数据服务，包括更智能的数据分析服务。考拉海购的数据平台以私有化部署的方式，重点提供了数据解决方案。

2. 效果分析

在未构建大数据平台时，考拉海购存在以下问题。①数据整合难度高。传统的数据平台难以满足围绕消费者体验提升的数据获取需求，难以整合跨境电子商务全价值链的数据方案。②跨境电子商务的数据分析成本高。由于考拉海购的业务量不断增大，数据的体量变大，数据粒度不一，传统的数据平台在数据分析过程中开发成本、维护成本极高，严重影响了数据分析效率，难以挖掘数据背后业务的含义，难以支持科学决策。③数据价值转化难。由于传统的数据难以被分析、利用，很难通过数据发现营销问题、降低营销成本，营销效果也很难得到有效的提升。

在构建大数据平台后，考拉海购收集的数据得到了最大化开发。①形成了统一数据管理。基于企业内外部多源异构数据，建立了统一的数据中心，统一管理企业数据，保障了数据质量、规范性与安全性。②数据驱动营销决策。网易猛犸大数据平台帮助各层级人员及时、准确地获取数据，高效地完成数据分析，使得企业营销决策更加准确、高效，构建了跨境电子商务数据驱动的营销决策机制。③数据引导业务。考拉海购构建了覆盖跨境电子商务全价值链的数据模型与分析体系，提高了运营管理能力，并形成了“分析—实验—优化”的数据运用机制；建设标签画像，结合智能算法，提升了客户洞察与服务能力，增强了客户黏性。

9.1.2 定价策略

1. 动态定价策略

考拉海购在定价策略上，以大数据分析为基础，依据消费者的消费行为动态定价。考拉海购利用消费者对价格敏感的事实，使用动态算法定时定频地调整商品价格，根据收集到的数据（如消费者网页浏览量、某件商品在仓库中的库存量等），做好对预期利润等数据的调整，用具有竞争力的价格来刺激消费者购买商品。

2. 基于竞争分析的定价策略

考拉海购根据第三方数据得到主要竞争对手相关商品的价格，并参考主要竞争对手的定价，通过智能算法分析盈利点和最低价的结合点，制定出合理且比主要竞争对手有优势的价格，以此来吸引消费者购买。

3. 效果分析

表 9-1 选取了部分热销商品在考拉海购、京东国际、天猫国际的销售价格。通过价格对比可以发现，考拉海购在 6 款商品中有 4 款价格最低，而且价格最低的商品集中于售价较高的商品中。也就是说，考拉海购在售价较高的商品上更具有价格优势，可以帮助自身提高销量；在低价格商品上价格没有突破成本边际，可以保障基本的盈利水平。

表 9-1　考拉海购、京东国际、天猫国际部分热销商品的价格

单位：元

热销商品	考拉海购	京东国际	天猫国际
新西兰 3.6g 蛋白纯牛奶 250ml*24 盒装/箱	93	99	110.67
美迪惠尔 N.MF 针剂水库保湿面膜 20 片	99	99.5	99
雅诗兰黛小棕瓶特润修护精华液 50ml	509	935	660
Swisse 斯维诗 维生素 D 钙片 90 粒	146.7	168	159
意大利进口 illy 深度烘焙咖啡粉	123	135	112
天梭(TISSOT)瑞士手表小美人系列钢带石英女士轻奢腕表	2169	3094	3104

注：2022 年 12 月。

9.1.3　推广策略

1. 电子邮件推广

考拉海购依托网易邮箱的流量，通过页面广告、购物信息推荐的方式推广自身产品。为了提高客户的复购率，考拉海购采用数据挖掘技术分析客户的实际需求，然后通过电子邮件推广符合客户需求的产品。除此之外，考拉海购利用网易邮箱发放折扣券、优惠券，以此种方式吸引客户购买。对有购买记录的客户，考拉海购利用大数据分析客户的购买记录和搜索历史，为这些客户推荐符合其需求的产品。考拉海购还利用大数据分析客户的邮件浏览情况，当优惠券快过期的时候，考拉海购会再次发送邮件提醒客户。

2. 社会化推广

“直播+电子商务”推广方式是考拉海购的三大战略之一。考拉海购打造“考拉”IP 形象，形成品牌记忆点，扩大品牌合作，输出“可靠”的核心理念，推出表情包、趣味玩法、KOL 等社交媒体营销。考拉海购借助微博、微信公众号，以及网易云音乐、网易社区和网易游戏等丰富的资源引流，在重要的活动节点掀起品牌热潮，并且在微博中转发与评论，从而带动考拉海购的客户传播。考拉海购打破了促销活动的单向传播链，实现了客户端的实时互动，“直播+电子商务”推广为考拉海购带来了海量的流量。

3. 效果分析

考拉海购通过邮箱进行社会化营销的深入探索，凭借场景和内容帮助客户降低决策的成本，提升购物效率和购物体验，让客户有更多的机会接触产品，从而了解产品情况并购买产品。2017 年 8 月，考拉海购通过推出“816 生活进化论”话题开展社会化营销，在此过程中传播层级达到 6 级，覆盖近 2 亿人次，引发讨论超过 30 万次，12 小时销售额实现了 13.97 倍增长，新客户数量实现了 9 倍增长，人均销售额实现了 1.5 倍增长，全天销售额增长超过 600%。

9.1.4 个性化策略

1. 个性化推荐

考拉海购推出基于客户画像和商品画像的个性化推荐策略。在令人眼花缭乱的商品面前，客户一般很难保持购买耐心，最终可能放弃购买。因此，考拉海购推出了依托大数据的主动推荐商品系统。考拉海购的个性化推荐基于客户画像，在技术上利用深度学习算法进行数据挖掘和建模，实现了对客户的个性化精准营销。

2. 交叉营销

考拉海购会根据客户不同的需求推出差异化的商品，并在相关页面上推荐关联商品。在单品页面中，知晓客户已经有购买的意图，根据客户浏览偏好推荐相关产品，推出“为您精选”“最佳组合”等功能，帮助客户选择。而在过渡页面中，根据客户的浏览历史，帮助客户选择商品。在商品的结算页面，考拉海购还推出“猜你喜欢”功能，并且会打出好评类标签来促进客户购买。考拉海购 App 推荐页面如图 9-1 所示。

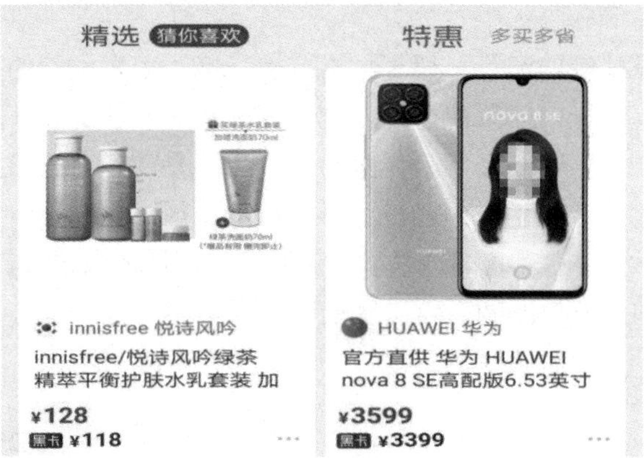

图 9-1 考拉海购 App 推荐页面

3. 效果分析

考拉海购通过精准营销扩展了客户群体，抓住了跨境电子商务发展的人口红利期，活跃客户连年快速增长。考拉海购的交易规模比主要跨境电子商务平台的平均交易规模高，取得了相对明显的发展优势。在客户转化率上，考拉海购也取得了不俗的成绩。

9.1.5 客户管理

1. 建立客户管理反馈系统

考拉海购基于客户交易数据建立了客户管理反馈系统。考拉海购实时反馈客户的营销效果，掌握客户的兴趣爱好，注意倾听客户使用产品的感受和建议。客户可以在新功能、新产品上给出自己的建议，客户管理反馈系统可以自动收集这些信息。考拉海购客户管理反馈系统通过分析客户的消费行为，实现了客户闭环管理。

2. 推出基于人工智能技术的“云客服”

考拉海购还推出“云客服”，跨境电子商务一直有客户实时沟通的需求痛点，考拉海购利用人工智能技术，结合自己在电子商务行业不同场景下海量的数据积累，帮助机器进行学习，从而提升机器的识别率，最终促进效率提升。考拉海购的“云客服”能够辅助人工解答客户的提问，从而有效地提高了客户问题的解答效率。

3. 效果分析

越来越多的数据显示，消费者在线购物呈现“逛”的特点，在电子商务平台进行购物，消费者可以利用购物软件进行价格、质量的对比。考拉海购抓住消费者在线购物“逛”的特点，覆盖看、查、买等全流程，实现了还原消费者真实需求的目的。随着对客户关系的全链路分析，与其他电子商务平台相比，考拉海购利用大数据实现了对客户关系的精准把握。通过客户管理反馈系统，及时反馈了消费者的消费信息，维系了跨境电子商务平台与消费者之间的关系。

以提高消费者的满意度和忠诚度为目标，考拉海购建立客户管理反馈系统和“云客服”系统，提升了品牌的口碑，增加了客户的反馈渠道。其中，考拉海购的客户管理反馈系统能十分有效地为客户服务，主动挖掘客户需求。

9.2　考拉海购的运营策略

考拉海购在运营过程中，采取了正品保障、大数据物流、多元化运营等策略，现逐一进行分析。

9.2.1　正品保障

1. 采用“入库全检”的模式保障正品

考拉海购一直坚持独立质量检测的理念，深入产品的原产地，与品牌、工厂和大型超市供应商等建立联系，以保护货源的真实性。在预售期间，考拉海购针对产品质量问题建立了“全面库存检验”模式，而传统采取的是“样品检验”模式。如果海外的产品运送至国内，则按照说明写下到达日期，交付接收时检查所有产品，以确保原始产品的质量。同时，考拉海购不但在自己的平台上严格把控产品质量，而且与国家监管机构积极合作，认真履行社会责任。

2. 效果分析

由于考拉海购对产品质量进行严格把控，因此受到了消费者和市场的青睐。艾媒咨询关于中国跨境电商的研究报告显示，在主流的跨境电子商务平台中，我国海淘用户对考拉海购和京东国际的正品信任度较高，对天猫国际、唯品国际的正品信任度次之，对洋码头、蜜芽等平台的正品信任度排在考拉海购、京东国际、天猫国际、唯品国际之后。

【拓展阅读】考拉海购的品质保障手段

第一，自营直采模式。考拉海购所采用的自营模式具有较强的质量控制能力，消费者能直接与平台进行沟通。考拉海购以自营的模式为主，并在美国、意大利、澳大利亚、日本、韩国、中国香港等国家和地区设置了分公司及办事处，通过深入产品的原产地，对产品品质进行检验。考拉海购从源头上杜绝假冒伪劣产品流入，以确保所采购产品的安全性，此举无疑提升了消费者对平台产品安全性的信赖度。同时，考拉海购自营直采模式有效地消除了中间环节，平台直接和优质品牌商及供应商对接，提升了核心竞争力。

第二，拥有品牌授权。考拉海购坚持自营模式和精品战略，努力拓展品牌合作。考拉海购在多个国家和地区设立了办事处，并组建专业采购团队深入产品的原产地，将当地品牌、资源、文化、科技及网易积累的大数据作为选品标准。考拉海购由“精选商品平台”升级为“品质品牌合伙人”。优质的供应商和稳定的货源为考拉海购的产品质量提供了重要保障。

第三，供应链全程可追溯。作为自营电子商务平台，考拉海购能够精准地把控产品来源和物流过程，为产品质量提供保障，在一定程度上弥补了平台电子商务模式的缺陷。为了保障产品质量，考拉海购组建专业的采购团队对供货商的资质进行严格审查，并制定了复核机制，使产品供应链全程可追溯。此外，考拉海购还和相关部门联合推出了一套二维码溯源系统，消费者可以扫描产品二维码对所购买产品的来源、质量等进行查询。

第四，与国家权威鉴定部门合作。考拉海购不仅自己建立严格的质量管理制度，还与跨境电子商务检验检疫产品质量安全风险国家监测中心合作，完善跨境电子商务行业的产品质量安全和消费者权益保护标准。为了保障产品质量，考拉海购率先实施“入仓全检”，制定了严格的质量检验和验收标准，工作人员在入仓前检查每种产品是否过期。

第五，直播采购过程。考拉海购通过“直播正品采购之旅”的方式，向消费者传播产品直销品牌形象。考拉海购不仅邀请核心客户到品牌总部和海外工厂参观、体验，还与第三方权威平台合作，通过直播的形式让客户直观地感受考拉海购的采购方式。

9.2.2 大数据物流

1. 打造“大数据+物流”的跨境物流云平台

考拉海购从根本上解决了跨境电子商务中存在的物流问题，并提高了该行业的整体效率，为消费者提供了良好的服务体验。考拉海购和该行业的主要物流管理公司海沧科技通过使用云计算、互联网和大数据，创建了第一个跨境物流云平台——考拉海购物流云。在物流供应链中，考拉海沟使用一种社交化的协作模型来连接亚马逊、顺丰速运、EMS、海沧科技等，以为消费者提供优质的服务。

2. 效果分析

考拉海购致力于国际供应链建设，其通过完善仓库、物流等建设，进一步保障了平台商品的丰富、售后服务、物流配送等，使消费者在当天或次日就能收到商品，提升了消费者体验。与主要 B2C 跨境电子商务平台相比，考拉海购在自营保税仓数量方面占有较大优势，在自营海外仓数量方面也占有一定优势。考拉海购、唯品国际、小红书的对比如表 9-2 所示。

表 9-2　考拉海购、唯品国际、小红书的对比

对比项目	考拉海购	唯品国际	小红书
自营保税仓数量	15 个	8 个	5 个
自营海外仓数量	18 个	12 个	29 个

注：2022 年 8 月数据。

9.2.3　多元化运营

1. “品牌化”运营

考拉海购坚持货源地直采，加大与海外顶级品牌合作。考拉海购已经引进了善存、红印、澳佳宝、双心、莎露斯等数十个全球一线保健品品牌，雀巢、美赞臣、澳倍康、帮宝适等母婴品牌，以及倩碧、雅诗兰黛等全球顶级美妆个护品牌。考拉海购在法兰克福召开招商会，与 P+M、Eurocomfort Group、Hape 等欧洲著名品牌签署合作协议，并且上线相关产品；还在澳洲举行悉尼招商会，并与 AUSTTBABY、Caprilac、Bio-Island、Bubs、Devondale、Swisse、Morning Fresh、Rafferty's Garden、Nature's Own、Royal Nectar、Lucas Papaw Remedies 等涵盖母婴用品、保健食品、美妆用品在内的众多澳洲品牌开展战略合作，成为与澳洲品牌合作最多的中国电子商务企业。随后，考拉海购加强与海外品牌的合作升级，其与韩国美迪惠尔、LG 集团、爱茉莉集团、正官庄、丽得姿、OLIVE YOUNG、SNP、 Papa recipe、Dr.Jart+、JAYJUN 十大品牌共同推出“中国女性美丽成长计划”。

作为网易旗下主营跨境业务的电子商务平台，考拉海购秉承网易一贯的精品化作风，在选品过程中十分注重产品的品牌价值、性价比。这也帮助考拉海购迅速成长，获得了极高的市场认可度。从考拉海购的海外签约步伐来看，品牌战略将继续成为其未来战略布局的重要发力点。随着电子商务平台供给的日益旺盛，产品同质化的弊端逐步显现，消费者对高品质产品的需求使得供需矛盾日益加剧。品牌作为产品品质最直观的反映，能够以最短的时间吸引消费者，提高消费者忠诚度，品牌的丰富度也在一定程度上决定了电子商务平台的形象、市场份额及战略定位。因此，从未来整个行业来讲，海外优质供应商作为供应链上游的主体，将继续成为各电子商务平台竞相追逐的对象，而品牌影响力作为供应商资质的集中体现，将成为电子商务平台进行海外选品的重要指标，也将成为整个跨境电子商务行业的发力点。

2. “自营化”运营

在我国进口跨境市场中，考拉海购、天猫国际、京东国际、唯品会四大电子商务平台占据进口跨境电子商务市场的主要份额。四者虽然都采取综合型 B2C 模式，但具体来看，天猫国际采取的是纯平台的“轻”模式，考拉海购、唯品会采取的是纯自营的“重”模式，而京东国

际采取的是“平台+自营”的混合模式。不同模式决定了不同战略的制定，战略实施的效果则直接决定了电子商务市场的竞争局面。

作为自营模式的典型代表，考拉海购秉持“自营直采”的经营理念。“自营直采”模式的实质在于从科技、资源、品牌和文化四个角度出发，挑选出符合消费者需求的正品货源。相对于考拉海购的纯自营模式，天猫国际则采取了纯平台模式，通过平台号召力吸引品牌商入驻，平台在交易过程中只负责凭借自身资源实现消费者和品牌商的对接，促进交易达成，同时通过收取相应的服务费用来获取利润。其实，平台模式和自营模式各有利弊。考拉海购的“自营直采”模式不仅能够从源头上杜绝销售假货事件的发生，同时省去了经销商环节，降低了产品的采购成本，使其价格竞争力大大增强。但由于自营模式要求平台自己完成货源收集、物流配送等工作，因此对平台在资金、物流等方面造成了较大的压力。而天猫国际采取的纯平台模式，通过平台为买卖双方提供线上虚拟交易环境，不需要进行任何线下操作，大大简化了操作流程，但同时使得电子商务平台对跨境供应链的整体把控能力大大降低。

凭借网易集团强大的资金优势，考拉海购不断推进“自营化”战略的实施。目前，考拉海购已经在海外设立多个办事处，涵盖韩国、日本、美国、德国、澳洲等国家和地区，其深入货源地对品牌商实行严格的审查制度并从海外直接拿货，获得了极高的平台信任度。天猫国际的纯平台模式虽然在一定程度上降低了其供应链整合能力，但其拥有丰富的品牌资源，凭借强大的品牌优势与丰富的产品品类，在进口跨境电子商务市场中也占据着较大的市场份额。而京东国际的“平台+自营”混合模式，虽然京东国际不具备考拉海购的资金优势，自建物流体系给其带来沉重的资金负担，但随着其物流体系的不断完善及与海外品牌签约步伐的不断加快，也表现出强劲的发展势头。对采取平台“轻”模式或自营“重”模式的中小型电子商务平台来说，出于自身实力的限制，决定了其不可能获得大型电子商务平台那样的资源优势，同时不具备相应能力进行自营体系建设。

3. “消费者导向化”运营

在发展过程中，考拉海购不仅适应市场需要，通过自营直采的方式挑选出符合消费者需求的正品货源，同时凭借自身战略导向影响着整个跨境电子商务行业的消费形态。在成立之初，考拉海购秉承“花更少的钱，过更好的生活”的经营理念，帮助广大消费者培养跨境消费的新思维；如今，随着消费者“新消费”观念的形成，消费诉求也发生了变化，相对于过去看重性价比，如今的消费者更加看重“质价比”。基于此，考拉海购推出“考拉模式”，旨在通过严选模式为消费者收集高“质价比”的商品，提高消费者的忠诚度。

首先，在对消费者进行定位的基础上，考拉海购主营母婴用品，引进帮宝适、尤妮佳、花王等世界顶级母婴品牌，而这一行为一度使其被消费者定位为母婴用品平台。这说明年轻父母或准父母在我国跨境网购主体中占据日益重要的地位，显现出巨大的消费潜力。其次，倩碧、雅诗兰黛等全球顶级美妆个护品牌，以及善存、红印、双心等全球一线保健品品牌纷纷入驻考拉海购，使考拉海购成为深受消费者喜爱的化妆品及保健品平台。这说明随着我国消费者消费观念的升级，他们逐渐开始追求高品质生活，对海外优质美妆个护产品及保健品的需求日益增加。而作为母婴用品、美妆个护、保健品的主流消费群体，26～35 岁消费群体具有购买力强、对跨境网购接受程度高的特点，他们无疑将成为未来各电子商务平台重点追逐的对象。再次，考拉海购与韩国十大品牌共同推出“中国女性美丽成长计划”。考拉海购这一战略布局正是在分析消费者偏好和跨境电子商务政策对美妆个护产品及保健品进口税率变动的基础上做出的，同时是对未来跨境电子商务市场需求的一种预测。

4. 保税仓和海外仓联动

仓储物流作为电子商务平台发展战略中的重要一环，不仅是实现跨境贸易的保障，还是测试消费者满意度的重要指标。保税仓与海外仓作为跨境物流的重要中转点，其布局情况在一定程度上决定了跨境贸易能否顺利进行。考拉海购近年来在跨境电子商务市场取得的成就离不开其完善的仓储物流布局。首先，在成立初期，考拉海购就凭借网易集团强大的资金优势积极布局保税仓和海外仓，目前在郑州、宁波、杭州、重庆等城市保税区拥有多处保税仓。保税仓提前备货的功能使得跨境物流从之前的 10～15 天缩减至 1～2 天，大大提高了物流的时效性。其次，海外仓建设也卓有成效，考拉海购的海外仓覆盖美国、欧洲、澳洲、东南亚、韩国、日本等国家和地区。海外仓的全球布局大大完善了考拉海购的仓储体系，为其全球化经营提供了强有力的保障。再次，在物流配送方面，考拉海购积极借助国际、国内物流企业完成商品的配送，已经形成较为成熟的涵盖国际运输、报检清关、集中分拣、国内配送等环节的物流体系。目前，考拉海购已经与中外运、美国康捷空、德国德迅、法国乔达等国际顶级货运代理公司开展密切合作，进行海外商品的国际运输。而得益于其保税仓及海外仓布局的不断完善，以及中欧班列的辐射能力，考拉海购的跨境服务能力不断提升。

考拉海购的仓储物流布局对我国跨境物流有着很重要的参考意义。保税仓和海外仓联动布局，不仅可以享受保税政策带来的优惠，还使得企业能够在跨境监管政策趋紧的情况下妥善应对保税区门槛提高所带来的物流困境。随着跨境电子商务新政的实施及跨境电子商务零售进口商品清单的出台，对清单外的一些母婴用品、保健品等，由于通关单的限制导致其不能采取跨境电子商务的监管方式，保税模式的优势正在逐渐消失。海外仓是电子商务企业在海外设立的存放货物的仓库，进行海外仓布局使得跨境电子商务企业可以对不同的供应商集中进行处理，不仅可以最大限度实现装载的合理化，降低运输成本，还可以提高物流的时效性，提升消费者购物体验。但对清单内的商品，保税仓仍具有巨大的优势，商品的大批量采购不但使物流成本大大降低，而且保税仓直发大大缩短了运输时间。因此，从未来一段时间来看，保税仓和海外仓需要联动布局，发挥各自优势，共同促进我国跨境电子商务的发展。

【知识链接】考拉海购成功的原因分析

1. 宽松的政策与市场环境

为了我国跨境电子商务市场的进步与发展，我国政府专门出台相关政策，使跨境电子商务行业能够在政策的扶持下趋于稳定、持续发展。这些政策全面推动了该行业的发展，也得到了相关企业的支持。近年来，国内产品已经无法满足消费者的实际需求，而品牌与品质开始成为消费者选购过程中关注的焦点。正好，跨境电子商务行业能够满足消费者的需求，因此考拉海购的成功便成为理所当然的事件之一。

2. 产品运营效率较高

在产品运营过程中，考拉海购利用多元化推广渠道，结合自身媒体优势及线上线下渠道，使其推广取得了较好的成绩，吸引了较多消费者。由于考拉海购背后有网易集团的支撑，很多消费者熟悉其各类产品，考拉海购在这些群体中进行产品宣传，能够获得高质量消费者，也有利于提高品牌知名度。

3. 产品品质较高、价格较低

母婴、营养保健、美妆个护等是考拉海购经营的主要产品类型，这些产品都是安排专业的采购团队到原产地进行筛选、购买，以保障产品质量。这样的方式能够有效地降低运营成本，并且产品价格较低，能够有效地激发消费者的购买欲望，使消费者能够以较低的价格购买到质量可靠、符合自己需求的海外产品。

4. 支付方式多元化

考拉海购的支付方式呈现多元化发展，包括网易支付在内的各类第三方支付方式均可在考拉海购网站上采用，当然也可以使用信用卡。网易还推出了网易去花，支持消费者分期付款。

5. 物流效率较高

在与亚马逊全球物流合作之后，考拉海购凭借自身优势，全面提升了物流效率，使消费者可以在较短的时间内收到自己所购买的产品，这也使考拉海购在激烈的市场竞争中获得一席之地，而优质的仓储模式也是消费者放心通过考拉海购购买海外产品的原因。

9.3 考拉海购在发展中存在的问题与应对策略

考拉海购在其跨境电子商务营销过程中遇到了一系列问题，可以采取相应的策略来应对，现分析如下。

9.3.1 存在的问题

1. 搜索引擎优化不足

在大数据背景下，搜索引擎优化效果是跨境电子商务营销的重要影响因素。根据 Alexa 的统计，考拉海购 11%的流量来自常用的搜索引擎。为了分析考拉海购的搜索引擎优化问题，其在考拉海购网站上搜索了许多关键词。根据抽样统计数据，百度搜索的国内用户数量最多。

分析考拉海购主要产品类目的关键词，在百度搜索引擎中输入考拉海购的主要产品类目，得到表 9-3 中的结果。从考拉海购搜索排名来看，只有手表配饰类目出现在 11 个关键词的第一页（以百度默认的 10 条结果为一页），在考拉海购的主要产品类目关键词中，考拉海购通过 SEM[①]购买的关键词广告仅有“美容彩妆”“轻奢”两个关键词，其余的关键词均为优化。由此可以看出，考拉海购一级类目关键词的搜索引擎优化效果并不好，另外考拉海购的关键词转化率相对较低，其也并未在类目关键词上进行更多的 SEM。

表 9-3　考拉海购主要产品类目关键词百度搜索排名

主要产品类目	百度搜索排名	主要产品类目	百度搜索排名
美容彩妆	21	运动户外	100+
母婴儿童	42	手表配饰	8
营养保健	68	轻奢	15
数码家电	100+	家具生活	100+
个人洗护	63	环球美食	32
服饰鞋靴	100+		

注：2020 年数据。

2. 会员服务差异化不明显

在大数据背景下，会员服务效果是跨境电子商务营销的重要影响因素。在对考拉海购会员和京东国际会员权益进行对比后，发现考拉海购在会员服务方面存在许多问题，具体如表 9-4 所示。

从会员价格来看，考拉海购的黑卡会员年费较高，用户购买意愿较低。从试用期来看，考拉海购没有试用期；而京东国际提供试用期服务，并且在试用期内用户可自主选择会员付费服务，试用期提供更大的折扣。从其他会员服务来看，京东国际每月都有会员专享购物节，这有利于增强用户黏性，考拉海购却没有类似的活动。

考拉海购虽然推出了考拉黑卡会员服务，但是考拉海购推出的黑卡会员服务会影响原本的会员等级体系和会员利益，这导致老用户满意度降低。此外，考拉海购的网站评论区设计不够完善，用户评价服务功能的设计存在缺陷，用户很难便利地与商家沟通，这也会影响已购买者对品牌的喜爱度；黑卡会员服务成本较高，但是转化率较低，从这方面也未达到推出会员的预期目标。

表 9-4　考拉海购、京东国际的会员服务对比

对比项目	考拉海购	京东国际
会员名称	考拉会员	PLUS 会员
会员价格	考拉黑卡 279 元/年	PLUS 京典卡 149 元/年
试用期	无	①30 天试用期，试用期内或试用期结束后用户可选择购买正式会员，如果购买时尚在试用期内，则试用期自付款之日结束；②试用会员享受运费券、京东返利、百万款专属价商品、退换货免运费、专属客户服务
会员专属价	自营商品折上 95 折	部分商品专享会员价，可与其他优惠叠加

① SEM（Search Engine Marketing，搜索引擎营销）：有效地利用搜索引擎来进行网络营销和推广，以较小的投入获得较大的来自搜索引擎的访问量，并产生商业价值。

续表

对比项目	考拉海购	京东国际
新会员奖励	新会员获得 2 张面额 20 元的税费券和运费券	PLUS 正式会员每月可获得 5 张运费券，每张面额 6 元
返利	无	10 倍京豆回馈
售后	①专属客服； ②退货免运费	①专属客服； ②7 天无理由退货
其他	①黑卡独享商品； ②黑卡消费金； ③亲友卡	①京东读书会员； ②每月 8 日 PLUS DAY

3. 用户的隐私安全受到威胁

在大数据背景下，安全性是跨境电子商务营销的影响因素。在考拉海购的营销活动中，个人的隐私信息安全一直存在隐患。

虽然使用大数据技术能够更有效地洞察用户的行为，但是会使人们的数据隐私和安全性受到一定的威胁。大数据使得考拉海购的营销活动更加容易，但也可能使得考拉海购平台存在滥用用户信息的问题。考拉海购的应用程序会在未经用户同意的情况下，自动定位用户的具体位置，还会获取用户的电话号码，这使得考拉海购的用户隐私安全面临诸多威胁。用户隐私涉及用户行为、生活信息、位置信息等，数据泄露可能会给用户造成巨大的损失，即使考拉海购可以使用技术手段维系数据安全，但是如果其自身存在侵犯用户隐私的可能，那么用户的隐私安全仍然存在隐患。

4. 移动端功能设计存在缺陷

用户体验、网站（或 App）的便捷性是跨境电子商务营销的重要影响因素。在与重要竞争对手小红书的产品体验对比中，发现考拉海购的移动端功能设计存在缺陷。

从一次普通的购物流程来看（以 2022 年 12 月的体验为例），当用户使用搜索功能时，考拉海购具有最近搜索、探索发现及常用分类，小红书具有历史记录、猜你想搜及常用分类，并且支持对 KOL 提供的内容进行搜索，但是考拉海购只支持对商品进行搜索。当需要更换其他搜索内容时，考拉海购需要返回页面顶部重新更换检索词，而小红书顶部直接有搜索框，可以随时更换检索词，不需要返回页面顶部。考拉海购无法在浏览页面时隐藏输入法，这极大地影响了用户体验。从搜索结果的界面来看，小红书界面上设置了搜索按钮，不会阻挡页面打开。考拉海购与小红书的界面显示均是卡片式的。在搜索界面中，小红书界面上方有购物车的按钮，用户点击按钮即可查看购物车，而考拉海购没有这一设计。考拉海购在浏览页面时，可以通过右下角的按钮，直接返回页面顶部，而小红书要手动上滑页面返回页面顶部。从商品详情页来看，小红书界面下方固定的位置有客服入口，考拉海购则分为客服或考拉客服。考拉海购的支付用户通常需要 3～4 次访问付款页面并进行相关的操作，存在着信息冗余问题。考拉海购、小红书的功能对比如表 9-5 所示。

表 9-5　考拉海购、小红书的功能对比

功能	考拉海购	小红书
搜索	商品	商品+笔记+用户
商品分类	分类+品牌	分类+品牌
商品评价	内容丰富	内容丰富
支付方式	支付宝+微信+花呗分期+银联	支付宝+微信+花呗分期
身份认证	需要	需要
促销活动	丰富	少
内容发布	图文	图文+小视频
客服入口	浅	浅
保价	订单支付之时起 360 小时	7 天保价
浏览记录	有	有

注：2022 年 12 月数据，随着时间的推移，各项功能随时可能发生变化。

5. 人工客服回复缓慢

用户服务效果是跨境电子商务营销的重要影响因素。考拉海购采取自营的模式，随着业务量和用户数量的增加，用户对产品和服务的要求越来越高，考拉海购出现了人工客服压力过大、回复缓慢的问题，用户的咨询得不到及时解答，这在很大程度上影响了用户的购物体验。此外，跨境电子商务本身属于用户学习成本较高的行为，特别是涉及关税等专业问题，如果没有客服及时解答用户的问题，则容易引起纠纷。考拉海购的智能客服系统虽然在一定程度上缓解了客服的作业压力，但它始终与人工客服不同，后者可以灵活地处理问题。尽管当智能客服系统无法解答用户的问题时，考拉海购提供了可以转换为人工客服的服务，但是这种方法并不是改善用户情绪的好方法。

9.3.2　应对策略

1. SEM 与 SEO 组合优化

为了进一步提升考拉海购 SEM 的效果，考拉海购的 SEM 应该与 SEO①相协同。要想提升 SEM 的效果，考拉海购需要对网站的关键词进行优化，包括“化妆品”“百褶裙”“护肤品”“奶粉”等。除此之外，考拉海购还需要按照品牌、产品、用户详情等对重点产品、重点用户进行针对性的营销。考拉海购还可以结合其他方式，进行关键词优化，以帮助考拉海购出现在搜索引擎靠前的位置。例如，考拉海购可以结合 PPC②竞价机制，提高关键词权重，帮助考拉海购提升用户点击率与关注量。SEM 与 SEO 相结合的重点是优化搜索引擎，针对一些优化过后仍然没有获得预期效果的关键词，可以视其重要程度进行 SEM。SEM 应根据时间和地区精准化开展。

① SEO（Search Engine Optimization，搜索引擎优化）是一种利用搜索引擎的搜索规则，来提高目的网站在有关搜索引擎内的排名的方式。

② PPC（Pay Per Click，按点击付费）是一种常用的网络广告形式。

2. 会员差异化服务

为了进一步增强考拉海购的用户黏性，考拉海购的付费订阅服务应该进行修改。考拉海购可以对那些信誉高、退货次数少、每月消费金额高的用户，自动生成黑卡会员，并向他们提供免邮服务。此外，考拉海购应改善用户体验，更重要的是对用户评论设置进行优化，设立专门的品牌评论窗口，用户不仅可以对购买过的商品进行评论，还可以对自己喜爱的品牌进行评论。除此之外，为了进一步提高用户评论的积极性，当用户购买的商品到达目的地后，可通过增加用户反馈评价的经验值来提高用户的积极性。考拉海购应加强管理等级、积分、消费高的用户，不仅可以为用户提供一对一的服务，还可以给予会员折扣券、减免券等，提高用户对平台的忠诚度；而对长时间未登录平台的用户，应积极通过短信或电子邮件与他们联系，重新激起他们的购买欲望。

3. 加强用户隐私信息的保护

为了防止出现隐私安全问题，考拉海购在用户注册时就应该格外注意隐私安全问题，用弹窗的方式告知用户下一步会涉及隐私问题，并获得用户授权，用户在弹窗中自由选择是否授权，而非必选，让用户在使用网页或应用程序时感知其隐私受到了保护，从而提高用户的满意度。同时，考拉海购应加强对负面在线信息的监控与管理，以减少现有用户的担忧和潜在用户的犹豫。

4. 改善考拉海购移动端功能设计

针对移动端功能设计问题，考拉海购应用程序可以提供扫码搜索服务，以帮助准用户实现精确搜索并避免重复操作。针对考拉海购详情页存在的问题，其在详情页同时保留收藏品和加入购物车两个选项，消费者操作起来十分便利。针对考拉海购移动端好评功能存在的问题，建议在“评价标签栏”中将“用户评价”作为可选择标签，这既可以帮助用户节省花费在浏览评论上的时间，也可以快速为用户提供指导。此外，考拉海购还可以提供直接选择好评和差评关键词功能，这有助于减少用户操作。鉴于考拉海购扁平化结构的逻辑不明确、产品结构太多而影响用户体验等问题，在考拉海购应用程序开发时，应将同类功能或内容进行整合，使产品逻辑结构清晰，页面干净、清爽。

5. 有效结合智能客服和人工客服

考拉海购应有效结合智能客服和人工客服，打造一套智能客服系统，其中可以利用大数据和人工智能技术对客户的表达需求进行判断。当客户通过网络向客服发送问题后，客服不必直接响应，通过用户提供的相关词语，智能客服可以搜索知识库，查找相关信息并推荐给用户。对这种服务流程，客服不必检索大量信息，从而缩短了服务时间，提高了响应速度，为用户创造了良好的体验。

9.4 总结与启示

对考拉海购案例进行总结，有利于为我国跨境电子商务平台的发展提供借鉴，案例的总结与启示如下。

9.4.1 总结

考拉海购创立初期就依靠自身已有的资源——网易新闻、网易邮箱、网易游戏、网易云音乐等强势引流。之后，考拉海购以商城运营为重点，以场景化创新体验开辟行业先河，并且开展各种传统电子商务促销活动，结合自营直采、正品保障的理念，吸引了不少用户，也赢得一定的口碑，为用户数量的增长打下了坚实的基础。考拉海购一直采用以自营为主的模式运营，直接与海外品牌商或顶级经销商合作，从商品、定价、仓储、物流到售后等各个环节都由自己掌控。考拉海购公布合作品牌方承诺，进行严格的自检和第三方检验，并且推出一系列保障措施，在很大程度上提升了用户对平台的信任度。考拉海购对一些特定的用户群体提供了针对性的营销手段。在促销方向上，考拉海购对“双十一”“黑色星期五”等电子商务促销活动十分重视，并且频繁地参与。产品较大的优惠力度及直播等丰富的促销方式，不仅吸引了更多的用户，还推动了销售额的增长。整体而言，考拉海购通过“保税备货+海外仓直邮”模式满足了大部分海淘用户对发货效率、正品保障、售后服务等的需求。对用户来说，考拉海购确实是一个“性价比”高的选择，考拉海购也因此能够站在行业的前沿。

9.4.2 对跨境电子商务营销的启示

1. 拓宽数据获取渠道，提升数据应用价值

数据获取能力、数据质量、数据挖掘能力是跨境电子商务营销的重要影响因素。参考考拉海购构建大数据平台的营销策略，不难发现拓宽数据获取渠道，提升数据应用价值对跨境电子商务营销至关重要。我们先来说说拓宽数据获取渠道。首先，跨境电子商务平台可以从社交平台收集数据。社交平台是允许用户共享信息和交流咨询的工具，用户在社交平台上共享的信息通常包括个人偏好、热点信息，也可能包括全新的商机。因此，一方面，通过社交平台的数据可以了解用户的需求偏好；另一方面，社交平台可以用于营销，从而吸引更多的用户。其次，将大数据产品用于数据收集。自行创建的大数据平台可以实现数据收集或发布。我们再来说说提升数据应用价值。首先，提升数据分析能力，改进数据分析技术，对用户数据进行有效的分析和处理。通过研发数据处理技术，开发相应的软件设备，构建电子商务处理系统。其次，培养具有数据分析和数据处理能力的专业技术人员，这些专业技术人员的知识库要不断更新，并不断适应技术的发展要求。

2. 利用大数据整合供应链

供应链效率是影响跨境电子商务营销的重要因素。在传统的跨境电子商务物流模式下，跨境电子商务平台在订单到来后面临发货时间长、物流成本高等问题。跨境电子商务平台应该依托大数据，加强供应链的整合。在充分获取、了解行业信息的基础上，对时间、资源、成本、物流等方面的数据进行完整的分析，以形成完整而高效的供应链机制。在供应链中大数据技术的支持下，加强信息传输、资源共享和快速交易方面的合作。跨境电子商务平台应充分利用供应链的功能，从选择合适的供应商到优化物流系统再到强大的大数据分析，以快速

获取市场供应信息、仓储和物流信息。开发物流信息技术的应用，加快物流信息化建设。借助电子信息技术，可以快速进行相关产品的交付、销售和物流配送。近年来，全球供应链发展迅速，依托大数据已经成为跨境电子商务平台提升效益的必要方式。尽管近年来我国的物流发展迅速，但与国外发达国家相比，物流供应链整合水平仍有很大的提升空间，海关、跨境物流企业、支付公司应该加强协作，使跨境电子商务的供应链系统能够实时共享，既提高供应链的效率，也为用户购物带来便利。

3. 利用大数据实现产品质量的精准治理

产品质量是影响跨境电子商务营销的重要因素。一旦出现产品质量问题，就会严重影响用户对跨境电子商务产品购买的信心。跨境电子商务平台应以大数据为支撑，加强实时收集、深度挖掘和处理产品质量信息，对大数据产生的风险及时监控，利用机器学习等算法对风险进行及时预警，为监控产品质量及质量提升奠定基础。跨境电子商务平台应使用大数据技术加快跨平台、跨行业的网络建设，以管理产品质量数据。此外，跨境电子商务平台应与有关部门和公司建立横向联系，实现信息交流和互通，有效地解决产品质量问题；还应加强产品标准和产品数据库的开发，深入研究各种产品大数据，并按类别、地区和行业进行详细的分析，为精确监测提供依据；同时，构建大数据平台，产品供消费者监察、监督，建立权责明确、公开共享的大数据环境，并及时、全面、准确地发布产品质量信息，使用户方便查询。

4. 利用大数据实现网络推广的高效化

网络推广是影响跨境电子商务营销的重要因素。传统的网络推广主要大量投放广告，在促进跨境电子商务营销方面发挥的作用十分微弱。利用大数据能提高网络推广的精确性，降低跨境电子商务平台的推广费用。跨境电子商务平台依托大数据，根据用户的消费场景进行精准的广告投放，根据用户的购物心理进行精准营销，从而满足用户多样化、个性化的需求。除此之外，跨境电子商务平台还需要区分用户的消费场景，提高推广的灵活性；同时，依托大数据，还可以把握用户的消费时间，适时地投放广告。

5. 利用大数据实现精准营销

用户定位是影响跨境电子商务营销的重要因素。传统的营销方式需要投入较多的人力和资源，并且很难在短时间内实现销售额的大幅提升。大数据精准营销不仅节省了人力和资源，还能够对实时的消费信息进行反馈并进行消费策略的调整。跨境电子商务平台需要通过大数据技术获取用户行为数据和社会属性，并且进行综合分析，通过这些可以从用户的消费偏好、忠诚度、满意度、购买力等维度生成用户画像，逐步实现精确分析，同时根据精确分析进行精准定位，从而实现精准营销，提高销售水平。此外，跨境电子商务平台还可以立足用户的实际情况，通过对用户画像进行分析，对不同的用户采取不同的定价策略。

6. 利用大数据提升用户体验

跨境电子商务中的用户体验、购物网站（或 App）的便捷性是影响跨境电子商务营销的重要因素。提升购物网站（或 App）的便捷性可以从两个方面入手。第一，使操作流程简易化。使用跨境电子商务平台的用户具有广泛性，其知识层次、学习成本不尽相同。因此，在设计购物网站（或 App）时，应该注意简化操作流程，如尽可能使用户界面简洁、搜索路径便捷、文本系统易懂、结算系统方便操作等。第二，提升使用的便利性。使用方便、快捷、高效是用户选择跨境电子商务平台的重要原因，简单的购物流程设计可以让用户舒适地使用购物网站。此外，提供安全的付款模式和顺畅的客服交流也是吸引用户的重要手段。

【本章小结】

考拉海购是我国跨境电子商务行业的头部企业，其基于大数据平台的营销模式值得大家借鉴。本章选取考拉海购跨境电子商务案例，从大数据平台、定价策略、推广策略、个性化策略和客户管理五个方面分析了考拉海购的营销策略，并对考拉海购营销中存在的问题和应对策略进行了探讨。考拉海购案例对跨境电子商务营销带来如下启示：拓宽数据获取渠道，提升数据应用价值；利用大数据整合供应链；利用大数据实现产品质量的精准治理；利用大数据实现网络推广的高效化；利用大数据实现精准营销；利用大数据提升用户体验。

【本章实训】

实训案例：洋葱 OMALL 的跨境电子商务裂变营销

洋葱 OMALL 原名洋葱海外仓，其采用社交零售模式将仓储配送、内容、营销、客服、清关合为一体。洋葱 OMALL 公司旗下拥有洋葱海外仓、洋葱贩外、洋葱生活家等板块，覆盖日常生活基本需要。洋葱 OMALL 制定合理的渠道机制，具有高端的开店素材，采用精细化推广方式，让买家成为卖家。

1. 通过网络社交提高知名度

不同的公司产品类型不同，因此营销方式也有差别。洋葱 OMALL 作为社交零售平台，近年来发展迅速，有众多商家参与，涉及化妆品、电子产品、母婴产品和生鲜等，已在日本、韩国、澳大利亚、德国、英国等国家设立了分公司，在德国、法国、荷兰、加拿大等国家和地区选品。洋葱 OMALL 之所以能在短短数年间吸引众多商家加入，是因为其知名度很高。洋葱 OMALL 紧跟时代发展，建立之初在社交平台上发布信息吸引了一部分受众后，在其他社交平台相继发布信息。同时，洋葱 OMALL 通过网络“大 V”以点带面地吸引受众，通过逐步裂变壮大商家和用户。

2. 通过 M2S 电子商务模式吸引年轻消费者

洋葱 OMALL 使用 M2S 电子商务模式，建设仓储配送、内容、营销、客服、清关“五位一体”的综合体系。在全球范围内研选品牌，直接从厂家发货，运输时间短，运输成本低，这是洋葱 OMALL 的优势之一。洋葱 OMALL 首先定义社交零售概念。社交零售指的是利用社交工具及场景零售。洋葱 OMALL 除直接和厂商合作外，还提倡以个人为单位，通过个人社交圈进行商品交易，如个人借助微信、微博、QQ 等常用社交工具向亲朋推销商品。在公司、小区等打造线下社交场景，在合理选择和建点后，再将这些经验推广到其他地区。

3. 积极与各大商家合作，实现全球化营销

洋葱 OMALL 坚持“货通全球、严选精品”的原则，在全球范围内打造高质量的商品库，其商品种类繁多，涉及家居、轻奢、宠物、汽车等核心品类，并且在 2018 年后加入家纺、医美、海外旅游等项目。目前，洋葱 OMALL 的合作品牌已达数千个，并设立了恒温中转仓。用户在下单后 7～10 天即可收到商品，并且享有 21 天无忧售后保障。

实训内容：洋葱 OMALL 的跨境电子商务营销有何特点？

实训要求：补充查阅资料，从跨境电子商务营销策略的若干方面进行分析，形成一份案例分析报告。

【复习思考】

1. 考拉海购的营销策略有何特点？
2. 考拉海购营销中存在哪些问题？
3. 为了解决营销中存在的问题，考拉海购可以采取哪些策略？
4. 考拉海购案例对跨境电子商务营销有哪些启示？

第 10 章

跨境电子商务支付：PingPong 的跨境支付创新模式

【学习目标】

- 能够分析 PingPong 跨境支付的发展环境；
- 掌握 PingPong 跨境支付模式的特点；
- 理解 PingPong 对跨境电子商务支付发展的启示。

【引导案例】速卖通与亚马逊的跨境支付比较

1. 卖家收款速度对比

在速卖通平台中，在卖家发货且一般待买家确认收货后，才能收到货款。如果买家不确认收货，那么得等平台默认收货后该交易才算完成。具体来说，如果卖家承诺的运达时间短于平台默认值，则确认收货超时，时间还是按平台默认值计算，否则根据卖家承诺的运达时间计算。平台默认买家收货超时时间如下：（1）使用 DHL、UPS、FedEx、顺丰，收货期为 23 天；（2）使用 EMS、ePacket，收货期为 27 天；（3）使用邮政航空包裹，收货期为 39 天。举例说明：卖家使用 DHL，承诺的运达时间为 10 天，则该订单的买家确认收货超时时间为 23 天；卖家使用中邮小包，承诺的运达时间为 50 天，则该订单的买家确认收货超时时间为 50 天。速卖通平台这种收款时间的规定，导致卖家收款时间比较长，影响了卖家的资金周转。

为此，速卖通对放款规则做了调整。速卖通根据卖家的综合经营情况（如好评率、拒付率、退款率等）评估订单放款时间：（1）对表现好的卖家，系统在发货后一定时间内进行放款（部分或全部），最快放款时间为发货 3 天后；（2）对其他卖家，速卖通会在买家保护期结束（买家确认收货，或者买家确认收货超过卖家承诺的到达时间 15 天）

后放款。

亚马逊平台在这方面是这样处理的：订单中卖家发货后货款的收取无须等到买家确认收货。在卖家的开始经营阶段（又称"初始14天的考察期"），当卖家第一笔订单发货后，在亚马逊平台请求放款，系统到第14天会将第1天到第6天的货款放给卖家，在第15天将第7天的货款放给卖家，以此类推。在卖家通过亚马逊平台的"初始14天的考察期"后，卖家升级为Tier1，亚马逊会把卖家每个订单的款项或处于纠纷中的订单（包括信用卡退款要求和尚未处理的纠纷）两者中的金额较大者，保留7天后，再将货款放给卖家。如果过了6个月的观察期，卖家的订单数累计达到100个，经卖家申请可以升级为Tier 2。亚马逊会将订单款项扣除部分作为预留款（过去28天日均交易额的3%或牵涉纠纷索赔的两者中的金额较大者），再将剩余货款付给卖家。如果卖家一直表现良好，符合亚马逊的各项要求，则卖家可以升级为Tier 2+，亚马逊会取消3%的预留款。

举个例子，对普通卖家而言，一个速卖通平台上的订单，卖家在广州用DHL把货物寄给位于美国芝加哥的买家，一般4～6天到买家手中，加上买家需要1～3天确认收货，那么卖家一般需要在发货后7～8天收到货款；如果买家不去平台确认收货，则卖家在发货23天后才能收到货款。而在亚马逊平台上，同样一个订单，卖家在广州用DHL把货物寄给位于美国芝加哥的买家，最迟在发货14天后收到货款；如果卖家经营超过14天，并且通过了亚马逊的考察，则可以在发货后第8天收到货款；如果卖家经营超过半年，订单数累计达到100个，则可以在发货后扣除预留款后收到货款。总体来说，在亚马逊平台上卖家的收款速度快于速卖通平台。

2. 对买家的保护对比

速卖通对买家的保护：如果买家没有在卖家承诺的时间内收到货物，速卖通负责全款退给买家；从买家确认收货起15天内，如果买家收到的货物与卖家的描述不符，则买家可以退货，获得全款退回，或者保留货物，获得部分赔偿。亚马逊平台对买家的保护在其"A-to-Z"[①]保障里面，具体是：买家在亚马逊平台上购物，如果卖家交货迟于约定时间超过3天或买家在订单日后30天内没有收到货物，或者买家收到的货物有缺陷、与描述有实质性不同，甚至买家想退货，只要符合平台的"退货政策"（亚马逊平台一般允许买家在收到货物30天内退货，一般在亚马逊平台上的第三方卖家也有类似的退货政策），均可被满足。买家在联系卖家要求赔偿或退货后，如果等待2个工作日后得不到回应，那么买家可以联系亚马逊平台，从亚马逊平台得到不超过2500美元的货价赔偿（包括运费）。

可以看出，相比之下，在对买家的保护方面，亚马逊的保护范围更大一些，包括

① 亚马逊对在其平台上购买商品的所有买家实施保护政策，如果买家对第三方卖家的商品或服务不满意，就可以发起亚马逊商城交易保障索赔（Amazon A-to-Z Guarantee Claim），以维护自身利益。

在货物没有缺陷、与描述一致的情况下，只要符合平台的“退货政策”，买家都可以在收到货物 30 天内退货。

3. 收费情况对比

在速卖通平台上，对卖家每笔订单收取 5%～8%（按不同的产品类目）的佣金，并且每次提现需要收取手续费。在亚马逊平台上，对来自美国境内的付款，亚马逊平台每笔收取 2.9%的手续费，另外每笔收取 0.3 美元的授权费；对来自美国境外的订单，亚马逊平台每笔收取 3.9%的手续费，另外每笔收取 0.3 美元的授权费。二者的收费都比传统的国际结算方式（汇款、托收、信用证）高。比较而言，亚马逊平台收费比速卖通平台低一些。

4. 平台操作界面和帮助界面的语言对比

速卖通平台的操作界面和帮助界面的语言都是中文；而亚马逊平台的操作界面和帮助界面的语言都是英文。对中国卖家来说，速卖通平台更易于理解和使用。

5. 相关的管辖法律对比

速卖通平台规定，如果用户来自中国，则该平台服务条款相关的管辖法律主要是中华人民共和国的法律。亚马逊平台规定，在使用亚马逊支付时，如果与平台有冲突纠纷，相关的管辖法律是美国联邦法律及美国华盛顿州的法律；如果有争议纠纷，由美国仲裁协会（American Arbitration Association）仲裁解决，而不是法庭。对中国卖家来说，更熟悉速卖通平台所约定的管辖法律。

辩证与思考：速卖通与亚马逊的跨境电子商务支付有何不同？

分析与提示：跨境电子商务支付平台、方式、信用、安全性等方面的特点。

10.1 PingPong 跨境支付的发展环境

杭州呼嘭智能技术有限公司（以下简称“PingPong”）是一家中国人创立的全球收款公司，致力于为我国跨境电子商务卖家提供低成本的海外收款服务。

10.1.1 诞生背景和发展现状

1. PingPong 的诞生背景

由于语言障碍、对境外法律体系不了解、消费支付习惯和文化差异等因素，我国跨境电子商务长期面临支付平台收费高、资金回流速度慢、账户不稳定等问题，并且一直以来没有良好的解决方案。为了解决跨境电子商务行业的这些痛点，PingPong 于 2015 年创立，致力于帮助我国企业获得公平的海外贸易保护，与国内跨境电子商务企业建立了紧密的合作关系，其也是中国（杭州）跨境电子商务综合试验区管委会官方合作伙伴及上海自贸区跨境电子商务服务平台的战略合作伙伴。

PingPong 是一家支付技术服务公司，目标客群为我国跨境电子商务企业，为其“出海”提供低成本的跨境收款服务，以及其他定制的金融服务，解决小额跨境支付的成本和时效问题，以及跨境商户在境外的资金归集问题。PingPong 跨境收款的服务费率不超过 1%，并且没有隐性费用和汇损。除了颠覆性的低费率，PingPong 还以“双边监管、100%阳光透明”的安全和合规标准引领跨境支付行业。凭借良好的兼容性，PingPong 从众多电子支付平台中脱颖而出——率先从底层重构了整个跨境支付体系，积极推动行业底层的重大创新，为全面跨境金融服务提供征信、评级、定价基础。PingPong 致力于改变跨境交易的游戏规则，为我国争取定价权和决策权。PingPong 及其依法设立的子公司 PingPong US、PingPong HK、PingPong EU 及 PingPong JP 在对应监管区域接受金融监管部门的监督，合法开展业务。境内资金由中国人民银行授予具有资质的国内第三方支付机构及跨境支付机构处理，为我国跨境电子商务创造更多收益和价值，助力我国更多的企业走向国际。

2. PingPong 的发展现状

PingPong 跨境电子商务支付平台在成立之初就以安全、经济、便利为宗旨。

首先，在安全方面。PingPong 改写了跨境支付行业对“安全”的定义。为了确保用户资金安全，PingPong 以积极的态度拥抱全球行业监管，严格遵守国际反洗钱公约及相关法律法规。此外，PingPong 的金融合规。PingPong 以严格的标准聘请国际会计师事务所，对自身的财务和运营情况进行审计，确保合规性。同时，PingPong 跨境支付平台对其注册用户进行严格的身份认证和筛查，通过复杂的交易监控措施杜绝洗钱或其他金融犯罪行为的发生，并按照国际支付行业的最高标准建立了一套反洗钱、反恐怖融资的合规体系。在程序合规方面，PingPong 的业务方案接受合作商业银行从海外到我国的多重合规检验。PingPong 用户境外资金存放于国际一级清算银行的备付金账户，受各国金融监管部门和银行的双重保护；境内资金 100%由持有第三方支付牌照及跨境支付牌照的支付机构处理。所有资金操作严格按照用户的指令进行。银行仅在接受用户授权和直接指令之后，方可对账户资金进行操作。任何篡改及账户异常情况都不被 PingPong 及合作金融机构接受。在隐私保护方面，PingPong 拥有一支金融和 IT 精英组成的技术和风险管理团队，其成员来自世界优秀企业，有足够的信心和能力保护用户隐私。此外，PingPong 以行业最高标准建立了完善的安全交易系统，拥有反作弊技术专利，通过美国权威第三方支付机构的独立测试和评估，充分保障用户信息及资金安全。未经授权，PingPong 绝不会将用户信息透露给第三方。

其次，在经济方面。PingPong 收款汇率 1%封顶，可以为卖家节约成本。PingPong 合作的平台包括亚马逊、Wish、Newegg 等国际主流平台，在已经完成的跨境交易中没有出现过资金损失。

最后，在便利方面。PingPong 实现了多平台统一管理，卖家可以一键提现至国内银行账户。PingPong 的金融系统将商户、电子商务平台、银行及国内的支付机构联系在一起。以亚马逊平台为例，PingPong 参与后的跨境支付如图 10-1 所示。首先，卖家在注册之后便可以获得 PingPong 账户。卖家在登录 PingPong 后选择添加亚马逊店铺，输入拟定的店铺名称、销售类目，之后可以获得店铺销售权，并可以为店铺添加商品，随后获取店铺的账号、密码等信息，然后在 PingPong 后台将这些对应信息绑定，收款账号生成，接下来就可以开展收款活动了。商品售出后货款由亚马逊收取，这笔交易通过 PingPong 的合规审核之后，货款将进入 PingPong 账户。卖家如果发起提现申请，在通过 PingPong 第二次合规审核之后，货款将通过第三方支付公司进行结汇，并分发至卖家的国内银行账户。在整个过程中，相关信息都会在系统里同步显示，买卖双方能够清楚、及时地掌握资金的动态和流向，不用担心账户被冻结或资金被盗用、清零等问题，可以让用户更加放心。

图 10-1　PingPong 参与后的跨境支付

10.1.2　发展环境

1. 所处政治环境

我国政府对发展第三方跨境支付的态度十分积极，因此出台了一系列利好政策，以保障行业稳步发展。自 2008 年起，政府陆续发布相关政策，对跨境电子商务行业进行引导，至今政府已经出台多项利好政策，集中发展跨境电子商务的出口部门，“跨境电子商务试点”区域开始在全国范围内出现，这为跨境支付的发展带来了绝佳的机遇。PingPong 所在的杭州是全国首批跨境电子商务贸易的试验区，依托当地良好的电子商务发展环境和资源优势，杭州跨境第三方支付产业的发展规模和速度在全国名列前茅，同时获得了当地政府和国家的大力支持，具有巨大的发展空间和潜能。

目前，国内关于第三方跨境支付平台的监管制度还不完善，第三方跨境支付容易产生纠纷。由于我国监管机制还不成熟，直接降低了境外银行对我国跨境支付平台的信任度，从而影响了合作。另外，我国跨境电子商务准入门槛、审查制度、退出机制等缺乏明确的规定，不能有效地利用市场机制进行平台的优胜劣汰，这些漏洞不利于跨境电子商务行业的健康、长久发展。

2. 所处经济环境

从经济环境来看，国内跨境电子商务发展迅猛，因此第三方跨境支付平台的发展空间还在不断扩大。受益于跨境电子商务的飞速发展和崛起，我国中产阶级群体消费增长并在持续升级，跨境支付市场交易量也随之高速增长。根据信息产业网发布的数据，国内的第三方跨境支付市场交易量庞大，跨境支付服务行业也经历了从无到有再到遍地开花的过程。越来越多的支付企业在全球市场布局，市场竞争日趋激烈。

随着跨境支付企业的不断涌现，该行业的激烈竞争态势成为必然，为了抢占更大的市场份额和更多的客户资源，各家支付企业正在逐步寻找各自的立足点及独特的行业优势。当前，这一竞争态势已通过提现费率的价格战显现出来。提现费率是整个跨境支付链条中最后一个环节，当前风起云涌的跨境支付市场上很多企业把更多的精力集中在了这个环节。PingPong 提出的“跨境支付手续费 1%封顶”在跨境收款市场上引起了很大反响，甚至带动整个行业费率下降，行之有效的低费率战略也让 PingPong 迅速提升了市场占有率。

在跨境支付的基础设施建设方面，为了更好地满足人民币国际化的需求，CIPS①全面提升各项服务功能（包括延长对外服务时间等），以促进美洲地区人民币业务的发展，同时在人民币跨境、离岸资金结算、清算效率的提升上做出改进。

3. 所处社会环境

从社会环境来看，中国制造的发展激发了跨境电子商务的需求。随着国际上对我国产品认可度的不断提升，我国产品凭借物美价廉在国外具有相当强的竞争力和吸引力，我国作为出口贸易大国的优势从传统模式转换成跨境 B2B 模式，这种模式也能更好地满足国外制造业对我国出口量的需求。借助跨境电子商务的快速发展，我国商家可以以更加便捷的方式进行出口贸易。另外，为商家提供多样化服务的第三方跨境支付平台能够顺承 B2C、C2C 模式，进而形成比 B2B 模式更突出的优势。

消费者购物习惯的转变为跨境支付带来新的机遇。我国民众的消费逐渐由实体转向网络，消费偏好由低价转向高质，对海外产品或服务的需求也越来越大，而跨境电子商务的目标客群多为具有消费能力的人群，他们既注重产品的品质又注重产品的性价比，这部分人群数量庞大，可以进一步推动跨境支付平台的发展。

跨境电子商务服务体系逐渐完善。以 PingPong 所在的浙江省为例，商务部加快构建、完善跨境电子商务服务体系，为跨境电子商务的发展提供支撑，其主要通过加强与第三方跨境电子商务平台的合作、培育各类跨境电子商务服务企业和规范建设跨境电子商务园区等手段，加强资源整合，逐步建成涵盖跨境电子商务交易全过程的服务体系。杭州各级各部门也出台配套政策，进一步完善产业链，这也为跨境支付平台的发展提供了良好的社会环境。

4. 所处技术环境

从技术环境来看，除 CIPS、SWIFT②等电子清算、电文交换系统外，网络技术、存储技术的不断发展使得第三方支付平台有了与银行竞争的底气。随着支付技术的进一步发展，PingPong 这样的第三方支付平台将商户、电子商务平台、银行及国内支付机构联系在一起，大大提升了跨境支付效率。

跨境支付企业自身品牌的推广也很重要。跨境电子商务支付平台的“跨国性”特征决定了其不可忽视自身在海外市场的品牌推广。在国际市场中，要更多运用 Facebook、Twitter 等社交平台发布信息及互动。跨境电子商务企业应努力提升自己的创新能力、系统研发能力、产品开发能力等核心竞争力，在软件和硬件上实现技术过硬，用实力说话，打入国际市场，让世界重新定位我国产品，促进我国跨境电子商务业务的发展。

大数据技术对跨境电子商务的发展意义重大。如今，大数据技术在各行各业的运用越来越广泛。随着跨境电子商务的发展，信息量急剧提升。一方面，运用跨境电子商务大数据可以帮助跨境支付企业分析目标客户的消费行为及消费特征等，以便提供适合市场和消费者的独特产品，提高市场竞争力；另一方面，有助于企业与终端用户实现互动，及时了解用户的

---

① CIPS（Cross-border Interbank Payment System，人民币跨境支付系统）是专司人民币跨境支付清算业务的批发类支付系统。

② SWIFT（Society for Worldwide Interbank Financial Telecommunication，环球银行金融电信协会）是国际上最重要的金融通信网络之一。通过该系统，可在全球范围内把原本互不往来的金融机构关联起来，进行信息交换。

需求变化，为今后的产品定位与决策提供重要参考。只有在企业内部建立科学、规范的数据收集和评价体系，并合理对接大数据，尽可能掌握全面的信息，才能提高决策的效率和准确率。同时，大数据技术也能为政府部门的监管和政策制定提供真实、可靠的数据支持。

【拓展阅读】跨境支付护航跨境电子商务生态

PingPong 凭借低费率、高效率与安全合规等核心优势在跨境支付领域大放异彩，同时协助广大中小跨境电子商务企业逐渐解决了资金流通受制于境外支付平台的困扰，其发展经历对我国跨境电子商务产业生态圈的建设具有积极意义。推广“PingPong”模式，鼓励扶持一批具有“中国血统”且与行业发展现状相匹配的跨境电子商务生态链服务商，在物流、保险、通关、退税、结汇、融资等场景下为进出口电子商务企业提供真正安全、高效的本土化服务，不仅能够为众多跨境电子商务企业的萌芽与成长保驾护航，还有助于我国在跨境电子商务重塑全球贸易格局的过程中获取话语权与决策权，助力建立公平、统一的贸易规则。

10.2　PingPong 跨境支付模式

PingPong 跨境支付平台的诞生，以全周期、全天候、全方位的模式，突破性地解决了以往跨境支付中普遍存在的收费高、资金回流慢、安全性低、融资难等问题，在为中小跨境电子商务企业提供个性化在线金融产品和服务的同时，在保理、信贷、投融资等各个领域为我国跨境电子商务企业提供具有竞争力和针对性的解决方案。

10.2.1　跨境支付平台分析

在 PingPong 之前，跨境支付方式繁多，如在目的地注册一家公司后开立当地账户、使用跨境信用卡等。随后，跨境电子商务企业开始同海外支付平台打交道，如 PayPal、WorldFirst 等。当前，占据主导地位的海外支付平台主要存在结算效率低、手续费高、账户安全性低等问题。在手续费方面，海外支付平台利用自身垄断优势，实现了高额定价。跨境商户在使用境外支付平台时，可能还需要承担一定比例的汇率损失费，这无疑又提高了支付成本。四家支付平台的对比如表 10-1 所示。

表 10-1　四家支付平台的对比

支付平台	币种	入账提款手续费标准	提现费用、汇损	时间
Payoneer	美元、欧元、英镑、日元	P 卡（Payoneer 账户+预付万事达卡）年费 29.95 美元；美元入账需要缴纳 1%的手续费，累计入账 20 万美元后入账免费；欧元和英镑入账及平台入账不需要手续费；提款到国内银行需要缴纳 1%～2%的手续费	人民币结汇、外币电汇收费为 1%～2%，并根据累计入账额有减免；P 卡 ATM 直接提现需要支付每笔 3.15 美元的提现费用，汇损不超过万事达卡市场汇率的 3.5%；新用户提现费率为 1.2%（限时优惠）	1～3 个工作日

续表

支付平台	币种	入账提款手续费标准	提现费用、汇损	时间
WorldFirst	美元、欧元、英镑、加元、日元	美元、欧元、英镑、加元等外币的同币种转账将收取1%～2.5%的手续费，转账到人民币账户没有手续费	将美元、英镑、欧元等转换成人民币，并且每笔转账金额不低于 250 美元或等值其他货币，即可享受提现费率 1%封顶的优惠，并且这 1%的费用为收取的唯一费用	1～3个工作日
PayPal	美元、欧元、加元、英镑、日元等大部分主流货币	网站、账单和电子邮件付款：费率为 4.4%，外加 0.3 美元或以收款币种计算的近似固定费用；最低费率为 3.4%，外加 0.3 美元。eBay 付款：费率为 3.9%，外加 0.3 美元或以收款币种计算的近似固定费用；最低费率为 2.9%，外加 0.3 美元。 数字商品小额付款：每笔交易收取 6.0%的手续费，外加 0.05 美元或以收款币种计算的近似固定费用	从 PayPal 账户里把钱通过电汇的方式提现到中国境内银行借记卡，每笔（不限金额）有 35 美元的提现费用，可能还存在中间行的费用，每个中间行的费用为 5～25 美元（费用由具体银行决定）	3～7个工作日
PingPong	美元、日元	1%封顶	1%封顶，无汇损；人民币账户起提金额为 50 美元或等值外币，支持提现至在中国香港开立的银行外币账户，默认以港元入账	最快 1个工作日

注：随着时间的推移，数据可能发生变化。

与这些境外支付平台高昂的收费比起来，PingPong 在成立之初就打出了一张“了不起1%”的王牌，即“跨境支付手续费 1%封顶”，使用中国银行当日外汇牌价进行汇率换算，同时明确全部手续费为 1%。PingPong 收费透明，对卖家来说，没有任何汇率损失和其他隐形费用。面对低费率竞争，境内外跨境支付企业纷纷调整了手续费。PingPong 将逐渐降低服务费，最大限度地降低跨境卖家在跨境支付方面的成本，以提高我国卖家在国际市场上的竞争力。

10.2.2 滚动收款资金回流

稳定的现金流不仅能保障企业发展壮大，还能使企业免于衰败。因此，跨境回款的效率对卖家来说非常重要。跨境电子商务的“跨国性”决定了其支付的过程要经过一个非常复杂的系统，从消费者以外币支付交易开始，到最后我国卖家在账户中以人民币结算收到款项终止。在跨境收款的过程中，从出账到入账要经过平台打款，在银行之间进行资金流动，最后入账，这个过程可能需要三天，如果遇到节假日，这个周期会延长至 7 天甚至更久。这个过程需要经过多个金融机构和银行之间的流转、交易、合规、清算、风险控制等环节。每笔交易都应保证各个环节的运转顺畅。因此，回款耗时长、回款慢成为跨境电子商务的一大痛点。常用五大平台的放款情况如表 10-2 所示。

表 10-2　常用五大平台的放款情况

平台	放款标准	放款时间
亚马逊	满足放款条件的订单将于当天放款	每期放款时间固定在星期三
eBay	消费者下单后货款立马进来，随进随取	当天
速卖通	卖家发货并满足速卖通的其他条件后安排放款	最快放款时间为发货 3 天后
Wish	订单确认妥投后 1 到 15 天放款，无法确认妥投的发货后 90 天放款	每月放款 2 次
Lazada	每次放款针对前一周（周一至周日）已经签收的商品	以周日为截止日，在每周五进行每周放款，卖家 1～3 日收到款

为了保障客户的每笔提现都有 T+0①的体验，PingPong 部署了多个办公场所，采用 24 小时滚动运营模式，以确保服务质量，其中每通客服呼出的电话，每笔客户的入账和提现都是对这个复杂系统管理有效性的检验。PingPong 2017 年推出了支付产品“光年”，这是一款为锐意进取的跨境卖家量身定制的产品，具有出账提现和即时收款两大功能。出账提现是 PingPong 的核心产品，也是收款行业中的创新体现，通过该功能，平台一出账即可提现，可以帮助卖家提前收到货款，大幅提高资金周转率。相比行业中普遍的入账提现，PingPong 是出账提现，没有 3～7 天的等待窗口期。只要平台出账，PingPong 就显示入账，卖家即刻可以在平台发起提现，甚至在海外本土卖家还未收到款项的时候，我国卖家就收到款项了。PingPong 的另一项创新服务即时收款，是指订单无须卖家确认，只要订单一生成，卖家就可以收到款项。例如，卖家在某跨境电子商务平台上有一家店铺，一天卖 100 单，经过物流、平台审核、买家确认等环节，卖家卖出的货物可能要经过 90 天甚至 120 天才能出账。PingPong 提供的“即时收款”服务使卖家在售出货物后登录 PingPong 账户就可以发起提现，实现了“全天候收款”。PingPong 的创新性产品“光年”致力于将海外已经入账的资金以更低的成本、更快的速度转入客户的银行卡中，极大地提高了客户的资金周转率，解决了跨境电子商务回款慢的问题。

10.2.3　自建电子商务信用体系

近年来，跨境电子商务企业业务扩张迅速，但基础设施和行业发展速度并不匹配，我国境内电子商务企业的发展遇到了许多阻碍。基于对中国制造、跨境电子商务、跨境卖家的理解，必须尽快推出卖家成长解决方案，改善融资环境是其中重要的一环。

跨境电子商务企业大多是由传统中小外贸企业转型而来的，因此大多数企业仍习惯采用传统的融资方式，如通过银行贷款等方式进行融资。这不但限制了融资渠道，而且难度大、成本高、速度慢，影响了资金周转的效率。表 10-3 将建设银行小额贷、民间借贷和 PingPong 跨境支付平台三种融资渠道进行了对比。只有获得更多的资金支持，我国的跨境电子商务企业才能更快成长。融资也是跨境电子商务企业实现高速增长的重要途径。

① T+0 是一种证券（或期货）交易制度。凡在证券（或期货）成交当天办理好证券（或期货）和价款清算交割手续的交易，就称为 T+0 交易。“T+1”交易则是指当日买进的，要到下一个交易日才能卖出。

表 10-3　三种融资渠道的对比

融资渠道	融资成本	担保条件	额度及期限
建设银行小额贷	根据企业资质在基准利率上上浮 30%～50%	借用、抵押、第三方保证等	不超过 500 万元，不超过 1 年
民间借贷	远远高于金融机构贷款利率	资产抵押等多种形式	双方协商而定
PingPong 跨境支付平台	最低年化利率为 4.35%	无	最高 1000 万元，6 个月至 3 年

银行方面出于资产质量和风险收益考虑，对中小跨境企业的融资放款持谨慎态度，并且贷款程序复杂、成本高、审批时间长、放款慢。银行实行抵押担保制度，但抵押折扣率高，这一系列问题使很多中小跨境企业在银行无款可贷或不愿贷款。民间借贷利息高，在提高这些企业融资成本的同时，提升了企业金融风险。

针对跨境电子商务企业融资难问题，PingPong 联合国内外多家著名的金融投资机构设立了“鸿鹄基金”，为客户提供短期、中期、长期的资金服务，帮助跨境电子商务企业解决融资困难，加速资金流转。在运营两年之后，PingPong 利用平台获取的客户和信息资源，运用大数据构建了自有的电子商务信用体系，为开展融资服务奠定了技术基础。PingPong 设计的电子商务信用体系在将零散的数据结构化后，将其转化成一个个体的信用模型，模型会评估商家的经营状况和店铺情况，并与行业平均情况进行对比，之后在系统中提供融资额度。传统银行融资流程复杂，需要企业提供相关资料，包括客户基本资料、关联企业基本资料、项目基本情况、发展前景、政策或行业环境、拟担保人或物的资料等，提升了融资难度，并且审批时间过长。平台自建信用体系的模式，节约了客户和平台双方的时间成本。信用良好的跨境电子商务企业如有需要，可在系统中一键发起借款申请，不需要提供任何证明材料，免去了复杂的审核流程和手续。在 PingPong 平台上，客户一次性借款额度最高可达 1000 万元，还款周期为 6 个月至 3 年，最低年化利率为 4.35%。其还款方式也非常便捷，当客户的 PingPong 账户内有货款入账后，系统即可自动还款，避免产生更多的利息。PingPong 金融将继续在融资领域进行探索，通过连接资方和企业方，提高资方和企业方的对接效率，解决企业融资难问题。

10.2.4　创新行业的安全性

PingPong 将自己定位为民族品牌的跨境支付平台，拥有创新行业高度的安全性。比起语言不通、规则迥异及审查严苛的境外支付平台和销售平台，本地化支付企业 PingPong 落地我国杭州，在国际上拥有高度的合规性，更加规范、安全，并获得了国内外官方的支持与认可，实实在在为跨境电子商务卖家解决问题。

在金融科技层出不穷的今天，主动拥抱监管才是打通全球市场的最佳方式。跨境支付行业的“跨国性”决定了其法律和监管环境的复杂，支付平台需要做大量专业且细致的风险管理工作，以在保障用户体验流畅的同时，促进业务稳定、持续发展。PingPong 团队花了很多时间和付出了许多努力来解决这些问题。

对内，一方面 PingPong 聘请国际会计师事务所，对公司财务和运营情况进行审计；另一方面 PingPong 建立了反融资、反洗钱的合规体系，对客户身份进行严格的审查，运用跨境支付反洗钱等技术监控违规行为。PingPong 还与国际一级清算银行和顶级金融机构达成合作。PingPong 也是中国（杭州）跨境电子商务综合试验区、上海跨境电子商务公共服务平台的战略合作伙伴。

对外，PingPong 持有美国 FinCEN 签发的 MSB 牌照，是除支付宝（美国）外为数不多的达到美国监管要求的中资第三方金融公司。此后，PingPong 又成为首个获得欧洲支付牌照的中国民营企业，吹响了进军欧盟核心区的金融支付业务领域的号角。作为现代银行业和金融业的发源地，欧盟对金融牌照和企业的监管是全球最严的，在全世界金融监管最为严格的地方获得牌照，是 PingPong 全球化和合规性的最好彰显。此外，PingPong 还设立了 PingPong US、PingPong HK、PingPong EU、PingPong JP 等子公司，并取得了美国 FinCEN 货币服务业务牌照（已于各州申请，部分州的金融牌照已获取）、中国香港金钱服务牌照、日本资金转移行业服务牌照等。

【知识链接】主流跨境支付工具的比较分析

1. PayPal

PayPal 采用电子邮件的方式实现线上支付，在有效减少传统邮寄或汇款方式所带来的不安全和不方便的同时，大大提高了便捷性和时效性。同时，PayPal 最大限度地保障了买家和卖家的利益。例如，对买家来说，只要交易符合买家保障的条件，即使出现意外 PayPal 也会赔偿其损失；对卖家来说，只要符合卖家保障条件的交易，通过 PayPal 收款，卖家就不必担心收到“未经授权的付款”或买家“未收到物品”等问题。集成在 PayPal 账户中的高级管理功能，能够帮助卖家轻松追踪每笔交易的详情，保障买卖双方的权益。因其品牌效应良好，PayPal 在欧美地区使用率极高，甚至可以说其是全球范围内在线支付企业的代表。在中国，PayPal 已与中国银联、速卖通等开展业务合作。

2. Western Union（西联汇款）

通过西联汇款，不需要提供银行账号，只需要提供收款人的姓名、地址和电话，汇款人的姓名、国家、币种、金额及监控号即可。当有了这些信息后，收款人前往就近的西联合作网点，填写西联取款表格，将汇款监控号、表格和身份证件交给工作人员，经核实后即可领取汇款，此种支付方式方便、快捷。西联汇款的手续费采用按笔收取的方式，其安全性主要体现在卖家先收钱后发货，对卖家有利，在欧洲和美国客户中接受程度相对较高。

3. T/T（Telegraphic Transfer，电汇）

电汇因其速度快、操作简便等特点在传统外贸领域中得到了广泛应用。电汇在实际工作中的业务流程：汇款人先向银行提交汇款申请，并向银行交款付费，再由银行以拍发加押电报或电传等方式给汇入行，汇入行给收款人电汇通知书，收款人接到通知后去银行兑付，银行进行解付，解付完毕汇入行给汇出行发出借记通知书，同时汇出行给汇款人电汇回执。电汇是一种快捷的汇款方式，银行对电汇业务一般当天处理，不占用汇款资金。它在收取汇费时需要加收电报费，这项费用由汇款人承担。电汇业务上分为前 T/T（预付）和后 T/T（发货后或收到货后付款），其交易风险高于信用证，但支付给银行的手续费远远低于使用信用证的费用。银行电汇在汇款时不设置最低额度，仅设置最高额度，因此其可满足中小额度的汇款，应用范围十分广泛。

10.3 总结与启示

对 PingPong 案例进行总结，有利于为我国跨境电子商务支付的发展提供借鉴，案例的总结与启示如下。

10.3.1 总结

1. PingPong 跨境支付平台的经验借鉴

金融支付活动是一个国家经济活动的核心命脉，其外交意义高于金融意义。在我国跨境电子商务支付行业发展初期，支付渠道和金融资产部分作为跨境电子商务企业的核心命脉，却被国外支付平台掌控，除了因为垄断问题利润被外方盘剥，卖家还要担心资产安全和稳定问题，随时可能陷入资金冻结或清零的境地，不能掌握支付渠道和资金的主动权，导致我国跨境电子商务在发展初期处于受制于人的被动局面，制约了整个行业的发展。PingPong 在创立之初就意识到只有构建自己的跨境电子商务支付体系，才能提升我国企业的国际地位和话语权，我国的跨境电子商务卖家才能真正掌握自己的资金，不再被境外支付平台“牵着鼻子走”。

PingPong 致力于扎根中国、帮助中国，与中国银联、中国银行、国家综合试验区等联手，为我国卖家提供更合规、更安全的跨境金融服务及多种重量级产品，搭建走出去的桥梁。PingPong 是跨境支付平台中的一股新生力量。它凭借高效率、低费率、安全合规等核心优势在跨境支付领域大放异彩，帮助跨境电子商务企业减少了资金的跨国障碍、提高了资金回流效率，逐渐解决了跨境电子商务企业资金流通受制于境外支付平台的困扰。除此之外，PingPong 建立知识产权中心，帮助我国跨境电子商务企业打破知识产权壁垒，将产品升级为“品牌”，推动更多中小微电子商务企业从事跨境电子商务业务，便捷地参与全球贸易，让全球消费者知道更多的中国优质品牌。

随着跨境支付使用场景的扩展和普及率的提升，以及买卖双方产生对支付多元化和个性化的需求，第三方支付自身也在不断创新和变革，大量金融产品和增值服务应运而生，服务范围也在不断延伸，这些创新行为在满足支付市场需求的同时，对推动原有金融体系的创新起到了巨大的作用。第三方支付平台的高速发展和不断创新为金融市场中金融衍生品的交易提供了一个很好的平台。PingPong 的成长经历对建设我国的跨境电子商务产业生态圈具有积极意义，它成为代表本土突破传统格局，助力我国跨境电子商务企业走向全球化的新标杆，其创新性值得国内的跨境电子商务支付平台借鉴。我国应推广“PingPong”模式，扶持一批具有“中国血液”且与跨境支付行业发展相匹配的跨境电子商务产业链的服务商，在保险、通关、退税、物流、融资、结汇等场景下为跨境电子商务企业提供更加高效且安全的本土化服务。

2. PingPong 跨境支付平台未来的发展

由于跨境支付平台本身可以提供真实的外贸大数据，当平台用户达到一定的规模后，PingPong 可以根据创业团队本身的经验建立跨境电子商务信用管理体系，为跨境电子商务提供数据分析、征信、评级等服务。建立数据库和信用评价体系，收集并汇总各种用户支付信息、评价信息及其他跨境电子商务企业信息，然后进行整合，将这些信息统一传递给系统的信息处理中心，通过构建指标体系和评价模型，以及周密处理、运算后得出某跨境电子商务企业的综合信用评估，并将最终综合信用评估的结果反馈给系统数据库。数据库向跨境电子商务交易双方及监管部门等提供了一个查询信用状况的场所。

在风险可控的前提下，加强与当地银行的合作，充分利用银行的资源，为跨境电子商务企业提供资金援助。通过平台自身构建的信用管理体系，评估企业的信用情况。企业可通过 PingPong 跨境支付平台向银行申请贷款，PingPong 在接到申请之后，将信用评价数据库中的企业信用记录一并递交到银行，由银行审核后决定放款与否，以帮助更多的跨境电子商务企业进行融资。

加强对交易风险的监管。依托科技手段，建立网上交易风险数据库，通过数据挖掘等方法，筛查出可疑的交易；同时对数据库进行异地备份，确保交易的可靠性、持续性。定期且及时向上级监管部门进行重大事项、交易纠纷和诉讼案件报告等，以规避金融风险。

加强与其他第三方跨境支付平台的合作与交流。第三方跨境支付是一个新兴的知识密集型行业，要求从业人员具有较高的知识水准和职业素养，因此向行业领先者学习，加强合作与交流非常必要。每个第三方跨境支付平台上都集中了丰富的企业及个人用户信息，如果国内的第三方跨境支付平台不再各自为战，而是选择合作共赢，将企业各渠道的数据打通，建立跨境支付行业内平台间共享的企业用户数据库，则便于共享庞大的已有资源。PingPong 可合理地对接大数据，尽可能全面掌握信息，依据客户真实需求和自身优势，提供更加个性化、精准化的定制服务。

充分利用互联网金融优势，结合杭州民营经济发达、对外贸易发展经验丰富、地方优惠政策等资源，将企业自身技术、产业优势和政策利好相结合，进一步深入创新研发，为跨境电子商务企业提供个性化的在线金融产品和服务。在保理、信贷、投融资等领域为我国跨境电子商务企业提供具有竞争力和针对性的解决方案，以增强跨境电子商务卖家对 PingPong 的黏性，同时发掘自身更加多元化的盈利能力，增加更多盈利模式。

10.3.2 对跨境电子商务支付发展的启示

1. 完善第三方跨境支付法律监管

跨境电子商务支付的“跨国性”特征决定了它的法律监管应包括国内和国际两个层面。

1）国内层面

近年来，监管机构对第三方跨境支付政策的不断“松绑”使得第三方跨境支付平台茁壮成长，但当前对第三方跨境支付平台的监管尚不到位。我国互联网金融的监管涉及中国人民银行、工商、海关、公安和国家互联网信息办公室等多个部门。第三方跨境支付作为互联网金融的一个分支，同时具备“互联网电子商务”和“跨境支付”的特征，因此对其的监管存在“金融”和“非金融”的混业性，需要多个部门的协调和配合。但各监管部门之间容易互相推诿，或者由于监管范围交叉而使得监管难以形成有效的合力。因此，必须明确各部门对跨境支付业务的相关监管职责和权限，协调分工，各司其职，通过建立多层次的跨境支付监管体系来提高对第三方跨境支付平台的监管，构建跨境电子商务新型监管生态体系。

2）国际层面

借鉴并总结其他国家相关法律制定的合理性和优势，在此基础上不断提升我国的制度设计能力和立法水平，以创造更加公平、公正、开放的市场竞争环境。探索建立跨境电子商务国际规则，达成国际间的共同监管，加强与各国经济组织及司法机构的沟通协调，探索并共同商讨建立跨境电子商务发展的国际通用规则，逐步打造良好的跨境电子商务国际经营环境。

2. 构建第三方跨境支付风险防范体系

在第三方跨境支付的发展过程中，监管机构起着指导性和决定性作用。我国应坚持动态监管和静态监管相配合、国家监管和地方监管相结合的原则，提高市场准入门槛，建立更加完善的企业保证金和保险制度，并利用牌照对行业进行重新“洗牌”，而且纳入金融监管范围。此外，还应制定退出机制，对准入门槛进行调控。监管机构应不定期对企业进行抽查和走访，并接受举报，制定相应的处罚措施，对企业的严重违规、违法行为，并且造成重大安全漏洞、经济损失或恶劣影响的，应当坚决取缔其第三方跨境支付的资格。定期向公众公布跨境支付企业的综合排名，评判标准包括服务质量、网络安全、客户口碑等，并采取末位淘汰制，对排名靠后的企业给予警告甚至吊销支付牌照等惩罚，把第三方跨境支付体系的各个主体纳入相互监督、相互制衡的体系中，以降风险、促发展。

银行在第三方跨境支付中扮演着不可或缺的角色。对跨境支付平台来说，无论是出于对用户资金安全的保障还是对自身平台稳定性的考量，技术安全自始至终是第一位的。由于我国第三方跨境支付企业起步较晚，而商业银行早在长期的发展过程中通过不断完善，建立起了专业性强且安全性高的系统。与境内银行加强信息技术和系统安全方面的合作，可有效地规避跨境支付过程中的各种金融风险，合作重点包括运营支付系统的安全方面，如用户身份认证、通信安全防控、数据信息加密等电子支付领域的技术核心参数，以及与银行之间的在支付信息存储、系统稳定性、支付系统构架等方面的合作。有这些作为技术支撑，才能规避跨境交易过程中各种潜在的支付风险，保障交易过程中的数据、资金及信息安全。

作为跨境第三方支付体系的中介和重要载体，鉴于第三方跨境支付机构自身运营的复杂性，除自觉接受国家相关政策法规和政府部门的监管之外，平台自身也应高度重视金融风险的防范问题，积极采取各种防御措施和手段。构建技术安全保障系统是提高第三方跨境支付安全性，防止遭遇洗钱套现、信息泄露等金融风险的有效手段。跨境支付企业应重视平台安全系统的开发和技术更新，不断提升网站的安全性能，加强软件和硬件方面的系统环境建设。第三方跨境支付机构应定期进行安全检查和维护，及时修复安全漏洞；加大网络安全设施的投入力度，加强网络边界防护，实施网络安全域控制，时刻监控系统的运行情况，或者组建技术团队和专业安全服务机构进行安全测评。同时，要加强用户信息审核。作为连接境内外资金流通的信用中介，应加强用户认证和审核，以杜绝洗钱和套现等违法犯罪行为的发生，这是第三方跨境支付企业应当履行的社会职责之一。首先，应在用户身份审核和管理流程上更加精细，防止漏洞出现，经济条件成熟的平台应加大投入，打造一套自有的反洗钱系统，以更加快捷、准确地完成用户信息认证。其次，要加强对企业员工业务的培训，让每个员工充分认识到自身工作的重要性。因为小到每笔交易是否成功，大到金融风险的防范，都与每个员工的行为息息相关。在提高业务水平和工作效率的同时，为员工营造良好、诚实守信的企业氛围，使员工做到自律和诚信，增强法律意识，坚决杜绝买卖用户个人信息、挪用用户资金等违法行为的发生。

3. 完善人民币跨境支付系统

人民币跨境支付系统是我国加快人民币国际化进程的推动器，减少了跨境支付中对美元、欧元等结算外币的依赖，是人民币走向国际舞台的基础，有利于推动我国对外贸易的良性发展。人民币海外清算蓬勃发展，为进一步扩大人民币跨境使用打下了良好的基础。随着人民币在特别提款权（Special Drawing Right，SDR）货币篮子中的权重调整，人民币的国际化程度进一步加深。但是 CIPS 的发展仍不完善，清算效率低、结算时间长、统计监测不及时，与国外已经发展成熟的结算系统相比，缺乏竞争力和国际认可度。CIPS 在工作时间上应该进一步延长，以扩大全球的业务范围，为其他时区的人民币清算提供更便捷、高效的服务，从而提升国际用户的体验。此外，一期系统运行至今，第三方跨境支付机构仍未被接入，建议在 CIPS 不断完善的过程中，尽快接入第三方跨境支付机构，在加快我国人民币国际化进程的同时，促使第三方跨境支付机构走向国际化。

【本章小结】

PingPong 是一家中国人创立的全球收款公司，致力于为我国跨境电子商务卖家提供低成本的海外收款服务。本章选取 PingPong 跨境电子商务支付案例，通过对 PingPong 跨境支付的发展环境进行分析，从跨境支付平台分析、滚动收款资金回流、自建电子商务信用体系、创新行业的安全性四个方面探讨了 PingPong 的跨境支付模式。PingPong 案例对跨境电子商务支付的发展带来如下启示：完善第三方跨境支付法律监管、构建第三方跨境支付风险防范体系、完善人民币跨境支付系统。

【本章实训】

实训案例：海平线——跨境预付款金融创新平台

海平线是海航冷链在互联网+供应链领域的创新平台，目标是打造线上供应链金融服务平台，为供应链上下游中小企业提供全方位的供应链金融及数据风险控制服务。海平线平台涉及商超、电商、汽车、能源、农产品等十余个行业。平台提供的供应链金融产品包括保理、订单融资、贸易金融、票据融资等。

海平线与行业领先的生鲜电商行业合作推出针对平台用户的冷链电商订单融资产品，为冷链电商平台逾百家下游中小生鲜采购企业对接银行资金。产品内嵌的“灯塔”风险控制系统通过“网端加速器”获取采购企业经营性数据、财务类数据及外源数据，从而对采购方进行自动化准入评级和量化授信，提升银行放款效率，保障对中小企业借贷风险的防范。

1. 业务模式

海平线“冷链电商订单融资”以 B2B 跨境生鲜电商平台为“核心卖方”业务数据，为其生鲜采购企业客户设计创新融资产品。结合互联网标准化、集约化、高效化的在线智能审批模式，以买卖双方之间的真实商品交易为基础，特别是买方向核心供应商下达的采购订单数据，以依托核心卖方业务系统确认和其他增信方式为主要风险控制手段，搭配保证金、受托支付、担保发货等操作，专项用于买方向核心卖方支付采购货款的融资业务。

2. 业务流程

（1）准入流程：海平线通过数字化系统的网关接口，对接跨境冷链电商平台，获取进口生鲜采购企业的历史及增量贸易数据，同时接入外源工商数据、征信数据等，通过内嵌的“灯塔”风险控制系统对买方企业进行准入评分。海平线与银行共同设计针对进口食品行业买方的额度测算模型，对准入企业进行评测并自动得出授信额度和年化利率。

（2）融资流程：海平线提取订单信息，生鲜食品买方在海平线平台勾选想申请放款的订单并传输至金融机构后台审批系统。金融机构基于授信和放款条件，由人工或机器审批可否放款给进口商、采购方客户。金融机构放款审批结果实时对接海平线平台。在审批通过后，融资款以 70%的比例发放至买方企业监管账户。跨境生鲜供应商收到货款后安排生鲜自冷链仓库发运至受金融机构监管的物流仓库，采购方分批或整批偿还金融机构贷款并申请赎货，物流仓库按照金融机构的放货通知，分批或整批放货。

3. 风险控制措施

多方监控：冷链生鲜电商平台提供实时动态业务；海平线平台进行数据推送和预警分析；银行端风险控制流程与海平线风险控制系统无缝衔接。

全程在线业务流程：跟单操作，核心卖方确保采购订单的真实性；定向支付，做到专款专用，降低了贷款挪用的风险。

冷链生鲜电商平台承担调剂销售、回购、返利补偿责任；在担保发货模式下，电商平台或供应商应与金融机构认可的冷链物流仓储服务商合作，并承担回购的责任。

跨境冷链电商平台对贷款逾期违约的经销商或采购客户，控制返利账户、终止经销权、停止发货、停止接受订单下达；买方（客户）实际控制人提供连带责任保证。

4. 成果

"冷链电商订单融资"在跨境电商平台的应用，优化了平台的供应和销售网络，不仅促进了冷链电商平台整体主业供应链的良性循环，提升了整个供应链的竞争力和吸引力，更能深层次地通过金融服务构建金融生态，加快单一的产业链向立体商业生态圈转型的进程。

海平线为资金方提供第三方监管仓库。从风险控制角度来看，为资金方把控住了货物流向。从仓储运营角度来看，为采购企业降低了物流成本。系统根据货主所在区域智能选择最优冷链仓库，保证单次转运距离不超过 300 千米，平均一年可以为买方企业最高降低 15%的运输成本。所有仓库均通过 WMS（Warehouse Manage System，仓库管理系统）共享货物信息，通过扫描标签进行出入库，确保各方可以实时查看库存数量。

"冷链电商订单融资"产品的"互联网+平台+金融"模式，属于冷链电商行业数字化系统的首批应用，具有以下显著特征。

第一，线上融资产品。通过平台对接的方式接入冷链电商平台，获取平台核心贸易订单数据，为平台的客户提供批量、定制化的订单融资服务，同时与平台的供应链管理系统打通，获取订单对应的物流信息，为资金方提供货物监管信息，最大限度地嵌入金融服务过程中的物流链、资金链和信息链，不再单纯孤立地考察单个企业的财务报表等静态信用数据，转而对融资方、合作方的动态经营数据进行实时监控，精准地为处于采购阶段的买方提供专业化和自动化的金融服务，形成全程透明化的业务、服务、资金支持，将贷款风险降到最低。

第二，一体化产融结合服务模式。对电商平台资产进行标准化梳理，针对银行业务模式，提供标准化资产包，为冷链资产端快速提供助融服务。

第三，"灯塔"大数据风险控制产品。"灯塔"是海平线针对金融服务推出的大数据风险控制产品，通过其可以对企业进行全方位的分析，整合企业供应链数据及行业外源数据，在数据工厂进行建模、挖掘与分析，进行可视化数据展示，将企业贸易数据转化为企业信用，使企业实现增信，为资金方提供风险揭示与预判。

实训内容：地平线的"冷链电商订单融资"模式有什么特点？

实训要求：补充查阅资料，从跨境电子商务支付模式的若干方面进行分析，形成一份案例分析报告。

【复习思考】

1. PingPong 跨境支付的发展环境有何特点？
2. 比较分析 PingPong、Payoneer、WorldFirst、PayPal 四家支付平台。
3. PingPong 的跨境支付模式有何优劣势？
4. PingPong 案例对跨境电子商务支付的发展有哪些启示？

第 11 章

跨境电子商务物流：FedEx 与 UPS 的经营发展历程

【学习目标】

- 对比 FedEx 与 UPS 内部经营管理；
- 分析跨境电子商务物流存在的问题；
- 掌握跨境电子商务物流的应对策略；
- 理解 FedEx 与 UPS 对跨境电子商务物流发展的启示。

【引导案例】UPS 助力国内企业进行跨境电子商务物流

运营成本高、配送时间长、包裹无法全程追踪、不支持退换货，以及出现清关障碍、破损甚至丢包的情况等，是我国制造企业在跨境电子商务起步时经常遇到的难题。如今，物流在跨境电子商务业务中扮演着越来越重要的角色，其决定着制造企业的服务水平和市场竞争力。

1. 直面物流难题

对物流难题，小布涂涂文化创意（大连）有限公司（以下简称“小布涂涂”）有过切肤之痛。这是一家集研发、设计、销售及生产于一体的跨境电子商务公司，主要生产烫钻、刺绣等服装配饰。通过跨境电子商务平台，这家企业迅速开拓了海外 B2B、B2C 业务。但当订单不断增长后，其负责人却为物流服务伤透了脑筋。因为服装配饰订单小、客户多而零散，填写物流快递单往往会耗费大量的人力与时间。

在全球越来越激烈的市场竞争中，终端客户的体验对企业利润的增长或减少起着决定性作用。为了优化流程、降低运营成本，小布涂涂与跨国物流公司 UPS 合作，将 UPS 功能集成到自有系统和电子商务网站，这样所有信息只需要填写一次，订单、发票等都可以通过企业自有系统直接打印，无须再登录物流公司的系统。仅此一项，小布涂涂每个业务员平均每天大约可节省45分钟，这样不仅改善了客户的物流体验，还大幅提升了业务效率，缩短了货件出口前的准备时间，同时更便于查询物流状态。

2．优化物流供应链

全球众多国家和地区有着各自不同的税收和海关制度。当今的跨境电子商务在为制造企业提供产品直销全球的机会的同时，也对其物流和供应链管理带来难以想象的挑战。企业只有更好地规划信息流、物流、资金流，做到“三流合一”，才能搭建好高效、完整的供应链系统。

外贸企业不仅要提高内部采购供应链和销售供应链的协同性，提高库存、资金、人力的利用率，及时应对客户需求，还要通过高效的供应链管理连通采购、生产、销售、退换货等环节，避免不必要的人力和时间成本花费，以提升整个企业的运营效率。

UPS在我国香港和台湾地区、韩国、泰国及新加坡等地都已获得AEO（经认证的经营者）优质企业认证，见证了其在整个亚洲跨境服务能力的提升。2015年年底，UPS深圳亚太转运中心就成为深圳地区唯一被我国海关总署授予AEO高级认证的国际快递企业。初次通过跨境电子商务做产品销售的企业，由于不了解进出口清关流程和手续，往往会耽误原材料采购和发货的时间，导致货品不能及时交付给消费者，从而影响了消费者的购物体验。

为了解决这一难题，UPS在全球多个国家和地区提供报关代理服务，由经验丰富的清关团队帮助出口企业全面了解清关流程并提供专业的建议，避免因延误产生时间和金钱的消耗，让出口企业可以专注做好核心业务。

3．物流全程可视化管理

货品跨境运输中的安全性非常重要，一个零件的损坏就需要重新运送该零件或完整的产品，这无疑增加了制造企业的时间和金钱成本。尤其对高科技出口制造企业来说，其产品体积小而价值高，对运输的安全更为看重。为防止货品丢失，从发货开始到最终收货，UPS运用一系列高科技工具，为整个运送流程保驾护航。

上海为彪汽配制造有限公司（以下简称“为彪汽配”）主要生产汽车胎压监测仪、车用开关等产品，其中胎压监测仪在美国市场占有率达到20%，因其体积小而价值高，该公司一度受到运输过程中产品破损问题的困扰。在采用UPS提供的可视化服务后，其实现了自动生成货件追踪报告，实时监控货件安全，一旦在运输中出现意外，为彪汽配会在第一时间收到系统的提醒，将风险降到最低。这项改善将为彪汽配的物流效率提升了10%。

通过在线追踪系统，出口企业可以使货物递送过程可视化，能够随时在线跟踪货物状态。同时，系统能够自动将重要货件的状态信息及意外情况及时发送给终端客户，使消费者不必再担心运输的过程中会出现问题，进一步提升了消费者的满意度。

为彪汽配采取零库存仓储模式，在旺季出口高峰期转运时间压力很大。在采用了UPS

"全球特快服务"后，其能够在 1～3 个工作日内将货件从我国送达欧美主要国家，确保产品在完成生产后快速送到买家手中，实现了整个生产和销售供应链的无缝衔接。如果企业需要紧急运输高时效、高价值货物，采用 UPS"全球特快服务"能保证在指定日期的上午 10:30 或中午 12:00 之前将货物送达美国的大多数地区和欧洲的主要城市。

辩证与思考： UPS 是如何解决跨境电子商务物流难题的？

分析与提示： 跨境电子商务物流供应链、物流流程等的特点。

11.1　FedEx 与 UPS 的经营管理

FedEx（联邦快递）一直定位于航空快递运输市场，以物流、运输、信息等为主要业务内容；UPS（优比速）的定位与 FedEx 类似，主要业务分为国际快递服务、货运服务及增值服务。二者均为专业从事国际航空快递服务的跨境物流服务提供商，在经营管理上既有相似之处也有不同，现分析如下。

11.1.1　经营业务

1. FedEx

1）全球化经营

首先，FedEx 以公司总部美国为中心进行拓展，在本地市场进行资本积累，为国际化经营建立竞争优势，逐步确立市场地位。其次，"以近涉远"进行全球化发展，服务于超 200 个国家和地区，通过并购及联盟等方式扩展国际市场，提升市场份额。由于快递公司的国际化经营需要以中转与处理中心、营业网点为依托，FedEx 通过在欧洲、亚洲、非洲等国家实施基础设施建设或开展合作，降低运营成本，赢得市场利润，而各国家机场的使用及运输工具的辅助支持通过全球化战略使得 FedEx 可以享受优惠使用，并且 FedEx 也整合陆运与空运，改善了当地物流业面貌，实现了自由化发展。再次，FedEx 在全球化战略中实行快递服务产品的全球化，通过提供符合国际行业标准的全球性统一国际性快递服务，并形成"隔夜送达"的服务标准，增强了其国际快递服务的影响力，深得客户的支持。最后，全球化战略使得 FedEx 更加重视发展中国家市场的广大需求，积极拓展新兴市场，完善市场整体性布局，伴随信息化的发展，促进国际化经营步伐。

2）本土化经营

国际快递公司在刚刚进入国际市场时通常会出现"水土不服"的现象，不能快速融入当地市场。但 FedEx 随着国际化经营的深入，开始制定符合当地市场的发展规划，实行本土化战略。通过针对性的战略实施，适应当地经营发展，在多方面的改进中实现快速市场布局。

在产品与研发方面，FedEx 通过在本土美国，以及中国、巴西、德国、英国等国家和地区成立专门的研发中心与科研团队，研发符合当地需求的产品。

人才本土化也是公司的重要举措。FedEx 吸收本土人才奔赴集团总部学习前沿技术，并提拔本土管理人才。

在市场营销方面，面对市场环境及客户需求的变化，FedEx 采取本土化营销策略。

在价格上，FedEx 采取低价倾销与提价策略，积极参与他国快递行业尤其是国际快递业务的竞争。

与此同时，FedEx 加强与政府沟通，积极关注政府政策导向，如政府推行鼓励中小企业快速发展政策，FedEx 在此形势下便积极同中小企业合作，开展跨境业务，并积极与当地企业合作。

3）其他经营方式

（1）市场开拓。FedEx 在经营发展过程中，率先进入快递市场，并在快递企业中首批开展国际快递服务，这在当时成为行业的典范。随之积极拓展国际市场，通过战略联盟或合作、并购等多种形式成为市场的开发者，并成为第一批进入中国等发展中国家的外资快递企业，赢得了市场先机，通过资源的整合及经营策略的调整，迅速占领当地市场的国际业务，成为国际快递市场的主动者，给后续进入的快递企业以压力。公司以比较具有优势的产品、品牌、技术等为竞争点，为进一步开拓市场奠定了良好的基础。

（2）产品开发。FedEx 通过实施产品开发战略、技术研发与创新战略、品牌与营销战略、人才培养战略等，促进国际化经营进程，从而提升国际竞争力，通过具体的战略实施办法，使得 FedEx 从客观实际情况出发，以出色的表现获得竞争优势。

（3）顾客导向。服务型企业以顾客为导向，FedEx 经历了快递行业的各种政策阻碍阶段，进而迈向国际化市场。在全球开放的大环境下，FedEx 从仅为美国市场提供快递服务的小公司，发展为面向全球消费者并依据顾客意愿及心理，通过提供个性化及专业化服务，开发多种满足消费者需求的产品及制订供应链解决方案，成功转型为国际性速运集团。为了维护良好的口碑，FedEx 充分掌握市场的发展规律，不断推出符合顾客需求的产品，并严格保障公司服务质量，成功获得了顾客的认可。

（4）成本领先。快递业作为资本密集型行业，经营回收期长且具有一定的风险。因此，FedEx 没有通过降低服务及产品质量达到降低成本的目的，而是通过技术研发与创新提高企业运转效率，从而缩减人力成本，通过新能源的利用及完善的网络与基础设施建设降低运输成本，严格控制上述两项快递企业运营中较为突出的资金支出，保证企业的良性发展。此外，FedEx 积极拓展并整合业务，从而获得了规模效应及竞争优势，以及较高的营业收入。

2. UPS

1）国际快递服务

（1）UPS 全球特快加急服务。UPS 全球特快加急服务是一种以速度为第一要素的产品，是针对快递时效有着很高的要求而设计的，递送时效为 1～2 天。UPS 全球特快加急可保证在次日上午 8:00 或 8:30 之前将快件投递至美国的大多数城市；在上午 8:30 前将货件送达加拿大；在上午 9:00 前送达亚洲主要城市。这项产品享有准时投递的承诺，逾期未收到货物可享受相应的补偿。

（2）UPS 全球特快服务。UPS 全球特快服务是速度仅次于全球特快加急服务的产品，对紧急货件，UPS 全球特快将保证在上午 10:30、中午 12:00、下午 2:00 或下午 3:00 前送达美国、欧洲和亚太三个地区的大部分区域，以及美洲特定区域及加拿大主要城市。

（3）UPS 全球速快服务。UPS 全球速快服务是一项经济实惠型服务。此项服务 UPS 公司承诺在 2 天之内将货物送至亚洲国家的大多数城市，3 天之内送至欧洲大多数国家、美国、加拿大和拉丁美洲。

（4）UPS 全球快捷服务。UPS 全球快捷服务是针对那些不是特别紧急的物件推出的一项经济型产品，可以享受清关服务，其服务时效最快为 3 个工作日。

2）货运服务

货运服务包括 UPS Worldwide Express Freight（UPS 全球特快货运）、UPS Air Freight Direct（UPS 直航业务）、UPS Air Freight Consolidated（UPS 综合航空货运）。

（1）UPS 全球特快货运。UPS 全球特快货运主要针对 70 千克以上的进出口货件，可在 1～3 个工作日内送达全球主要市场。UPS 全球特快货运服务可提高有高时效要求的、高价值的货件送达各个市场的速度，基于不同的始发地，从亚洲、欧洲和美洲送达美国地区，转运时间为 1～2 个工作日；从中国送达美国、亚洲、欧洲和加拿大地区，转运时间为 1～2 个工作日；从亚洲、美国和美洲地区送达欧洲国家，转运时间为 2～3 个工作日。这项产品的优势在于可以提供方便的门到门服务，还提供内部海关清关。

（2）UPS 直航业务、UPS 综合航空货运。这是一项业务范围覆盖全球的产品，提供的是机场到机场的服务，承诺在 1～3 天内送达，同时提供清关服务。

3）增值服务

增值服务有 Direct Delivery Only（直接投递）、星期六递送、递送确认通知、声明价值、回邮、进口、货物清关。

（1）直接投递。直接投递确保货件可以递送到运单上的收货地址，不允许收件人要求重新递送包裹并防止当收件人不在家时快递员重新安排递送线路。

（2）星期六递送。对于时间紧迫的货件，UPS 可提供“星期六递送”的方便服务。

（3）递送确认通知。当客户确认签收时，UPS 可提供收件人签字的副本单据。

（4）声明价值。UPS 对丢失或损坏的货件只承担有限的赔偿责任，如果客户的货物价值超过一定的数额，即可使用“申报价值”提高货件的赔偿价值。

（5）回邮。为发件人的客户提供可附于退回货物的回邮运输标签。

（6）进口、货物清关。UPS 为客户提供全球范围内的货物进口和清关服务。

通过以上分析可知，UPS 公司实行的是多元化产品组合策略，根据价格和时效的不同设计多种产品，给予客户多种选择，满足了客户的多样化需求；多样化的增值服务产品满足了部分客户的个性化需求，扩大了企业的盈利点，有利于与客户保持长久合作，维持稳定的客户关系。

11.1.2　内部经营

1. 管理方式不断变革

FedEx 的创始人弗雷德·史密斯对 FedEx 从成立到现在的发展起到了至关重要的作用。在大学期间，弗雷德·史密斯提出了利用专用飞机为客户提供快递服务的创意，从而在之后创立了 FedEx，开创了航空运输的新篇章。弗雷德·史密斯除洞察出航空快递这一蓝海市场外，在 FedEx 的经营管理过程中也通过不断洞察航空快递市场，拓展公司的市场和业务范围。弗雷德·史密斯依据世界经济发展的趋势，谋求发展的新契机，拓展亚洲的航空快递市场。1987 年，FedEx 在夏威夷设立首个亚太区区域办事处，1988 年开展直航至日本的定期货运服务，1989 年收购飞虎国际航空货运公司，为之后 FedEx 承担更多的亚洲业务奠定了良好的基础，同时使 FedEx 在国际化道路上迈出了重要的一步。

UPS 成功的关键是 UPS 的管理者不畏惧变革，其会在变化的市场中，灵活、准确地进行市场定位，尽量比用户需求变得更快、比竞争对手更快响应用户需求。UPS 的创始人吉姆·凯西在经营管理 UPS 的过程中形成了适应市场变化的“吉姆·凯西”精神。从成立之初的信使服务，到给零售商店的包裹递送，吉姆·凯西迅速适应了汽车和电话等高科技产品的改进所带来的冲击。吉姆·凯西顺应电子商务潮流，提出“电子商务不仅仅是生意上的交流”，通过电子商务所产生的非包裹运送服务，大大拓展 UPS 的业务，使传统的包裹运输所占 UPS 的比例越来越小，证明了“变化是一个发展机遇，是创造 UPS 明天的机遇”。

2. 信息技术建设与不断创新

相对 UPS 来说，FedEx 成立较晚，但是从成立开始，FedEx 就十分注重信息技术的创新与投入。1980 年，FedEx 引进了数码支援分发系统，为每部汽车配备了小型终端；1986 年，FedEx 开始采用条形码技术，以电子信号追踪处理中的货物状况；1998 年，FedEx 推出电子商务业务；1999 年 10 月，FedEx 在国内推出了业内首个简体中文网页；2002 年，FedEx 在上海研发了全新的通关处理系统，大大缩减了货物的处理时间；2003 年，FedEx 在亚洲推出汇聚崭新功能的“数码笔”（Ano to Pen）和 FedEx Power Pad；2004 年 6 月，FedEx 宣布网上全球货运时测系统，协助客户查询货件的运送时间，以选择合适的货运方式；2004 年 7 月，FedEx 全面启动全球性服务提升计划，推出“掌上宝”（无线掌上快件信息处理系统），用于追踪包裹递送状态，以缩短取件时间。通过以上新技术的应用和货运系统的建设，FedEx 不仅提高了货物的运输效率，使全球服务水平有了较大的提高，满足了国际市场的货运需求，同时给自身国际化之路提供了有效的保证，加快了开拓国际市场的步伐。

相对 FedEx，UPS 同样十分注重新技术的开发和应用，UPS 在新技术上的投资金额很高，并真正研制出了许多创新性技术。UPS 是第一家尝试合并递送理念的公司，是第一家采用包裹分拣机械系统的公司；1989 年，UPS 成功开发出第一批手提无线装置，可装备 6 万多名投递人员；UPS 是首家对收件人签名做数字化处理的包裹公司；1993 年，增加了跨国无线通信网络，是 UPS 在信息技术上的一大进步；1995 年，UPS 第一个向客户提供基于 Web 的邮包跟踪服务，客户可以在网上进行包裹查询；1997 年，UPS 开发出一项包裹在高架扫描仪搬运时被自动扫描的技术；2001 年，UPS 宣布在全亚洲率先推出 UPS 签名跟踪系统。这些信息技术的投入为 UPS 的成功奠定了坚实的硬件基础，为 UPS 的成长壮大提供了有力的硬件支撑。

3. 依托社会营销提升品牌影响力

FedEx 通过社会公益树立其在海外各国的形象。在进入我国航空货运市场初期，FedEx 十分注意自己的形象，为了与我国政府建立互惠互利的关系，树立起良好的社会品牌形象，更好地立足于我国市场，其采取了一系列的社会营销措施，提高了自身品牌知名度和美誉度。1998 年，FedEx 代表美国政府运送救灾物资到我国洪涝灾区；2000 年，FedEx 赞助美国哈雷姆剧院芭蕾舞团访华演出；2000 年，FedEx 利用其全球运输网络，将两只大熊猫从我国运送到了美国华盛顿的 Smithsonian 国家动物园。这些举措让 FedEx 的企业形象深入人心，提高了其品牌在我国的知名度。同时，FedEx 积极维护与我国政府之间的关系，FedEx 自进入我国以来，守法自律，并与上海海关签订了合作备忘录，就报关管理、通关效率等方面开展合作，逐渐形成了良好的通关关系。FedEx 在 APEC 会议期间，取得了 APEC 工商领导人峰会的“超级钻石赞助商”的称号。通过这一系列的战略措施，迅速提高了 FedEx 的社会公众形象和知名度。

UPS 为了不断提升自己品牌的影响力，借助赞助奥运会积极实施社会营销策略。从 1994 年开始，UPS 成为奥林匹克全球合作伙伴，开始为国际奥委会（IOC）、各国奥委会（NOC）、奥运会组委会、运动基金会和一些国家运动队在全球范围内提供专业的快递服务。通过不断赞助各种运动会，迅速提高了 UPS 的品牌知名度、美誉度及影响力，为其成为国际知名品牌奠定了基础。在近些年世界最具价值的品牌排名中，UPS 一直位于前列，是快递行业中品牌价值极高的企业。

11.1.3 比较分析

1. 经营理念不同

FedEx 强调“使命必达”，坚持为客户提供快捷、高效的航空快递运输服务的经营理念；而 UPS 强调“珍惜所托，一如亲递”的服务理念，展示了 UPS 具有亲和力的形象，基于“服务为王”经营。随着 FedEx 的发展，FedEx 并没有改变这一目标定位，而是随着公司的发展壮大，公司采取的一系列战略举措，在一定程度上强化了公司的这一经营理念。

FedEx 基于这一经营理念，更好地满足市场上消费者对航空快递运输的快速性和安全性的要求，拓展其航空快递服务市场，采取了一系列战略举措。例如，FedEx 将一系列技术应用到航空运输中，如采用条形码技术和货物追踪技术，进行分拣系统的更新与运用，购买最新的全货机投入国际航线中，对“直接打包”连锁店进行并购等，这不仅改善了公司的航空货物传送效率，提高了货物的安全性，还有效地改善了公司的服务水平。除了技术的投入与运用，FedEx 还在世界各地设立转运中心，形成全球化航线网络布局，同时开通全球航线。从各运输环节上进行流程改造和完善，缩短各提送环节的传送时间，缩短整个快递物流链上的总传送时间，不仅有效地提高了公司的运输效率，还有效地整合了物流流程。为客户提供高效、安全的航空快递运送服务，使公司的航空快递市场得到拓展，才使得 FedEx 在短时间内发展成为世界航空快递业的巨头。

在开拓欧洲市场方面，UPS 设计了一则经典的电视广告：一个相貌英俊的送件人，一大早敲开收件人的家门，先是问候了一句“早上好”，然后呈上了递送的邮件。这则广告形象地表现了 UPS 快递的快速和服务的亲和性，随着电视广告在欧洲主要国家播出，“早上好”既成了欧洲人的流行语，也成了 UPS 的销售人员和送件人与客户沟通的一块敲门砖。在之后的一系列广告中，UPS 一直采用这个经典的“微笑”，传达着“珍惜所托，一如亲递”这个具有亲和力的客户经营理念。除此之外，在技术开发方面，针对不同地域和不同文化区域，UPS 十分注重个性化服务。例如，针对使用汉字的客户，UPS 推出了采用汉语的无线包裹跟踪服务。如今，大多数客户都能轻松使用本国的语言来追踪自己包裹的行踪。

2. 经营战略不同

FedEx 的发展战略是静中求变——市场定位一直不变，只是服务方式一直在改变，而 UPS 的发展战略是动中求变——市场定位不断变化，服务产品随着改变。

FedEx 自运营以来并没有像 UPS 那样，随着经济形势的发展，不断调整自己的经营理念，相反，FedEx 自公司成立至今，一直坚持着公司成立之初的市场定位。FedEx 一直围绕着公司的这一战略理念，优化公司的航空快递服务，不断调整，提升自己的航空快递服务，延伸自己的航空快递服务链，不断采用新技术和发展策略，使公司的航空快递运输服务做到精而专，借助新技术的运用，优化公司的航空快递运输物流流程，同时通过集团化经营，为客户提供集“打印—包装—运输—递送”于一体的完整物流服务，从各个环节简化公司的物流流程，从而确保客户的包裹能够安全、高效率传送。FedEx 不断改变公司的服务方式，破除竞争格局，创造领先于竞争对手的竞争优势。

FedEx 不但能够提供“门到门”的服务，而且能够提供延伸到生产制造企业的生产线，或者提供能够满足客户需求的服务，譬如 FedEx 的“惠普（HP）维修物流服务”，即将 HP 电脑的维修中心与自己货物转运中心有机地结合起来，提供从电脑用户办公桌拆卸电脑、包装、运输，到维修、交还、组装等全链条服务。

FedEx 采取一体化发展战略，优化公司的服务方式。FedEx 通过并购一些供应链的前向或后向企业，收购以运输公司为主的公司，加强公司的整个物流体系，并通过旗下多家独立运营的附属公司提供综合供应链管理服务。例如，FedEx 通过并购一些国家国内的卡车运输公司，或开设金考连锁店，扩大投递网点的分布，独立用卡车运输短距离的快递或货物，实现快递投递、空运、陆运等于一体，提供快捷的运输服务，缩短运输时间，为客户提供快捷、周到的服务，实现与供应链上下联动，以实现运输效益最大化。

UPS 善于在变化的市场环境中不断调整自己的市场战略，根据市场竞争环境的变化，不断改变公司的资源配置方式，调整运行机制，在战略调整中解决企业的市场定位，从而推出不同的服务产品。

UPS 在成立之初，以美国信使公司为名，体现了 UPS 当时的服务定位——信使服务。由于技术进步，汽车和电话等产品的改进和普及导致信使业务下降，UPS 开始转向零售商店的包裹递送。其首创的服务结合了零售商店递送服务的特色和经营原则，从而被称为“普通承运人”服务。UPS 突出的特色是其能以与邮政相当的价格提供广泛的服务。20 世纪 50 年代早期，UPS 的经理决定通过获取在所有客户（包括私人客户与商业客户）之间递送包裹的“公共承运人”权利来扩展 UPS 服务。

UPS 一直利用先进技术来改善自己的服务产品和提高自己的服务水平，其 1994 年创办自己的网站、运用包裹追踪技术及开发 UPSNet 系统，1995 年改变品牌 Logo 及成立物流集团。根据 UPS 新的市场定位——新型后勤服务商，其提出了根据客户的个别需要提供“全球供应链管理解决方案和咨询服务”。如今，UPS 又将其服务定位为“全球运输自动化”。

随着市场定位的不断变化，UPS 服务产品的侧重点有所不同，主要分为三块。

第一块是国内包裹业务，主要包括国内限时包裹投递，现在这一块仍然是 UPS 的主要业务，但是随着其业务多元化和全球化，这一比例在逐年下降。

第二块是国际包裹业务（包括过境邮件和非美国的国内邮件）。随着 UPS 全球化进程的加快，这一比例在稳步上升。

第三块是非包裹业务，主要包括物流、货运、邮件和金融服务。随着 UPS 供应链解决方案和全球商务同步协调的实现，新业务在不断拓展，这一比例在不断上升。

【知识链接】跨境物流的优劣势对比

1. 国际物流专线

电子商务仓储国际物流专线指运营不同国家或地区间点对点的货运线路，其运输线路及班次一般是固定的。

国际物流专线的电子商务仓储服务包括货物揽收、装卸打包、运输、在线追踪订单、清关、本地派送等。

优势：跨境专线物流可以将运送至某一国家或地区的货物大批量集中，通过规模效应降低物流成本，其价格低于一般的商业快递，并且物流速度快，丢包率较低。

劣势：与邮政小包相比，当前跨境专线物流的运输成本仍然较高，并且在国内的快件揽收范围主要集中于东部沿海的一线城市，覆盖地区需要进一步扩大。

2. 海外电子商务仓储

海外电子商务仓储服务是指由网络外贸交易平台、物流服务商独立或共同为卖家在销售目的地租用仓库，方便分拣、包装、派送的一站式控制与管理服务。卖家将货物存储到当地仓库，当买家有需求时，第一时间响应，及时进行货物的分拣、包装及递送。整个流程包括头程运输、仓储管理和本地配送三个部分。

优势：用传统外贸方式送货到仓，可以降低物流成本；相当于销售发生在本土，可提供灵活、可靠的退换货方案，增强了海外客户的购买信心；发货周期缩短，发货速度加快，可降低跨境电子商务仓储物流缺陷交易率。此外，海外仓可以帮助卖家拓展销售品类，突破“大而重”的发展瓶颈。

劣势：不是任何产品都适合使用海外电子商务仓储，适用此种方式的一般是库存周转快的热销单品，否则容易压货。同时，海外电子商务仓储对卖家在供应链管理、库存管控、动销管理等方面提出了更高的要求。

3. 国际快递

一般的电子商务仓储所使用的国际快递主要指 UPS、FedEx、DHL 等国际快递公司，其中 UPS 和 FedEx 总部位于美国，DHL 总部位于德国。国际快递对信息的提供、收集与管理有很高的要求，以全球自建网络及国际化信息系统为支撑。

优势：速度快、服务好、丢包率低，尤其是发往欧美发达国家非常方便。例如，使用UPS从中国寄包裹到美国，最快可在48小时内送达。

劣势：价格昂贵，并且资费变化较大。一般跨境电子商务仓储卖家只有在客户强烈要求时效性的情况下才会使用国际快递。

4. 邮政小包

与国际快递一样，邮政小包也是跨境物流中一种物流模式，主要通过万国邮政联盟来解决商品配送及物流问题，以个人邮包的形式发货。我们的大多数包裹是通过邮政小包的形式发出的，据不完全统计，中国跨境电子商务仓储出口业务70%的包裹通过邮政系统投递，其中中国邮政占据50%左右的份额。

优势：邮政网络基本覆盖全球，比其他任何物流渠道都广。此外，由于邮政一般为国营，有国家税收补贴，价格非常低。

劣势：一般以私人包裹方式出境，不便于海关统计，也无法享受正常的出口退税。同时，其速度较慢，丢包率高，还受制于包裹形状、体积、重量等因素。

11.2 跨境电子商务物流存在的问题与应对策略

FedEx和UPS是跨境电子商务物流领域的巨头，相比而言，我国的跨境电子商务物流发展水平不高，存在着一系列问题，我们可以采取相应的策略来应对，现分析如下。

11.2.1 存在的问题

1. 物流服务基础问题

1）物流基础设施不完善

物流基础设施是物流企业执行跨境物流工作的保障，基础设施不完善将会影响物流水平的提高和物流运输能力的增强。例如，在宏观通道建设方面，我国与“一带一路”沿线国家和地区存在很多问题，中亚作为新兴市场地区，很多运输方式并不完善，有的运输专线尚处在规划中，没有形成成熟的物流运输体系。最明显的一点就是中亚国家的铁路建设与我国铁路建设的标准不统一，使我国的铁轨无法与中亚国家的铁轨顺利连接在一起，这对跨境电子商务的铁路运输造成了阻碍，影响了铁路运输对跨境电子商务发展的作用。对航空运输而言，我国与中亚之间的航线较少，能够直达的航线更少，这些都制约了该地区跨境电子商务物流的发展。在微观企业基础设施上，中小物流企业是当下我国跨境电子商务物流配送的主要成员，这些企业资金薄弱，管理能力低下，无法科学、有效地做好物流运输工作，这些中小企业使用的大部分是低端的存储仓库，只能满足基本的货物存放功能。

2）缺乏健全的物流人才培养体系

在整个跨境电子商务活动的所有环节中都离不开人才，需要人才作为跨境物流运行的载体。由于我国跨境电子商务行业起步时间晚、基础薄弱，大部分的物流行业工作者只能在自我摸索中前进，没有相关的经验可以借鉴，导致原有的物流人才数量根本无法满足我国跨境电子商务飞速发展的需要。此外，跨境电子商务涉及的环节复杂多变，对物流人才的水平要求高、种类要求多，需要具备电子商务、网络营销、国际物流、国际商法、商务英语等各种知识，还要求从业人员了解国外消费者所在国家的历史文化、风土人情等。

3）物流信息化程度低

在查询物流配送信息上，我国跨境电子商务物流主要使用国际邮政小包来配送，后来又出现国际快递专线、第三方物流运输等，但很多情况下消费者不能及时、有效地跟踪物流信息，无法根据快递单号查询卖家什么时间发货、商品是否已经揽收、运到了什么地方，有的必须专门到所购买国家或地区的邮政网站上查询物流信息，这种信息不对称现象成为制约跨境电子商务中消费者满意度提高的瓶颈。

2. 物流服务过程问题

1）物流配送周期长

根据收集到的相关数据，影响国内跨境电子商务消费者的最大因素是商品在国外的配送时间太长。跨境物流与国内物流最大的差异就是商品配送距离的远近，国内物流的配送只针对国内的地区，最远配送距离也仅仅是“从东到西”“从南到北”，而且不涉及海关、商检等环节，可以根据配送距离和商品情况灵活地选择运输方式。相比之下，跨境电子商务物流的配送环节更多，涉及的通关手续烦琐，使得进出境变得困难，物流的配送经常横跨整个大陆或大洋，为了尽可能保证时效性，通常使用航空运输方式，这些都极大地提高了跨境电子商务的物流成本。当国内的消费者购买国外商品时，从卖家发货到收货通常需要十几天至三十天，这种物流配送的时间不仅难以保障时蔬类商品的质量，对后期的退换货而言也是个非常复杂的问题。当两国之间出现贸易摩擦或其他不安全因素时，两国之间的进出口货物在海关就会遇到很多障碍，并且货物商检耗费时间长，涉及的通关文件多，这些都会降低跨境电子商务的物流配送效率，这给跨境电子商务企业和买家带来较高的交易成本。对我国当下十分普遍的国际邮政小包而言，其配送速度非常慢，国内买家如果从美国购买商品，一般需要半个月左右的时间，从俄罗斯、巴西这种新兴市场购买商品，一般需要一个多月或两个月的时间才能收到货，若有其他突发情况（如世界各国的传统节假日等），物流配送有可能耗费半年以上。与国内普遍的七天内收货相比，国际邮政小包的配送方式极大地降低了消费者的购买体验，因此更多的国内消费者还是倾向于从国内购买商品。

2）物流配送成本高

在跨境电子商务交易中，卖家的商品若想取得较高的收益，就必须努力保证物流配送的速度，但跨境电子商务物流配送过程中，涉及的环节多，包装、存储、管理等环节比国内物流运输复杂，导致整体的物流成本偏高，通常每单商品的收益还不足以抵扣跨境物流配送的费用，而且快递人员会根据订单的数量要求配送佣金。以一件空运美国 600g 的货物为例，根据出口易的统计，FedEx、UPS 需要 121 元人民币（3～5 天），EMS 需要 118 元人民币（7～15 天）。此外，快递处理费则作为佣金收取，当产生订单后，货物轻则3元/件，重则10元/件。在这种情况下，卖家若选择提高商品的价格来减轻自己的负担，就会失去在跨境电子商务市场上的竞争优势，如果让消费者自己支付这笔高昂的物流配送费用，那广大的消费者群体宁愿放弃在国外购买，转而选择在国内市场上购买。由相关数据得出，跨境电子商务物流过程中的费用约占购买商品总成本的三分之一。假如国内买家对收到的商品评价不高或商品出现了质量问题，在申请退换货服务时，该商品就会经历两次运输过程，这种二次物流成本会更高。此外，商品退换货难度很大，商品在到达海关时，极有可能被海关退回，这就给买卖双方都制造了麻烦，也增加了双方的物流成本。因此，这就需要了解国外评价较高的市场，从而减少商品的退换货次数。

3. 物流服务结果问题

1）退换货问题十分烦琐

与线下实体店购买商品相比，网络购物过程中消费者没有对商品的实际感受，对商品的材质、大小、长短、颜色等没有直观、准确的判断，导致商品到货后与心理预期有差异。如今，越来越多的跨境电子商务企业都在努力解决退换货难题，提高消费者对产品的满意度。跨境电子商务涉及众多的物流环节，每个环节都有着非常复杂的程序，其中货物丢失、包装盒破坏的可能性很大，并且存在海关和商检的通关风险大、物流配送地点错误等诸多问题，这些都是消费者在商品退换货时考虑的因素，影响着消费者选择通过跨境电子商务购买商品。在跨境电子商务行业发展越来越成熟的背景下，虽然《中华人民共和国消费者权益保护法》有“消费者可以自收到商品之日起七日内退货”的规定，申请退换货服务手续简单，很多平台也自己承担退换货的运费，但由于跨境电子商务物流环节复杂，广大消费者的退换货权益仍然无法保障。即便对正规的大型跨境电子商务企业而言，消费者购买境外产品后的退换货仍是一个棘手的问题，消费者需要自行与卖家协调，这又牵扯语言、文化、习惯等各种问题。当出现较多的退换货现象时，跨境电子商务企业在管理和配送的环节中会出现各种问题，这导致物流运输的成本大幅增加，甚至有可能超过跨境电子商务卖家所能够接受的程度，因此有些跨境电子商务企业并不支持给消费者提供退换货服务，从而导致大量客户流失。

2）消费者满意度低

跨境电子商务物流企业有商业快递和邮件两种核心业务，通过全球速递物流运输网络来实现的是商业快递业务，虽然其具有货物运输时间较短的优势，但海外消费者需要支付高昂的配送费用。基于全球邮政网络来实现的是邮政业务，消费者支付的配送费用比较低，但运输时间比较长，通常为一周到两周的时间，若出现突发情况，配送时间还会更长。当前，广大消费者的需求是低廉的配送费用和较短的运输时间，但商业快递和邮件都无法满足这个需求，导致消费者的满意度不高。

11.2.2 应对策略

1. 完善海外仓的建立和管理

跨境电子商务行业的发展离不开海外仓，海外仓是跨境电子商务企业把仓库建设在海外消费者所在国家，将预计要销售的商品提前存放在海外仓，当订单产生时直接从海外仓发货，从而节省大量的运输成本和时间成本。海外仓的出现和普及能在很大程度上提高国外消费者的满意度，对跨境电子商务企业而言能够解决跨境运输较重、体积大的商品，而缩短了商品运输的时间，同时加快了商品的周转率，也有利于跨境电子商务企业增加海外销售商品的品类，使跨境电子商务企业有更多的时间和精力做好物流服务等。商品退换货流程、快递包裹完好程度等都会起到促进作用。跨境电子商务物流企业应该严格管控海外仓业务，不断追求规范化、智能化，从而完善仓储管理工作。跨境电子商务企业应在国外货源地投资建设存货仓库，该仓库要实现与跨境电子商务物流企业的网络联通，以便企业在后台能够准确地把握仓库的运作情况，获得科学、有效的管理模式。当海外订单产生时，国内的跨境电子商务企业就可以对海外仓实现远程遥控，将订单对应的相关商品信息快速传达给海外仓的工作人员，实现快速发货。但海外仓需要的投资成本较高，企业应建立完善的海外仓系统，这样后期就可能得到丰厚的回报。

同时，跨境物流企业需要重视海外仓本身所具有的风险和隐患，个别类目的商品并不适合使用海外仓来存放。海外仓所针对的主要是体积大、较重的长途运输极不方便的商品，这些商品通过传统的航空运输或铁路运输等会带来极大的不便，产生很高的运输成本。海外仓的使用还受到跨境电子商务物流企业的资金水平和风险承担能力的影响，海外仓具有发货容易、退换货困难的缺点，海外消费者退回的商品不仅需要二次运输费用，而且容易产生商品的库存积压，从而造成磨损和折旧，而这些造成的损失又往往被跨境物流企业转嫁到海外消费者的身上，这样的跨境购物体验会影响消费者二次购买。

2. 加强物流监控和预测

随着跨境电子商务行业的发展越发成熟，海外订单数量日益增多，尤其在促销时，订单的数量是平时的数倍。这就要求跨境电子商务物流企业提前准备好相关商品，根据所获得的以往的海外消费者购物数据来预测今后的销售情况。同时，跨境电子商务物流企业应与相关合作方保持密切的合作关系。跨境电子商务企业要发挥出自身竞争优势，根据国外消费者打造属于自己的特色产品，从而扩大市场并提高消费者忠诚度。规模较小的跨境电子商务物流企业应该充分了解国外的市场，积极与当地的本土物流企业开展合作。同时，跨境电子商务物流企业要加强对物流配送环节的监控和预测，完善后台对信息的处理技术，提高分拣和配送的及时性，加强物流整体各部门的工作效率，努力避免因信息处理不及时造成的爆仓问题。

跨境电子商务物流企业应建立能控制跨境物流的国际监控网站，提高物流运输的信息化和数字化水平，做到每笔订单都能被海外消费者在该网站上查到物流配送信息，提升消费者购物体验和满足感。同时，跨境电子商务物流企业要在国外设立多个物流网点，形成对物流配送过程的全程监控，保障货物运输的安全性和时效性，这也利于处理运输过程中的突发问题。

3. 提高跨境电子商务的物流售后服务水平

服务水平的高低对跨境电子商务物流的发展具有决定性作用，因此跨境电子商务企业要积极推进物流配送的改革、完善进程，努力减少服务过程中的漏洞，通过覆盖大多数海外消费者国家和地区所在地的物流网络系统，实现对物流管理的科学化和信息化。同时，对跨境电子商务物流企业中的多种运输方式（如航空运输、铁路运输等），根据不同国家和地区的情况进行针对性的管理，促进跨境电子商务物流企业对物流服务的优化升级，实现跨境物流不同情况的发展需求。

跨境电子商务物流企业要推出多元化的物流服务，打造物流配送一条龙服务，满足海外消费者购买不同商品都能保证短期收货的要求，并完善售后服务体系。在商品配送过程中，保证商品进出口报关、商检、运输、存储等一系列环节的顺利进行，提高商品配送的整体运输效率。针对海外消费者的需求，努力提升消费者的购物体验，加强与海外消费者的沟通，保障消费者权益的最大化。

4. 加强跨境电子商务物流的信息技术

信息技术的使用保障了跨境电子商务物流的健康发展，但我国跨境电子商务物流企业的信息技术与欧美发达国家相比还存在一定的差距，需要在如下方面努力去完善。

首先，我国跨境电子商务物流企业要引入国外先进的技术，加大信息技术的资金投入，以提高跨境物流的配送速度和服务水平。

其次，努力普及云计算和大数据在跨境电子商务物流中的应用，实现对跨境物流运输的信息化管理，加快物流现代化发展步伐。海外消费者可以通过跨境物流企业的云计算服务查询配送信息，企业也可以通过云计算的普及降低人工成本、提高利润率，并重新整合物流运营商，规划更加高效、合理的物流配送专线，实现物流配送的高效率。大数据的运用能帮助我国跨境电子商务物流企业在仓储分拣等方面提高效率，降低时间成本和人工成本，提高跨境电子商务企业在国际市场上的竞争力。

最后，跨境电子商务物流企业要投入资金建设一站式物流运输服务平台，专门处理商品在运输过程中的各种问题，从而实现对跨境电子商务物流配送的全程跟踪，特别是在跨境电子商务交易订单量多的国家或地区，应具备完善的一站式物流服务模式，加强与当地物流企业的合作，疏通与海关、商检等各部门之间的关系，保证货物运输的畅通，提高物流配送的速度和效率。

物流信息技术需要根据不同的国家和地区制订不同的解决方案。例如，我国与东南亚地区国家之间的跨境电子商务交易主要集中解决供应链和产业链问题；与中亚地区的国家要完善跨境物流专线，进行铁路对接建设和直达机场建设；与欧洲各个国家和地区要建立完善的中转站和海运合作等。我国跨境电子商务企业物流的发展需要根据全球不同地区的特色开展重点合作，针对当地的情况具体问题具体分析，打造适应全球绝大多数国家和地区发展的通用型跨境电子商务物流信息平台。

5. 提升跨境电子商务物流的资源禀赋条件

跨境电子商务物流企业除需要解决物流服务面临的问题之外，还需要重点关注本身所具有的资源禀赋条件。传统模式下的商品进出口需要经历多个环节，不仅延长了商品运输的时间，还增加了商品运输成本，降低了企业的收入。因此，跨境电子商务物流企业要根据海外消费者的购买情况，来提升自己的物流服务水平，完善跨境电子商务物流体系。在跨境物流服务的价格方面，物流企业要认清自己的现状，整合当下所具备的各种资源，以降低成本，从而降低产品价格，提高物流服务水平及企业在全球跨境电子商务市场上的竞争力。在基础设施方面，物流企业要规划出科学、有效的运输线路，完善物流配送过程。

6. 培养物流相关人才

跨境电子商务行业的发展催生了跨境物流服务行业，这两个行业在我国出现的时间晚，对跨境物流相关人才的需求量大，这就要求我国努力培养和发挥人才在这些领域中的作用，通过人才培养来促进跨境电子商务行业的发展，提高我国在全球中的竞争力水平。随着我国改革开放的步伐不断加快，我国与世界其他国家的贸易往来不断深入，但跨境电子商务物流的发展受到了不同国家和地区文化、习俗、语言等方面的影响，对复合型人才的需求量大，物流人才出现无法满足市场需求的情况。这就要求政府和高校加强对物流人才的培养，学习国外语言和文化，掌握跨境电子商务物流运作的基本模式，加强物流技能培训。高校要完善对物流专业的人才培养计划，实现对物流技术的针对性教学，提供高质量、高水平的物流实习机会，提高学生的基本能力。企业要不定期组织物流技能培训，提高物流从业人员的薪资待遇，以及物流从业人员工作的积极性和自觉性。

7. 政府给予相关政策支持

政府的相关政策会在资金、人才、技术、管理等方面给予跨境电子商务物流支持，从而促进跨境电子商务物流行业的发展。政府要构建包括仓储、物流等的跨境电子商务综合服务平台，为跨境电子商务物流企业提供全面的一站式服务，解决物流配送过程中的报关、商检、退税等问题，提高货物进出口效率，为我国跨境电子商务企业解决运营难题。政府还要通过细致的调查，明确跨境物流企业对人才的具体要求，在全国建立起跨境物流人才培养体系，发挥出人才在跨境物流服务中的关键作用，促进我国跨境电子商务物流的发展。政府还要加强相关的基础设施建设，对核心城市、跨境运输专线、跨境铁路的铺设等做出合理的规划，实现物流的信息化管理，提高物流的配送效率。

【拓展阅读】新冠肺炎疫情引发跨境电子商务物流政策变化

新冠肺炎疫情给跨境电子商务物流带来巨大的冲击。

1. 短期内物流成本上升

在新冠肺炎疫情期间，全球大部分国家对交通运输进行了管控，国际航班班次大幅减少，造成航空货运价格上涨。航空货运一般由专用货机和客机腹舱的货物运输两个同等规模的货运部分组成，而我国的航空货运主要以客机腹舱为主。随着新冠肺炎疫情在全球范围内扩散，欧美许多航空公司取消了客运航班，导致数百架飞机被迫停放，可用的客机机腹载货能力缩减至 20%。由于需求超过供给，航空货运运输成本极速上升，其中以中国香港—北美地区的运力损失最为严重，价格从每千克 3.19 美元最高上涨到 7.73 美元。而海运与铁路运输虽然价格波动不大，但商品运输至买家所在地后仍需要物流配送，新冠肺炎疫情扩散导致的高额人力成本与物流中间费用也会进一步导致物流成本上升。但在经济全面复苏，对新冠肺炎疫情的检疫措施取消后，国际航班将恢复正常，由于新冠肺炎疫情产生的额外中间费用也会降低，二者都会使长期物流成本恢复正常水平。

2. 运输路线的减少与订单量激增降低了物流的时效性

各国由于新冠肺炎疫情加强了检疫流程，部分疫情重灾区还采取了“封城”措施。2020年6月，巴西邮政员工因为政府在防疫过程中的不作为，连续进行了两个星期的罢工，“最后一公里”的配送路线由于工作人员减少、交通管制等大幅减少，除海运外的许多国际运输路线也都被取消。而与之相对的是大部分消费者由于在家隔离，无法前往本地的大型商超购买生活用品与防疫用品，网络零售订单量激增。需要注意的是，这里的网络零售同时包括跨境电子商务与传统的本土电子商务，传统的本土电子商务占据了各国国内的大部分市场，随着订单量的增加，本土电子商务物流与跨境电子商务物流的不合理分配也会影响跨境电子商务物流的效率。跨境电子商务订单量与国际运输路线二者一增一减的态势使跨境电子商务物流的时效性大幅降低，其后的一系列连锁反应（如退货退款、消费者满意度降低、资金供应等问题）也会进一步对跨境电子商务物流造成影响，形成雪球效应。

3. 疫情带来的不确定性引发各国不同的政策变化

2020年第一季度，国家海关总署发布了《关于应对疫情影响促进外贸稳增长的十条措施》《海关支持中欧班列发展的措施》《海关支持综合保税区发展措施》等，在原先的基础上进一步简化了出口通关的流程，降低了运输成本，有效地保证了我国跨境电子商务与跨境物流的协同发展。世界各国也相继针对新冠肺炎疫情出台了新的措施，中国国际贸易促进委员会的资料显示，2020年第一季度，包括美国、俄罗斯、德国、法国在内的多个国家分别采取了关闭对我国的边境口岸与通关口岸、暂停对我国活体动/植物与冷冻产品的进口和加强海关检疫流程等措施，严重影响了我国跨境物流企业的正常运营。综合以上各国政策，疫情期间各国采取的贸易保护政策虽然在一定程度上带动了本土产业的发展，但从长远来看并不利于全球跨境物流网络的形成。

11.3 总结与启示

对FedEx和UPS案例进行总结，有利于为我国跨境电子商务物流的发展提供借鉴，案例的总结与启示如下。

11.3.1 总结

跨境电子商务的发展离不开跨境物流，而跨境物流又取决于物流服务水平质量的高低，三者之间相互影响、相互制约。欧美发达国家跨境物流发展相对成熟，相比较之下我国跨境物流起步晚，但发展速度快，这得益于我国对外开放政策和海外购物方式对网民的渗透，这些因素为我国跨境电子商务的健康发展提供了非常有利的条件。

在跨境电子商务物流渠道的选择上，跨境电子商务企业要充分认识到不同运输渠道的优缺点，并根据消费者的需求和具体情况来选择合适的运输方法，即考虑消费者所购买商品的属性、运输时效性、距离的远近等。跨境电子商务企业要积极寻找海外消费者所在国家和地区的物流企业，努力实现物流服务合作，充分发挥物流企业在本土的优势，从而避免不必要的环节，降低自身成本，将更多的资金、人力等资源投入核心业务开发中，提高在全球市场中的竞争力。

同时，我国跨境物流仍以传统企业的运营方式为主，无法实现海外订单与物流配送的完美对接，导致商品配送时间长，物流企业的信息化程度低，海外消费者无法对订单实现全程追踪，容易出现等待时间上的浪费。我国物流企业资金投入少，更多的物流服务环节还需要大量的人工来完成，造成物流成本高昂、基础设施不完善，阻碍了跨境电子商务的发展。另外，我国对物流人才的重视程度不够高，导致物流从业人员工资水平较低，遇到促销活动时没有足够的休息时间，难以调动其工作的积极性。这些物流服务上的因素都成为制约我国跨境电子商务行业发展的瓶颈，需要制订可实行的方案来解决这些问题。

解决跨境物流服务问题，可以从以下几个方面入手。首先，解决海外仓问题。把货物存储的仓库直接建立在海外消费者所在的国家，这种方式在很大程度上解决了跨境物流配送过程中的远程问题、进出口通关问题等，海外消费者购买的商品直接从海外仓发货，这样基本可以保证商品在一周之内送到消费者的手中，而且免去了商品进出口时面临的关税、商检等环节，大大降低了跨境物流企业的运营成本。其次，跨境物流企业要加强对物流的监控，提高物流的信息技术水平，让海外消费者能够通过网络查询到商品的配送情况，从而把握好收货的时间，提高消费者购物的满意度。再次，跨境物流企业要提高物流售后服务水平，针对不同国家和地区海外消费者的需求，提供有针对性的服务。最后，要培养物流相关人才，提高对物流从业人员的要求，帮助他们学习国外的文化，熟悉国外跨境物流的运作方式，提高技能水平。

11.3.2　对跨境电子商务物流发展的启示

1. 健全跨境物流网络体系

国内外物流企业之间应建立长期合作伙伴关系，可通过供应链整合，从供应源头合作，借助互联网信息技术构建跨境物流网络体系，从而实现信息共享。此外，建立海外仓，使物品采取大批量海运的方式进入需求国，大批量运输实现规模效应来降低物流成本。同时，通过跨境物流信息网络平台对货物进行实时跟踪，不仅可以减少运输中不必要的环节和降低管理难度，还可以提高运输效率，降低由于货物丢失或损坏产生的费用。

2. 合理规划物流基础设施建设

一方面，政府统筹规划，在统筹考虑交通干线、主枢纽规划建设的基础上，尽可能衔接各种运输方式，同时对城市的繁忙通道进行改建或扩建，完善物流通道，提高企业的运输效率；另一方面，企业应依据自身经营需要建设相应的物流配套设施和辅助设施，提升物流运作效率。同时，应提高企业柔性化能力，制定应急处理机制和应对方案，充分利用各种资源来促进企业良好发展。

3. 大力培养物流信息专业人才

在国家大力推行人才强国战略下，一方面，要重视信息技术的教育，注重培养高层次和复合型物流人才，同时建立物流实验实训室，把所学理论运用到实践当中，提高学习者实操能力；另一方面，企业在管理人才方面要提供更多创新激励的途径，并积极开展相关的职业培训活动，提高企业的综合素质。

4. 健全跨境电子商务物流客服体系

首先，建设这个体系的前提是货物质量有保障。由于跨境电子商务是一种服务方虚拟的交易模式，电子商务企业需要在平台上展示真实的商品，只有真实而详细地描述商品的特征才能避免因商品质量不符合消费者预期而造成退换货问题。其次，这个体系主要涉及货物配送跟踪信息、售后服务平台的搭建、货物问题的反馈和分析等方面。这个体系应具备很强的信息处理能力，对商品可进行实时跟踪，进而减少退换货过程中不必要的环节，从而提高消费者购物的满意度，赢得消费者信赖。

【本章小结】

FedEx 与 UPS 是航空快递物流巨头，在跨境电子商务物流领域极具影响力。本章选取 FedEx 与 UPS 跨境电子商务物流案例，从经营理念和经营战略两个方面探讨了二者的不同，进而对跨境电子商务物流存在的问题和应对策略进行剖析。FedEx 与 UPS 的经营发展历程对跨境电子商务物流的发展带来如下启示：健全跨境物流网络体系，合理规划物流基础设施建设，大力培养物流信息专业人才，健全跨境电子商务物流客服体系。

【本章实训】

实训案例：大龙网与当地企业合作共建海外仓

大龙网成立于 2010 年，是国家商务部首批跨境电子商务试点企业之一，同时是博鳌亚洲论坛的官方合作伙伴和全球跨境电子商务的孵化器。网站主要服务的对象是跨境电子商务 B2B 模式，提供跨境金融服务和平台增值运营服务，它将跨境电子商务行业衍生出来的产业相连，是数字时代国内实力较强的跨境电子商务 B2B 服务平台与跨境实业相连的平台。

大龙网在 2014 年开发了新的跨境物流模式，即与当地物流商合建海外仓。最初，它的合作对象是俄罗斯速递 XRU，在新的物流模式下，从中国到俄罗斯的物流周期大大压缩，同时为中国的婚纱行业开辟了新的市场，大量的婚纱出口到俄罗斯，获得了不错的口碑和收益。在跨境物流服务方面，大龙网根据俄罗斯的地理环境，贴心地开发了物流信息追踪功能，使买家可以轻松、快捷地查询商品所在的位置。这样一来还可以降低包裹的丢失率和损坏率，不仅如此，大龙网还完善了物流的售后服务，当订单显示完成后，会有客服进行电话回访，了解包裹收到的状态，积极、主动解决物流问题，并对消费者所反映的情况进行改进。

随后，大龙网把目标转移到了东南亚地区，与印度的物流企业 DTDC 达成了合作，在印度的新德里郊区建立了海外仓。在经过协商后，其与印度方就海外仓的管理有了更加细化的安排，同时在协商的过程中，对于双方所拥有的资源进行了一定程度的共享（如对当地商品的供货和销售路径等），实现了互利共赢的目的。

与当地物流企业合建海外仓不仅是为了降低成本，还可以解决自己对国外语言不通、环境不熟悉的弱势，而且所有运往海外的货物作为一个整体，可以统一出入海关，运作起来更加方便，能够更加顺利地开发海外市场。更重要的是，海外仓可以储存一些传统运输方式根本不能运输的较大产品（如大宗家具、电器等），不用担心产品的体积和重量，因此这些产品也能顺利出口，大幅提高了出口量，这使得国内的跨境电子商务企业拥有更多品牌推广和赚钱的机会。

实训内容：大龙网的跨境电子商务物流运营模式有何特点?

实训要求：补充查阅资料，从跨境电子商务物流运营模式的若干方面进行分析，形成一份案例分析报告。

【复习思考】

1. FedEx 与 UPS 的经营管理有何异同?
2. 跨境电子商务物流存在哪些主要的问题?
3. 跨境电子商务物流可以采取哪些发展策略?
4. FedEx 与 UPS 案例对跨境电子商务物流的发展有何启示?

第12章

跨境电子商务监管：跨境代购关税引发的法律风险

【学习目标】

- 比较跨境代购关税征管两个案例；
- 分析跨境电子商务监管中的问题；
- 掌握跨境电子商务监管策略；
- 理解完善跨境电子商务监管的启示。

【引导案例】跨境电子商务进口法律监管案例两则

在跨境电子商务监管方式下，进口物品可以享受更为优惠的税率和特殊的贸易管制要求，但正因为如此，监管中也设置了非常严格的适用前提，目前主要通过《跨境电子商务零售进口商品清单》对允许以跨境电子商务模式进口的商品给予明确列名，未在《跨境电子商务零售进口商品清单》中的商品不适用跨境电子商务监管方式。为此，结合海关法网上的两个典型案例进行分析。

案例一

某海关在某日对当事人进口商品进行查验时，发现以直邮跨境电子商务模式进口的商品包含创口喷雾、静脉曲张片等药品。该批药品不属于跨境电子商务正面清单的范畴，属于国家限制进出口的商品，且当事人未提供进口药品和销售药品的许可。由于当事人进口国家限制进口的商品未提交许可证件，根据有关法律规定，海关决定对当事人涉案进口商品不予放行，并处以罚款；另根据《中华人民共和国海关行政处罚实施条例》第五条规定，责令当事人提交涉案商品进口许可证件。

分析：本案当事人按照跨境电子商务直购进口方式申报，而商品属于正面清单之外的品种，本身已经不符合跨境电子商务监管方式的规定，而且其进口的药品本身具有贸易管制的要求，因此按照有关规定不予放行，并给予行政处罚。值得注意的是，虽然《跨境电子商务零售进口商品清单》的货品名称是比较清楚的，但是进口之前至少要重视两个方面的问题。一方面，清单货品名称对应的“备注”项目，这些“备注”的替换实际上是对清单列名的货品给出了例外规定。比如，规定货品仅限网购保税商品，即这些商品不能通过直购进口的方式进口；再如，规定货品不能列入《进出口野生动植物种商品目录》，即列入该目录的货品不能通过跨境电子商务方式进口。由此看来，符合备注要求是适用清单货品的前提条件。另一方面，清单货品名称对应的税则号列，也可能具有货品排除规定。《跨境电子商务零售进口商品清单》注 2 中明确规定“表中货品名称为简称，具体范围以税则号列为准”。换言之，从对货品的精确定义而言，税则号列比货品名称具有更高的优先级。税则号列中排除的货品，当然也不能按照跨境电子商务方式进口，下面我们来看另一个案例。

案例二

当事人以保税电子商务监管方式向海关申报进口 3 票电扇，申报商品编码均为 8414599091，申报数量合计 1650 台，其中 1608 台电扇通过海关跨境电子商务平台销售。经查，上述电扇不属于跨境电子商务零售进口正面清单内商品，应归入商品编码 8414519200 项下。当事人进口商品，若商品编码申报不实，会影响国家税款征收。经计核，上述 1608 台电扇的价值为人民币 131.85 万元，漏缴应纳税款共计人民币 102 447.9 元。

分析：当事人申报进口的电扇，申报商品编码（税则号列）为 8414599091，《跨境电子商务零售进口商品清单》中对应的货品名称为“其他扇，风机”，如果仅仅从货品名称来看，进口的电扇和货品名称基本一致，看不出什么问题，但是结合税则号列来看，就有分析的必要。根据进出口税则，税则号列 8414599091 的货品是指电动机输出功率超过 125 瓦的台扇、落地扇、壁扇，而未超过 125 瓦的落地扇，应归入税则号列 8414519200，但是当时 8414519200 未列入《跨境电子商务零售进口商品清单》，换言之，电动机功率不超过 125 瓦的落地扇不在《跨境电子商务零售进口商品清单》货品范围之内。在本案中，因为进口商品并非清单内商品，所以不能按照跨境电子商务方式进口，一般应当按照一般贸易方式进口，全额缴纳关税增值税，而当事人以跨境电子商务监管方式申报进口，显然错误地享受了优惠税率，此时当事人除需补缴相应税款之外，还可能面临行政处罚。

辩证与思考：跨境电子商务进口主要面临哪些方面的法律监管？

分析与提示：跨境电子商务监管的主要环节、难点及存在的问题。

12.1 跨境代购关税征管案例

一些跨境代购商家在通关过程中，出现了违反法律规定的操作，有些甚至触及了刑法，下面对上海和宁夏首次宣判的案例进行分析。

12.1.1 上海宣判的案例

上海市第一中级人民法院于 2013 年 2 月 25 日做出一审宣判，认定两名淘宝店主跨境代购大量商品偷逃税款，犯有走私普通货物罪。这是上海宣判的首例跨境海外代购、偷税走私刑事案件，向违规海外代购敲响了警钟（案例来源于新华网 2013 年 2 月 25 日报道）。

2012 年 4 月 9 日，淘宝个人网店店主范某（化名）在入境通关的时候，随身携带货物，从韩国首尔抵达上海浦东国际机场，选择从无申报通道快速入关。上海海关工作人员在抽查的时候，在其随身携带的两个行李箱和四个手提袋中查获化妆品和护肤品 386 件、皮夹 15 个、手表 5 块、皮肤光疗仪 7 台、粉饼盒 18 个、包包 40 个。范某供称，一部分物品是受其朋友刘某所托随身携带进境的，而其余的物品准备放在自己在淘宝购物平台上开设的网店进行售卖。经过海关的鉴定计算，范某此次携带进境的物品应缴纳税款 8 万多元人民币，即范某涉嫌偷逃税款 8 万多元人民币。而在同年 2 月 23 日，范某所称的好友刘某以同样的方式携带货物从上海浦东国际机场进境时，被上海海关工作人员在其随身携带的行李箱中查获化妆品和护肤品 288 件、手表 2 块、包包 14 个。犯罪嫌疑人刘某供称，这些随身携带的物品是在韩国免税店购买的，准备进境再次销售。

海关在调查刘某的时候发现，早在 2010 年 9 月，范某就因为随身携带 325 件化妆品和护肤品未经申报进境，被海关工作人员处以行政处罚。经核定，刘某偷逃应纳税款共计 9.9 万多元人民币，范某偷逃应纳税款 8 万多元人民币。刘某和范某作为淘宝网店的店主，将跨境代购的商品以不具有贸易性质的“物品”渠道入境通关，并准备在国内进行销售，其主观上具有非法牟利性，且偷逃应纳税款数额巨大，已经涉嫌走私犯罪。2013 年 2 月 25 日，上海市第一中级人民法院对此案做出一审判决，法院认定刘某和范某两名个人网店店主在境外购买多种商品进境，数额巨大，二人均被判处有期徒刑一年，并缓期执行一年六个月，其中一人被同时处以罚金 10 万元人民币，另一人被同时处以罚金 8.1 万元人民币，且该案扣押的所涉及的走私物品均被没收。这是上海法院首次对跨境代购走私案件做出刑事处罚。

12.1.2 宁夏宣判的案例

由银川海关缉私局侦办的宁夏首例海外代购走私案，由银川市中级人民法院审理后做出一审判决。涉案 6 人犯走私普通货物罪，主犯唐某判处有期徒刑 6 年并处以罚金 50 万元人民币（案例来源于新华网 2018 年 4 月 5 日报道）。

2016 年 8 月，宁夏银川海关负责进境旅客检查的工作人员，在郭某随身携带的行李箱中查获大量的奢侈品和各类首饰，共计 81 件。银川海关缉私局的工作人员对郭某进行了突击审问，据郭某交代，无锡有一个以唐某为头目的走私团伙长期进行走私犯罪活动。缉私专案组成员立马乘飞机前往无锡对该犯罪团伙进行搜查，同时对唐某等人实施了抓捕行动，后唐某主动向银川海关缉私局投案自首，且在办案组的说服下，唐某劝服了同团伙其他犯罪嫌疑人投案自首。根据犯罪嫌疑人的交代，主犯唐某负责工作分工，该团伙的杨甲、韩某、郭某、单某和杨乙负责具体运作，有的人负责从韩国购买大量的奢侈品，有的人负责对购买的货物进行统计，有的人负责在航空口岸通关入境的时候，通过随身携带的行李带货，走不申报通道，在逃避海关的监管下，完成逃避缴纳税款。在把物品携带进境后，将有专人通过在淘宝网上开设的网店进行销售牟利，经海关核查，该团伙逃避应纳税款高达 400 余万元人民币。

该团伙的每个人以“蚂蚁搬家”的方式将从境外购买的商品伪装成物品，走旅检通道，不进行纳税申报，偷逃税款数额巨大，已经触犯刑法，构成走私罪。2018 年 4 月 5 日，宁夏银川市中级人民法院做出一审判决，该案所有犯罪嫌疑人均已经构成走私普通货物罪，作为主犯的唐某最终被判处有期徒刑 6 年，同时处以罚金 50 万元人民币。其他 5 名犯罪嫌疑人均被判处缓期执行，并根据各自在团伙中所起的作用，分别被同时处以罚金 3 万元至 30 万元。

12.1.3 对两个案例的分析总结

以上两个案例的当事人主观上都存在为了非法牟利、逃避应纳税款而故意隐瞒的心理，并且客观上都实施了违法犯罪行为，将在国外购买并进境销售的商品隐瞒为自用物品走不申报通道，逃避应纳税款数额巨大。法院依据《中华人民共和国刑法》的规定，按照走私普通货物、物品罪定罪量刑，符合罪刑法定原则。它们作为上海和宁夏首例判刑的跨境代购走私案件，引起了民众的广泛讨论。一直以来，普通民众以为出国代购出售给别人的行为只是自己做的一场小生意，不曾想随身携带或以其他方式不申报入境可能触犯刑法，引来牢狱之灾。对违反法律法规的代购商家处以刑罚，也警示着 C2C 模式跨境代购商家应依法申报通关，缴纳关税。随着这类案件的不断发生，其背后的原因值得大家深思，除了代购商家被利益驱使，主观上存在非法牟利的心理，跨境代购关税征管制度存在的问题使代购商家利用一些漏洞实施违法犯罪行为更加需要关注。

【拓展阅读】跨境代购品商标侵权案例

EVISU 是一个源于日本的高端牛仔品牌，有“日本牛王”的美誉。该商标为某国际有限公司注册取得，并授权上海某公司在国内独占经营并使用。2019 年 3 月 12 日，上海某公司发现，沈阳某公司利用网络销售平台，以代购的方式销售被诉侵权商品。

上海某公司认为，“EVISU”商标经过在一定范围内长期、广泛使用，具有较高的知名度。沈阳某公司在网上店铺销售自称从韩国进口的“EVISU”品牌的服装，具有混淆的可能，易使公众对商品来源产生误认或认为服务来源存在特定联系。此外，沈阳某公司并没有取得合法授权，其行为已经构成商标侵权。上海某公司提出诉讼，请求法院判令沈阳某公司赔偿其经济损失及合理支出共计 50 万元。

沈阳某公司辩称，其代购的商品均非公司自行生产制作，系从韩国购进的正品，涉案商标在购进时已标注在商品上，而商品上所使用的商标均已在韩国合法注册。沈阳某公司只是按照国内消费者的指令，在收取费用后购买再发送给国内消费者，是代为购买韩国正品的行为，不属于侵权行为。沈阳某公司认为，其没有故意侵权，并且提供了商品合法来源，不应承担赔偿责任。

法院认为，在商品交易的过程中，商标发挥着重要的识别功能，将在境外购买的商品在境内转售，使商品进入我国市场流通，附着其上的标识发挥了识别功能，如与在我国取得注册商标专用权的商标发生混淆，使公众对商品的来源产生误认，直接侵害的是我国商标权人对注册商标的专有使用权。在本案中，沈阳某公司将境外购买的商品在境内销售，与涉案商标发生混淆，破坏了商标的识别功能，侵害了商标权人上海某公司的合法权益。

法院综合考虑涉案商标具有较高的知名度，沈阳某公司实施销售侵权商品的行为及侵权行为持续时间，并结合销售记录、制止侵权所支付的费用，判决沈阳某公司赔偿上海某公司经济损失（含合理费用）15 万元。

12.2 跨境代购关税征管分析

1. 通关申报环节

跨境代购商家在海外采购商品后或者在跨境购物网站上购买商品后，将商品运输到消费者的手中涉及通关环节。我国法律规定，在通关环节的物品分为“货物”和“物品”，二者在认定标准和征税方式上都有较大的不同。“货物”具有贸易性，在进入我国境内后可以进行出售，在通关时，不同的货物根据不同的标准征收关税。“物品”则具有非贸易性，是指以个人和家庭合理使用数量为限的个人携带进境的行李物品、邮寄进境的物品和其他物品。如果物品未超过合理数量且价值符合海关总署免税规定，则不需要缴纳关税。因此，物品在进境之后不能再进行出售，流向贸易领域。网络跨境代购无论是哪种模式，其随身携带和邮寄的物品都属于具有贸易性的“货物”。

在跨境税改新政实施前，跨境电子商务零售进口商品都是征收行邮税，当时行邮税的征收分为四档税目（对应的税率分别为 10%、20%、30%、50%），单次交易限额为 1000 元（我国港澳台地区为 800 元），超过 1000 元限额的商品，则按照一般货物征收关税、增值税和消费税。跨境税改新政实施后，对跨境电子商务零售进口商品不再依据邮递物品征收行邮税，而是按照货物征收关税和进口环节增值税、消费税。这次税改新政针对的主要是跨境零售里的 B2B 和 B2C 模式，C2C 模式下的跨境代购由于无法向海关提供交易的电子信息，大多数情况下仍然按照一般货物规定征收行邮税。

2. 征税环节

在对进境的商品做出“物品”和“货物”的认定后，对认定为物品的超出免征进口税限额的部分和进境的货物就涉及按照不同的税率进行征税，这一环节最重要的步骤是海关估价。海关估价是海关征税步骤中一个重要组成部分，主要指海关通过一定的程序和方式来确定货物的进出口完税价格，根据该价格来计算进出口货物缴纳的具体关税税额行为。

WTO《海关估价协议》的规定适用海关估价制度。海关估价最主要的目的是公平、合理地确定应该缴纳关税的商品的完税价格，然而世界各国家和地区在估价的原则、标准及方法上存在着较大的差别。

除适用《海关估价协议》的规定外，我国也不断对海关估价制度进行修改。新实施修改后的《中华人民共和国海关审定进出口货物完税价格办法》与国际协定接轨，该法律明确规定了进口货物完税价格的确定方法，成交价格估价策略及进口货物完税价格中的运输及其相关费用、保险费的计算等。我国新修改的《中华人民共和国海关法》中也明确了进口货物完税价格的确定方法，《中华人民共和国进出口关税条例》新加入了当海关对成交价格不能确定时，进出境申报人在向海关提供相关资料后，可以申请与海关进行价格磋商。《中华人民共和国海关法》在一定程度上补充、完善了我国现有的海关估价制度，有力地打击了不缴或少缴关税的行为。从以上法律规定可以看出，海关估价中具体包括货物的成交价格、相同货物的成交价格、类似货物的成交价格、倒扣价格、计算价格和其他合理的价格。此外，上述规定也遵循先后顺序，即先使用成交价格，然后使用相同货物的成交价格，再使用类似货物的成交价格，在上述价格都无法使用时使用倒扣价格和计算价格，但是纳税义务人如果提出申请，那么也可以先使用计算价格，再使用倒扣价格，最后使用其他合理价格。

3. 处罚环节

处罚环节即海关在关税征管中对违反相关海关监管法律法规和刑法的跨境代购商家给予的各类行政处罚和刑罚。《中华人民共和国海关行政处罚实施条例》是依照海关规章给予行政处罚的条例，该条例对“货物”和“物品”分别规定了不同且具体的处罚内容。第十五条、第十六条及第十八条是有关进境货物违反海关有关规定而要承担的法律责任；第十九条是有关进境物品违反海关监管规定应承担的法律责任，有违反相关规定的，海关可以对物品携带者予以警告，可以处罚物品价值 20%以下罚款，如果有违法所得的，则应当没收违法所得。除上述条例规制给予的行政处罚外，对跨境代购商家通过旅检渠道以客带货或以物品邮寄进境（不进行申报的行为属于“瞒报”，已构成走私行为），满足《中华人民共和国刑法》第一百五十三条规定的走私普通货物、物品罪里的几种类型之一的，即构成走私普通货物、物品罪，按照情节轻重分别处以不同标准刑期、罚金及没收财产。

【知识链接】跨境代购商标平行进口形式

我国跨境电子商务中商标平行进口的表现形式主要分为三种，包括海外电子商务直销形式、跨境海外代购形式、境外采购境内销售形式。

海外电子商务直销形式指的是域外企业成为域外综合性购物网站的直营商家，或域外企业在域外网站上设立官方旗舰店，境内消费者在该域外网站上购买商品的平行进口形式。在该平行进口形式中，销售网站设置在域外，销售行为也发生在域外，根据地域性原则，该平行进口行为不侵犯境内商标权。

跨境海外代购形式指的是代购人与国内消费者在境内电子商务平台上订立代购协议，为消费者在境外采购指定商品并收取代购费用的平行进口形式。《中华人民共和国知识产权海关保护条例》第三十一条采纳了《TRIPS 协定》(《与贸易有关的知识产权协定》，这个文件是知识产权保护的国际标准）第 60 条“微量进口”原则，认为该指定商品一般少量且为消费者自用，与旅客携带、托运自用物品无本质区别，不构成商标性使用，因而不构成侵权。

境外采购境内销售形式是指境内代购企业或代购网站从境外合法获取商品后，在境内电子商务平台上销售该商品的平行进口形式。境内代购企业或代购网站通常未取得国内商标权人许可便在国内销售商品。此时，境内代购企业或代购网站的行为属于销售行为，可通过善意销售且来源合法抗辩来免责。但如果境内代购企业或代购网站通过委托境外厂商生产而取得商品，并在网站上销售，那么境内代购企业或代购网站的行为属于商标使用行为，不属于销售行为，若构成商标侵权，就不能通过上述抗辩理由免责。

12.3 跨境电子商务监管存在的问题与应对策略

跨境电子商务监管过程中遇到了一系列问题，可以采取相应的策略来应对，现分析如下。

12.3.1 存在的问题

1. 征管法律规定不完善

海关作为国家行政机关，必须依法执政，关税征管是海关极其重要的一项行政行为。由于跨境代购近些年喷薄式发展，不断出现的关税征管问题越来越需要法律的支撑。从我国对跨境电子商务出台的法规和规章等可以看出，我国存在法律位阶较低问题。虽然《中华人民共和国电子商务法》中明确表明国家鼓励和推进跨境电子商务的发展，但这部法律主要针对国内电子商务的发展困境，对海关申报和纳税环节只做了方针指导，对跨境电子商务中的跨境代购中具体关税征管措施并无具体的规定。

国务院发布的《关于促进跨境电子商务健康快速发展的指导意见》优化配套海关监管措施，明确提出对进出口税收政策进行统一规制；《关于加快培育外贸竞争新优势的若干意见》规定在部分地区试点开展跨境电子贸易改革工作。但是，这些法规同样并未具体对跨境代购的行为和税收问题进行规制。国务院有关部门出台了几部规章对网络购物的概念进行了界定，海关总署也出台了不少有关网络跨境代购关税征管的公告，但其效力层级不及前者。

从上述内容可以看出，我国对跨境电子商务的法律规定大多针对的是 B2B 和 B2C 模式，即国内跨境电子商务平台和企业，对 C2C 模式的跨境代购的基本概况和关税征管制度并无详细规定。《中华人民共和国立法法》第八条规定，税种的设立、税率的确定和税收征收管理等税收基本制度只能制定法律，即“税收法定”。因此，有关跨境代购的关税税率和关税征管的基本制度只能制定法律。虽然海关总署相关公告对网络跨境代购采用行邮渠道偷税漏税的行为进行了小范围的规制，但是网络跨境代购日益发展昌盛，势必需要更高级别的法律法规来进行规制，以维护税收公平和市场经济秩序。

2. 对商品性质难以做出准确认定

代购商家在国外购买商品后一般会通过邮寄进境和随身携带进境，因而在通关的时候如果商家以物品申报通关，就涉及海关对“物品”和“货物”的认定。“货物”具有贸易性，“物品”具有非贸易性，一般限制个人自用和数量合理。“自用”指进境旅客或收件人本人自用、馈赠亲友而非为了出租或出售；“数量合理”指海关根据旅客或收件人的情况、旅行目的和居留时间所确定的正常数量。但在实际运作中，如何认定进境的商品属于“个人自用”“数量合理”又没有统一的标准，具体都是以当地海关认定的为准。虽然海关总署对邮递进境的物品有明确的限额规定，对旅客携带进境的物品有明确的免征限额，但是大多数情况下，海关一线人员在办理通关的短时间内无法确定或者通过后续追踪机制认定进境的物品是否真的自用，是否符合纳税义务人使用的合理数量。作为小规模个人代购，跨境代购商家可能无法向海关提交其具体交易、支付的电子或纸质凭证，因而很多商家并不适用 2016 年跨境税改新政中对跨境电子商务在限值内关税税率为零的新政策。这就造成跨境代购商家为了降低代购成本、获取更大的利润铤而走险，触犯法律法规，利用“货物”和“物品”的界定不明确和物品在限值内不需要缴纳税款的政策，将货物拆分成小件物品随身携带或者通过邮寄小包以不超过当地海关认定的合理的数量，以物品通关进境销售，逃避缴纳税款。

3. 对邮寄包裹性质难以做出准确认定

跨境代购除代购商家在国外购买商品后邮寄进境和自身携带进境两种形式外，还可以在国内通过境外购物网站购买商品，由国外购物网站打包邮寄给个人代购商家或者直接邮寄到消费者手中。在这种形式下，由于邮政包裹数量激增，海关在集中审查通关的时候，该包裹到底是境内居民为了自用而购买的物品还是境内代购商家为了在境内销售而购买的货物，凭借海关一个部门的力量无法一一做出准确认定。

4. 对物品的通关和赋税法规差异较大

在行邮监管中，非贸易通关不需要检验检疫，也不涉及许可证件和报关单证，手续简便，仅征收单一的行邮税。若按照货物贸易进境，需要纳入 H2000 系统报关，需要经历多重程序且附随单证多，手续烦琐，征收关税和进口环节税，并且远远高于行邮税。此外，海关总署公告 2018 年第 140 号（关于《中华人民共和国进境物品归类表》和《中华人民共和国进境物品完税价格表》的公告）对进境物品执行新的行邮税税率，把进境物品进口税率从 15%、30%、60%三档调整为 15%、25%、50%。这次调整共涉及关税降低物品 260 个税号，占总税号的 69.7%。这意味着，这 260 个税号对应的物品按调整后的进口税率缴纳的行邮税会比以往低，尤其是一些价格高的物品。以一条价值 35 000 元左右的国外某奢侈品牌玫瑰金手镯为例，如果根据调整前 60%的税率征收关税，这个手镯需要缴纳关税 21 000 元左右，若根据调整后 50%的税率缴纳关税，则只需 17 500 元左右，前后相差 3500 元左右。进境物品进口税率的下调本身是有利于我国境内居民的，但很容易被跨境代购商家钻空子，使其以物品申报通关，只缴纳行邮税，致使我国税收严重流失。

货物与物品在完税价格确定上也存在较大的差异。对需要征收行邮物品税的物品根据《中华人民共和国进境物品完税价格表》中规定的该物品的完税价格进行计算。如果该价格表中没有规定的物品种类就按照相同物品、相同来源地、最近时间的主要市场零售价格确定。如果实际购买价格是该表列明完税价格的 2 倍及以上，或是完税价格的 1/2 及以下的物品，则海关可以根据物品所有人提供的由销售方开具的真实交易的购物发票或收据来确定。该价格表由海关总署编制，海关在编制时会参照当时的市场价格并结合旅客携带物品进境的种类。由于我国经济发展迅速，市场变幻莫测，有些物品的价格在不停变动，因此《中华人民共和国进境物品完税价格表》与当时的市场价格总是存在一定的差异。对进境货物来说，其在确定完税价格方面已制定比较完善的海关估价制度。进境货物根据《中华人民共和国海关审定进出口货物完税价格办法》有关规定，大多数情况下都以货物实际成交价格为标准，包括货物到达我国境内口岸的运费和保险费进行完税价格的确定。因而，以货物渠道进境的货物和以行邮渠道进境的物品在确定完税价格上具有较大的差别。在跨境代购发展昌盛的今天，对行邮物品完税价格的确定将消耗海关大量的人力和物力，影响海关通关阶段的工作效率。

5. 海关监管缺少通关后续追踪机制

针对跨境代购，海关大多集中在通关环节的关税监管。由于海外代购的发展日益昌盛，进境包裹和随身携带的小包裹数量激增，如果跨境代购商家在通关的时候如实进行申报，按照货物征收关税，海关一线工作人员能较轻松地对代购进行查验。但是，有些跨境代购商家在通关的时候会瞒报或不申报，将货物隐藏成物品进境，由于商家将货物拆分成小包裹邮递进境，或者每次随身携带不超过限值的货物进境，海关有限的一线工作人员难以全面应对数量激增的包裹。传统货物进境采用“事中监管”方式，等所有的商品和单据全部汇集到海关监管区域后，才开始集中审核，监管工作人员和各类基础设施都面临巨大的挑战。同时，海关对进境的物品无法一一仔细排查，一般会以抽查的方式进行检验，即便抽到跨境代购商家以旅客身份带入、隐瞒不报进境销售的货物，海关也只是责令其限期补足应当缴纳的税额或扣押该批货物。海关在做出货物和物品的认定后，由于缺少相应的电子信息记录和后续的追踪机制，无法得知以物品进境的商品是否真的是旅客自用。在这一后续环节需要电子信息数据、社交软件和购物平台的多重配合，仅以海关之力并不能让后续机制运转。

12.3.2 应对策略

1. 完善相关法律法规

1）坚持税收法定原则

关税作为我国最重要的税种之一，它的征收和管理制度应该制定法律。我国为了征收关税颁布的海关法、关税条例、进出口税则等是关税征收监管工作的基本标准和法律表现形式。《中华人民共和国电子商务法》第七十一条明确规定“国家促进跨境电子商务发展，建立健全适应跨境电子商务特点的海关、税收、进出境检验检疫、支付结算等管理制度，提高跨境电子商务各环节便利化水平，支持跨境电子商务平台经营者等为跨境电子商务提供仓储物流、报关、报检等服务”。因而，有关跨境代购的关税征管制度应该制定法律。法治是现代社会的一个基本框架，无论是国家、政府还是个人都在朝着法治化建设，在此背景下，我国税收改革的基本方向也是法治化和规范化。在跨境代购的关税征管制度上，应该通过制定和修改法律来实现对该模式关税征管的合理化和科学化，并顺应税制改革的方向，建立长远的发展目标。因此，探求解决之道的关键是既要顺应税制改革的方向，又要符合法律的规定。

2）修订《中华人民共和国海关法》

作为基本的执法依据，我国对跨境电子商务除了《中华人民共和国电子商务法》中略有涉及，其他由海关总署等部门出台的一系列公告和通知的法律效力层级较低。因而，在《中华人民共和国海关法》中专章增加有关跨境电子商务关税征管的条款显得非常重要。

在基本关税征管条款下，根据具体出现的问题，做出详细的补充规定。第一，应先对跨境电子商务的内涵做出基本界定，避免引起争论，然后分别对跨境电子商务下几种类型的内涵做出界定，跨境代购作为跨境电子商务的类型之一，在文件修订中可以被列进去；第二，应当明确海关对跨境电子商务关税征管中应该适用的税率、征税项目、征收对象和计税依据等基础事项，跨境代购通常也适用相同的税率、计税依据等；第三，对跨境代购进境商品的性质做出认定，有明确的认定标准供海关工作人员参考；第四，海关估价作为货物通关后征税的重要步骤，针对跨境电子商务应对其海关估价办法进行完善；第五，在所有步骤都完成后，应赋予海关相应的稽查权，对入境后出现的瞒报、伪报等现象进行追踪。通过以上几个方面的规定，将跨境代购的关税征管制度纳入效力层级较高的《中华人民共和国海关法》中，海关工作人员就可以依法执政，同时可以较好地规制跨境代购商家在法律规定的范围内进行代购和缴纳税款。

2. 完善对进境商品性质的认定标准

由于“物品”和“货物”的非贸易性和贸易性，二者在进境通关阶段，有不同的征税标准。以物品进境的商品有一定的免税限值，因而一些跨境代购商家为了逃避缴纳关税或少缴纳关税，将进境再销售的货物伪装成物品进境。但是，目前关于“个人自用”和“数量合理”的认定依然处于一个模糊的界定。在通关的时候，还是由海关一线工作人员行使自由裁量权，对“物品”和“货物”做出判断。不同的工作人员可能凭借不同的标准给出不同的认定，造成税收不公现象的发生。因而，海关总署作为国家进出境监督管理机关，由其制定一个合理、统一的认定标准至关重要，这样可以有效地防止海关一线工作人员滥用自由裁量权，让每个工作人员都能公平、公正地做出统一的认定，维护税收公平。

1）对邮递进境商品性质的认定

除海关总署公告对邮递进境的物品有明确的限值规定外，针对邮递进境的商品，可以参考英国的相关规定。我们可以将进境邮寄包裹分为居民跨境网购邮寄商品和居民邮寄物品两种类型，对居民跨境网购的商品性质判断可以对该跨境网购居民的信息进行记录，以一个月为标准，记录其正常的网购自用商品次数，对超过该次数的跨境网购的商品则认定为进境以商用为目的，从而征收关税。针对个人以邮递物品的方式入境申报的，海关可以着重对邮递物品的认定做出详细规定。例如，建立专门的信息数据库，对每次邮寄进境的发件人和收件人的基本信息做记录，查看境外发件人本月的发件次数，或者境内收件人本月的收件次数，还可以查看收件人是否有特殊的活动，以此来辅助判断邮寄的商品是物品还是货物。

2）对携带进境商品的认定

海关总署对携带进境的商品规定了一定的免税额度，对超过免税限值的商品征收关税、消费税和增值税。在通关申报环节，跨境代购商家可能将进境销售的货物伪装成个人自用或家庭使用的物品，来获取免税优惠。针对携带进境商品的性质认定，可以如美国规定的一般，对境内居民每次进出境的次数进行记录，并对其出境的时间详细记录到几时几分几秒。在进境通关时，根据我国境内居民一个月内的出境次数和在境外的停留时间来认定境内居民入关时所携带的商品是商用的货物还是自用的物品。

3. 细化行邮渠道关税征收的有关规定

现有的行邮税制度对进境的货物和物品在很多方面具有较大的差异。首先，在申报通关的时候，以货物进境的商品相对以物品进境的商品来说，需要许可证件、报关单证等附随单证，手续烦琐，并且需要征收关税和进口环节税，因而应纳税款远远高于以物品进境仅征收的行邮税。其次，二者在完税价格的确定上也有较大的不同，对需要征收行邮税的物品主要依据《中华人民共和国进境物品完税价格表》确定该物品的完税价格，而对进境的货物主要依据货物的实际成交价格确定完税价格。跨境代购商家可能为了节约时间和少缴纳关税，以行邮物品通关，对超过免税额度的物品缴纳行邮税。因而，为了改变行邮物品与货物较大的纳税差异，我国可以在遵守税收公平的原则基础之上，适当地对行邮税制度进行细化，在主要的征税依据上做出改变。

1）完善进境物品的完税价格方法

我国现行的对进境物品完税价格的认定主要依据《中华人民共和国进境物品完税价格表》。该价格表几年才修订一次，但随着全球经济迅速发展，商品的完税价格也处于不停波动之中，因此该价格表不能真实地反映一类商品真正的完税价格。对进境货物完税价格的确定，则是依据货物的实际成交价格（包含货物到我国口岸的运费和保险费）。我国对进境物品完税价格的认定应当参考进境货物按照实际成交价格来计算税额，具体运作可以分为以下几个步骤：首先，要求携带或邮寄进境物品的当事人提供购买该物品的发票、收据，没有纸质证明的，可以提供电子购物信息等，海关可以根据这些信息确定其完税价格；其次，对以上证明材料都不能提供，自己向海关申报成交价格，海关对纳税义务人申报的实际成交价格有疑问的，可以采用其他适当的估计方法，如对商品的条形码进行扫描或者在国外购物网站上查看其售卖价格等；最后，海关应该注意收集这些商品的价格信息，并记录进数据库，以后再有此类商品进境申报实际成交价格时，可以进行参考，确定自己的衡量标准。

2）取消对行邮物品征收行邮税

海关总署公告 2018 年第 140 号对 260 个税号对应的物品下调进口税率，这一举措更是让符合标准的采用 C2C 模式的跨境代购商家为了利润最大化，以申报行邮物品纳税并进境销售。为了维护税收公平，促进市场公平竞争，可以参考国外的实践经验，在我国现阶段将行邮税制度取消，使进境的物品与进境的货物按照统一的征税标准征税。也就是说，依据《中华人民共和国进出口税则》规定的关税税率来计算税额，在税率适用方面，可以参考进境货物以原产地确定税率的方法，对能确定原产地的进境物品，按原产地选择税率；对不能确定原产地的进境物品，根据最惠国待遇原则（我国进境的物品大多可以享受最惠国待遇），按最惠国税率征税。同时，我国应当保留“货物”和“物品”的概念，并进行区分。首先，国家设置“物品”这一分类，本身是为有需要的境内居民提供福利，因而在按照与货物统一的税率计算税额的时候，结合前文对“货物”和“物品”的认定标准，对认定是物品的，给予一定的税收优惠；其次，在通关申报阶段，由于《中华人民共和国进出口商品检验法》《中华人民共和国海关法》规定货物需要提供检验检疫许可证件、原产地证明及报关单证等附随单证，对真正是以物品进境的，可以避免复杂的通关手续，减少不必要的附随单证，方便通关。

3）给予跨境代购商家关税优惠

跨境代购虽然属于跨境电子商务中的一种，但由于其是个人代购，规模较小，在相关电子信息和附随单证不能提供时，不能享受税改新政给予的优惠政策。较高的关税征收会让一些代购商家为了利润最大化而走上违法犯罪的道路。因而，我国可以在通关的时候，制定针对跨境代购的适当的税收优惠政策，促使跨境代购商家在税收政策优惠的情况下，主动向海关申报进境的货物，依法缴纳关税，使跨境代购不断合法化，顺应海关通关的要求，这样也保障了代购商家的利益。

对通过行邮渠道进境商品的征税制度进行细化和完善，可以有效地减少海外代购商家为了利益最大化，以行邮渠道申报物品进境，少缴纳税款。即使在第一步对“货物”和“物品”出现认定错误，在第二步确定完税价格和税率的时候，也能有效地减少我国税收的流失。这样既保证了真正自用的物品便利进境，也能维护税收公正。

4. 探索物品进境后的追踪机制

由于我国经济发展迅速，人民生活水平不断提高，进境的物品也在快速增加，无论是邮递进境的商品还是个人携带进境的物品，海关有限的人力无法对所有的商品做出准确的认定和排查，这可能让一些跨境代购商家侥幸以物品通关进境。因而，除前文所列出的建议外，还需不断探索物品进境后的追踪机制，这样才能最大限度地完善我国跨境代购的关税征管制度。

1）利用大数据获取相关人员信息

我国可以将大数据应用到海关关税征管领域，海关总署也积极开展海关进出境数据系统与邮政数据系统的对接工作。在对接工作中，对出现的进出境个人信息和邮寄收发人的信息进行收集，并利用大数据对这些信息进行分析并加以整合，从而清晰地了解每个人的基本信息、进出境的次数和日期、收发件的次数和日期、所涉及的商品种类和价格等。海关一线工作人员可以依据该信息系统对进境人携带的商品是否为物品进行认定，同时为海关在对已经进境的物品进行追踪及分析该物品是否确实进境后被再次销售时提供有力的证明。

2）加快建立信息互通共享机制

由于大部分跨境代购商家通过社交平台发布代购信息，社交平台可以将这些经常在账号内发布商品信息并进行转账交易的用户信息提供给海关，与海关数据互通，将相关信息存入海关的数据库里。同时，针对在购物平台上开设个人网店的跨境代购商家，购物平台可以将所有开设个人网站的商家的信息传给海关，同样将相关信息存入海关数据库。整个数据交换、上传和使用的过程应保密，以保护个人隐私安全。《中华人民共和国电子商务法》规定通过社交平台进行交易的跨境代购商家，也要进行市场主体登记。海关总署可以联合国家工商行政管理总局，利用大数据将个人是否进行市场主体登记的信息进行收集并存入数据库。同时，与社交平台和购物平台的信息互通共享，是海关进行后续追踪的重要环节，海关能否开展追踪工作，这两个平台的信息至关重要。

海关根据对进境的居民和收发件居民信息的数据分析可以查看已经进境的物品流向了何处，是否被放在社交平台或者购物网站上进行销售，这样海关就可以进行有效的后续追踪了。

5. 完善处罚阶段的相关规定

在通关阶段，海关在抽查时，若发现跨境代购商家存在未如实申报或者隐瞒不申报行为，海关可以对商家施以警告处分，并可以处以物品价值 20%以下的罚款。海关通常会出具应当补缴应纳税款的书面材料，让商家补齐应纳税款，商家在补缴税款后，就可以将货物取走。此时，商家还可能选择不补缴税款，而放弃所购货物。事实上，违反法律规定的代购商家最后被施以刑罚的很少，大多数都受到了行政处罚，但只是行政处罚并不能真正起到警示作用。因而，相关部门有必要对处罚阶段进行完善，从多方面对跨境代购商家进行警示。

1）建立违法信息披露制度

为了防止跨境代购商家无视法律规定，应建立违法信息披露制度。首先，可以在原本的行政处罚基础上适当提高处罚标准，如提高罚款金额，对严重违反海关监管规定，扰乱海关工作的，应当处以一定天数的行政拘留等，并且其在一定时间内不得再次出境。其次，除接受行政处罚外，海关还可以建立专门的违法信息披露制度，对在通关阶段违反法律规定和海关监管的，可以在海关相关的官方网站上滚动披露其基本信息。同时，将违反法规的代购商家列入海关专有的数据库中，以后该商家在进行进境通关时，就能查询到其曾受到的行政处罚等，以便海关参考。

2）建立事后审核和追责制度

在建立海关与社交平台和购物平台的信息互通共享机制后，海关可以查询到已经进境的物品流向了何处，是否被放在社交平台或购物网站上销售等。如果海关发现以物品进境的被拿来售卖，则可以调取相关人员的基本信息，对应受到行政处罚的，则施以不同程度的行政处罚，并补缴税额。《中华人民共和国刑法》第八十七条规定了追诉期，因而对具有违反海关监管等行为的跨境代购商家，在没达到刑事犯罪的时候，也可以规定追诉期。此外，还应当对当事人发出书面公告，以示警告，并强制其补缴应纳税款，这样既能减轻海关人员的工作负担，节约海关行政执法资源，也给予当事人改过自新的机会，使其合法代购，不逃避缴纳税款。

6. 加大跨境代购关税征管制度的宣传力度

跨境代购人员的数量不断增多，他们中的一些人员对许多法律法规可能不够了解。海关可以通过多种渠道进行相关法律法规宣传，及时公布国家有关关税征管的最新动态，特别是关于携带和邮递进境的物品和货物有关关税征管的规定，如各类进境商品所对应的关税税率、对代购进境货物的税收优惠政策及如何进行快速通关申报等，海关在这些方面应该着重宣传。

在当前法治背景下，海关可以联合工商行政管理部门和税务部门等，对跨境代购这种市场主体应该如何合法运作，如何进行通关申报缴纳关税等公示对法律法规的通俗解释。同时，在特定的网站窗口开设答疑环节，对跨境代购的关税征管制度方面存在疑问的商家，可以进行提问，由海关工作人员定期答疑。同时，海关还可以通过各类社交平台（如微信、微博等）向公众及时公布最新的代购关税政策等，以便代购商家做出相应的调整。海关作为国家行政部门，通过不同的宣传，变被动为主动，让公众真切地看到海关部门的行政服务，也让跨境代购商家更合法地进行通关申报，缴纳税款。

12.4　总结与启示

12.4.1　总结

跨境代购由于其自身突出特征成为境内消费者购买商品的重要选择。近年来，跨境代购兴盛发展，但也引发了一系列问题。尤其是在行邮渠道监管中，代购商家将在境外购买的货物隐瞒为自用物品，走不申报通道快速入境，以逃避缴纳税款。

我国海关在监管中，每天面对大量的通关旅客和数量激增的包裹，不能进行一一排查，可能让一些代购商家侥幸逃脱缴纳税款。在关税数额计算方面，由于货物与物品的通关和赋税法规差异较大，容易造成税收不公现象出现。

海关也在积极应对跨境代购关税征管制度存在的问题。除已有的措施外，以税收法定原则为基准，完善相关法律法规和对进境商品性质的认定标准、细化行邮渠道关税征收的有关规定、探索物品进境后的追踪机制、完善处罚阶段的相关规定和加大跨境代购关税征管制度的宣传力度等都是可取措施。

12.4.2　对完善跨境电子商务监管的启示

1. 相关法律规定不可缺失

跨境电子商务贸易在当今全球经济贸易中起着重要作用，纵观经济发展比较快的西方国家，针对跨境电子商务中出现的税收征管问题，这些国家早已进行了相关研究和一系列立法活动。例如，美国财政部从 1996 年发布《全球电子商务选择性的税收政策》报告后，国内开始探讨跨境网络贸易的税收制度问题。1998 年，欧盟相关报告指出，不应该将征收增值税和发展电子商务对立起来，继而不停地讨论和制定相关法律法规。同时，针对跨境电子商务中出现的关税征管问题，也已制定了成熟和完善的法律法规。在具体法律法规的指导下，防止了一线海关工作人员滥用自由裁量权，同时对跨境代购商家起到了有效的警示作用，因而全面维护了国家的税收制度，避免了国家税收的大范围流失。

2. 重视海关与相关部门的涉税信息互通

随着跨境代购的迅速发展，国际邮政快递包裹也在不断激增，包裹的激增导致海关在有限的时间内难以对每个包裹的性质做出准确识别。例如，该包裹是一般贸易还是行李物品、是代购商家在境外购物网站购买寄到境内的物品还是境内居民为自用购买的或境外亲朋好友邮寄的物品、商品的价值是否超出了行邮物品免税限值、海外代购商家是否为了逃避税收而故意将物品拆分成小件包裹分别邮寄等。邮件的业务模式导致海关在监管工作中只能对包裹数量做出具体的统计，对于每件包裹的具体价值和贸易次数无法做出统计，导致跨境代购商家利用这种漏洞进行代购，逃避缴纳税款。我们可以参考其他国家的做法，通过与国家邮政企业合作获取包裹的各类信息，如发件人和收件人的基本信息、相关包裹的基本信息和商品的价值等基本信息，通过这些信息共享可以帮助海关一线工作人员对大量包裹的属性等做出基本判断。作为协调和统一全球进境物品进口税制度的国际法，世界海关组织（WCO）制定的《京都公约》[①]专项附约九第一章“旅客”第 5.5 建议条款规定：“海关应与其他部门和贸易界合作，寻求使用可得到的国际标准化旅客预报信息，以便对旅客的海关监管及旅客所携货物的通关。”《京都公约》第二章“邮递运输”也介绍了海关相关部门和邮政部门的信息互通运行机制。澳大利亚制定了通过旅客专用的预处理系统将航空公司与海关的互绑机制，在运行中，航空公司可在法律规定的范围内将澳大利亚进出境旅客和货物方面的基础信息资料分享给海关。可以看出，在通关环节，海关与邮政企业和航空公司等的信息共享及合作，对跨境代购出现的税收监管问题具有一定的约束作用。

3. 从多方面细化对进境商品性质的认定

英国将商品的邮寄分为跨境网购邮寄和个人礼品邮寄，通过进口控制系统对个人邮寄商品进境数据信息进行收集、整理和分析，来认定邮寄进境商品是属于自用的礼品还是用于销售的货物。美国根据境内居民在一定时间内的出境次数及在境外的停留时间来判定携带进境的商品是属于个人或家庭自用还是用于销售，再按照入境时的税率分别计算应纳关税。我国对进境商品性质的认定上一直围绕着“自用”和“非自用”进行判定，并由海关自由裁量。因此，我国在“货物”和“物品”的自用上，可以参考英美等国家的制度，从不同的方面来制定适合我国认定的标准。

4. 注意各环节的有效衔接和配合

英国在跨境代购关税征管的各环节都配合得当。首先，通过制定法律法规来对网购邮寄商品和个人邮寄礼品进行区分，将关税和增值税的征管分为三种不同情况区别对待；其次，注意通关环节数据收集和分析，使用专用的系统对进境商品和礼品的基本信息进行记录，以便海关对不同种类的包裹进行性质认定；最后，在处罚环节，对物品通关后继续进行数据追踪，若发现有瞒报等逃避关税缴纳行为的，对跨境代购商家和境内收件人共同配合瞒报的，都会受到相应的处罚。通过各环节的有效结合，才能对跨境代购关税征管中出现的问题从各方面进行解决，有效地减少逃税漏税行为的发生。我国的跨境电子商务相对西方国家来说起步稍晚，在关税征收各环节的衔接和配合还缺乏一定的实践经验。因而，在完善关税征管制

① 《京都公约》，即《关于简化和协调海关业务制度的国际公约》（International Convention on the Simplification and Harmonization of Customs Procedures），海关合作理事会（世界海关组织的前身）于 1973 年 5 月 18 日在日本京都召开的第 41/42 届年会上通过，1974 年 9 月 25 日生效。

度上，我国应弥补各环节的不足，借鉴国外适合我国的征税机制，这样才能高效、便捷地监管跨境代购的关税征收。

【本章小结】

跨境电子商务交易过程中存在触犯法律规定的风险，本章选取上海和宁夏宣判的跨境代购关税征管案例进行分析，并从通关申报环节、征税环节、处罚环节分析了跨境电子商务关税征管过程的法律风险，进而对跨境电子商务监管中存在的问题和应对策略进行剖析。跨境代购关税征管案例对跨境电子商务监管带来如下启示：相关法律规定不可缺失，重视海关与相关部门的涉税信息互通，从多方面细化对进境商品性质的认定，注意各环节的有效衔接和配合。

【本章实训】

实训案例：跨境电子商务平行进口商品侵权问题

在跨境电子商务中，跨境电子商务企业将在境外合法取得的正品进口到我国销售，即发生了商标平行进口行为，此时无法避免会与我国的商标专用权人及获得商标独占许可的商标被许可人发生利益上的冲突，而此时该跨境电子商务企业能否以商标权用尽原则予以侵权抗辩就变成一个非常关键的问题。

商标平行进口与商标权用尽

商标平行进口是指同一个商标在两个或两个以上国家或地区受到保护，而有人未经本国或本地区商标所有人授权或商标使用人许可，将其合法取得的商品从一国或地区进口至另一国或地区进行销售的行为。商标平行进口的产生主要在于同一商品在不同的国家或地区存在着价格差异，而该平行进口商可从中获得利润。

商标权用尽是商标权穷竭问题，即带有商标标识的商品由商标权人或经其许可的单位、个人售出后，权利人不能再主张专用权，这也被称为首次销售原则（First Sale Doctrine）。商标权用尽是针对商标权人的权能所做的限制，维系商标权人与社会公众之间的利益平衡，防止商标权人依据商标专用权而妨碍商品的自由流转。

事实上，针对商标平行进口如何适用商标权用尽原则，存在着价值衡量问题，体现为贸易自由化与商标权人的利益之间的矛盾。而这一问题的解决也充分体现了一国的贸易政策，有着各国对贸易和经济发展的考量，其性质已经不再仅是一个法律问题。

司法实践中的处理

我国对商标平行进口问题缺乏明确的法律规定，学理上存有争议，法院的司法实践也有所不同。但随着对商标平行进口问题认识的深入，法院的审理思路也日趋清晰，值得仔细分析。

案例一："KÖSTRITZER"啤酒案

原告大西洋C贸易咨询有限公司获得涉案商标在我国一定区域内的商标独占使用权。被告北京四海致祥国际贸易有限公司销售的"KÖSTRITZER"啤酒系通过合法途径从荷兰进口，生产厂商系库斯亭泽啤酒厂（Bräuhaus Köstritzer），字号、地址与涉案商标权利人库斯亭泽啤酒厂均相同。法院在判决中首先指出商标侵权的判断标准有混淆的可能性，认定本案中被控侵权啤酒上标注的商标与商品来源的对应关系是真实的，并不会导致消费者混淆误认。其次，针对是否禁止商标平行进口，法院指出应当依据我国现行法律法规予以确定。既然《中华人民共和国商标法》及其他法律并未明确禁止商标平行进口，因此涉案行为并不违反《中华人民共和国商标法》及其他法律的规定。再次，法院指出如果被控侵权商品系商标权人生产和销售的，该商品的流通行为就不会造成消费者混淆误认，不会损害商标权人的商誉，不应当认定为侵权行为。因此，被告不构成对涉案商标专用权的侵害。

案例二："le coq sportif 法国公鸡"案

乐卡夫国际有限公司在我国境外注册了"le coq sportif"商标，同时许可DISTRINANDO股份公司生产和销售带有"le coq sportif"标识的运动服和运动鞋，而涉案商标在我国的商标注册人是株式会社迪桑特。被告深圳走秀网络科技有限公司销售的被控侵权商品正是由亮伟鞋业有限公司从DISTRINANDO股份公司购买的。法院指出，DISTRINANDO股份公司是经乐卡夫国际有限公司许可的"le coq sportif"标识的被许可人，并非经株式会社迪桑特许可的本案注册商标的被许可人，因此该运动鞋不是经过株式会社迪桑特许可在国外制造的商品，被告走秀网络科技有限公司关于平行进口商品的主张缺乏依据，法院不予采信。

上述两个案例最终得出截然不同的判决，其关键在于涉案商标在国内外是否属于不同的商标权人，若同属于一个商标权人，则可凭借商标权用尽原则予以侵权豁免，反之则构成侵权。商标权保护的核心在于其"识别性"，当商标在国内外分属不同的商标权人时，若允许商标平行进口，势必导致商标的识别功能失去其应有的作用，造成消费者混淆，损害国内商标权人的商标专用权，不利于市场经济活动的有序进行。

案例三："大王纸尿裤"案

大王制纸株式会社（以下简称"大王会社"）在我国享有"GOO.N"的商标权，同时授权大王南通公司为其生产的家庭纸用品（包括"GOO.N"商标的纸尿裤等）在我国一定地区的唯一进口商、总代理商。但被告森淼公司未经大王会社授权进口销售带有"GOO.N"商标的纸尿裤，而这些纸尿裤正是大王会社在日本生产的。法院认定森淼公司进口的大王纸尿裤的标识、包装、质量等并无本质差异，虽然售后服务主体和流程等存在一定的差异，但整体并不存在实质性差异，未影响"GOO.N"商标的识别功能，亦无证据证明森淼公司的行为造成商誉的损害。另外，法院再次强调保护商标在于确保产源的真实性和可识别性，禁止他人未经许可使用。商标权人的禁止权主要体现在商标区分性这一基本功能，未致消费者产生商品或服务来源的混淆，亦未造成商标的弱化、丑化等对商标声誉的损害，不宜认定为侵权行为。

案例四："米其林"案

原告米其林是一家法国企业，其"轮胎人图形"与"MICHELIN"系列商标在我国很早便在轮胎与车辆等产品上注册。被告谈国强和欧灿在长沙一个小市场零售轮胎，经技术鉴定，涉案轮胎产自原告的授权厂，即米其林日本东京公司，且轮胎来源渠道并无违法之处。但是，本案所涉及被控侵权轮胎产品在我国属于强制 3C 认证的产品，而被告所销售的轮胎并未经 3C 认证。法院认为，商标具有保证商品质量和表明商品提供者信誉的作用，对上述功能和作用的损害，即构成商标侵权。在本案中，尽管原告承认被控侵权产品是由其日本工厂生产的，产品上的"MICHELIN"系列商标也是在日本标注的，但该产品未经原告许可和质量认证即在我国境内销售，由于这种产品在我国境内销售已属违法，并且可能存在性能和安全隐患，破坏了原告商标保证商品质量和表明商品提供者信誉的作用，对原告注册商标专用权已造成实际损害，被告的销售行为属于侵犯原告注册商标专用权的行为。

上述两个案件判决的不同之处在于商品的质量等方面是否存在实质性差异，若存在实质性差异，则会影响商标的识别功能，构成侵权，反之则不构成侵权。

实训内容：如何在跨境电子商务中避免出现商标之争，试提出合理的解决措施。

实训要求：补充查阅资料，从跨境电子商务知识产权纠纷方面进行分析，形成一份案例分析报告。

【复习思考】

1. 比较分析跨境代购关税征管两个案例。
2. 分析我国的跨境代购关税征管制度。
3. 分析我国跨境电子商务监管中存在的问题及原因。
4. 如何完善我国的跨境电子商务监管体系？

参考文献

[1] 李婉莹，曾芝玲，周子明，等．天猫国际与考拉海购对比分析[J]．商业经济，2021（2）：89-91，144．

[2] 周佳蓓．跨境电商平台招商传播策划[D]．南京：南京大学，2020．

[3] 孙悦．全球速卖通跨境电商平台商业模式研究[D]．长春：吉林大学，2020．

[4] 余媛．敦煌网跨境电商物流模式创新研究[D]．南昌：南昌大学，2020．

[5] 张夏恒．京东：构建跨境电商生态系统[J]．企业管理，2016（11）：102-104．

[6] 杨立钒．跨境电子商务教程[M]．北京：电子工业出版社，2017．

[7] 逯宇铎，陈璇，孙速超．跨境电子商务案例[M]．北京：机械工业出版社，2020．

[8] 埃弗雷姆·特班，戴维·金．电子商务——管理与社交网络视角[M]．李在奎，梁定澎，译．8版．北京：中国人民大学出版社，2018．

[9] 郁道华，林菊玲，杜宗晟．电子商务与现代物流[M]．合肥：安徽大学出版社，2019．

[10] 王红红．电子商务经典案例分析[M]．北京：化学工业出版社，2020．

[11] 朱小乔．全球速卖通B2C跨境电商平台商业模式研究[D]．武汉：华中科技大学，2018．

[12] 朱小良，王德利，李正波，邱琼．电子商务与新零售研究[M]．北京：中国人民大学出版社，2017．

[13] 左文明．电子商务服务设计与管理[M]．北京：科学出版社，2019．

[14] 黎继子．电子商务物流[M]．北京：中国纺织出版社，2016．

[15] 周兴建，蔡丽华．物流案例分析与方案设计[M]．2版．北京：电子工业出版社，2018．

[16] PARK JAE HYUN（朴宰贤）．韩国消费者海购行为与海购电商平台研究[D]．杭州：浙江大学，2019．

[17] 王佳．商业模式、竞争优势与企业价值[D]．北京：北京交通大学，2019．

[18] 周兴建，蔡丽华．现代物流管理概论[M]．北京：中国纺织出版社，2016．

[19] 罗文玉．基于4C理论的跨境电商企业网络营销策略研究[D]．武汉：中南财经政法大学，2019．

[20] 高钰萌．跨境电商平台商业模式研究[D]．天津：天津商业大学，2019．

[21] 周兴建，泮家丽．电子商务案例分析[M]．北京：电子工业出版社，2021．